安庆市金融精准扶贫的实践探索

安庆市金融学会 编

中国金融出版社

责任编辑：任　娟
责任校对：潘　洁
责任印制：陈晓川

图书在版编目（CIP）数据

安庆市金融精准扶贫的实践探索／安庆市金融学会编．—北京：中国金融出版社，2020.8
ISBN 978－7－5220－0760－1

Ⅰ.①安…　Ⅱ.①安…　Ⅲ.①金融—扶贫—研究—安庆　Ⅳ.①F832.754.3

中国版本图书馆CIP数据核字（2020）第158154号

安庆市金融精准扶贫的实践探索
ANQING SHI JINRONG JINGZHUN FUPIN DE SHIJIAN TANSUO
出版
发行　中国金融出版社
社址　北京市丰台区益泽路2号
市场开发部　(010)66024766，63805472，63439533（传真）
网 上 书 店　http：//www.chinafph.com
(010)66024766，63372837（传真）
读者服务部　(010)66070833，62568380
邮编　100071
经销　新华书店
印刷　北京市松源印刷有限公司
尺寸　169毫米×239毫米
印张　19.25
字数　285千
版次　2020年8月第1版
印次　2020年8月第1次印刷
定价　60.00元
ISBN 978－7－5220－0760－1
如出现印装错误本社负责调换　联系电话(010)63263947

前　言

党的十九大将打好精准脱贫攻坚战确定为三大攻坚战之一，对如期全面建成小康社会、实现第一个百年奋斗目标具有十分重要的意义。

安庆市地处安徽省西南部，是皖西南重要的区域中心城市。2014 年建档立卡时，安庆市地区生产总值为 1544.3 亿元，城镇居民人均可支配收入为 22109 元，农村居民人均可支配收入为 9024 元。安庆市下辖的 10 个县（市、区）中，潜山、太湖、宿松、望江、岳西是国家扶贫工作重点县，桐城、怀宁、宜秀是安徽省扶贫政策覆盖县。安庆市贫困人口超过 67.63 万人，贫困村有 375 个，贫困发生率高达 5.1%。贫困人口多、贫困面积大、贫困程度深，脱贫攻坚任务繁重。

近年来，安庆市金融学会广大会员以习近平新时代中国特色社会主义思想为指导，在安徽省金融学会的正确指导、中国人民银行安庆市中心支行的坚强领导和各会员单位的倾力支持与配合下，立足于精准脱贫实践，持续开展大学习、大调研和大推进活动，深入学习贯彻习近平总书记关于金融工作的重要性、金融的本质、金融工作的主题和金融改革与开放发展、金融精准扶贫等一系列创新理论，将助推脱贫攻坚和实施乡村振兴战略结合起来，不断创新金融产品，持续延伸金融触角，突出精准发力，深度服务辖区脱贫攻坚大局，促进辖区城乡融合发展。广大会员在立足于金融精准扶贫的实践之余，深入思考，不断总结经验，形成了一大批优秀的成果。本书中的 35 篇获奖论文是其中的优秀代表，这些论文聚焦精准扶贫以及乡村振兴等问题，从金融精准扶贫途径到支持实体经济能力的提升，从金融业务创新发展到货币信贷政策的有效性，围绕普惠金融深化、绿色金融推进、金融支持乡村振兴、农村金融改革等难点、热点和焦点问题进行了多角度的实证和规范分析，为优化金融环境、改善金融服务建言献策，促进了安庆市金融系统的金融精准扶贫实践，提升了金融精准扶贫工作质量。

本书由安庆市金融学会组织编撰，编撰组长为管玉贵，安庆市金融学会秘书处进行统稿。本书中的各篇论文是广大基层金融工作者的实践探索、经验总结及对策思考，由于时间、精力和理论水平有限，部分文章的研究方法和研究工具还略显粗浅，难免有不足之处，欢迎各位读者朋友批评指正。

安庆市金融学会

2020 年 7 月 24 日

目　　录

安庆精准扶贫窗口指导走进田间地头

中国人民银行安庆市中心支行　管玉贵

2017 年 6 月以来，人民银行安庆市中心支行聚焦金融精准扶贫，联合金融机构和地方政府主管部门深入岳西、太湖、潜山、宿松、望江等国家级贫困县的 45 个贫困乡村开展系列调研督导，将窗口指导前移至田间地头，将指导对象扩大到农户和地方政府等政策相关方，将指导方式转变成联合现场调研交流，将政策要求转化成银政企互动合作，疏通了政策障碍，校正了政策偏差，获得了各方的积极响应，不仅提高了金融扶贫政策传导效率，而且优化了乡村基础金融服务。

一、调研督导式窗口指导金融精准扶贫的具体做法

调研督导式窗口指导将现场调研、督查、疏导、交流和指导有机结合，提高了政策透明度，明确了各方职责。

首先是实地联合调研。2017 年 6 月和 7 月，围绕小额扶贫贷款推进缓慢问题，先后深入潜山孙塝和黄铺、太湖吴畈和共和的 40 户贫困户开展调研督导；8 月，针对金融精准扶贫偏重贷款且缺乏担保的情况，分别在太湖、岳西开展面上调研督导。2018 年 4 月，鉴于小额扶贫贷款偏重户贷企用，在望江县联河股份公司等开展调研督导；5 月和 6 月，先后深入岳西、潜山的黄铺村、余花屋、源潭镇以及思远生态、恒昌刷业等 20 户特色企业调研督导后扶贫时代的金融服务。

核心环节是现场沟通。在调研现场，组织贫困户、金融机构、乡村县

政府主管部门面对面交流，就金融精准扶贫偏重扶贫贷款以及小额扶贫贷款投放缓慢、偏重户贷企用等情况进行沟通。贫困群体现场咨询信贷供应，金融机构现场解释信贷政策条件及存在的约束，地方政府当面解释政策障碍成因，减少了中间环节，提高了金融扶贫政策的透明度，明确了金融扶贫政策的要求和各方的责任。

最重要的环节是现场指导。人民银行就小额扶贫贷款推进缓慢情况，要求地方政府及时足额到位小额扶贫担保基金，要求商业银行在合规条件下加大投放力度；就偏重小额扶贫贷款现象，要求开展基础金融服务，协同推进小额扶贫贷款和支持产业扶贫；就贫困群体缺乏担保问题，要求创建信用乡村，培育农户信用意识；就小额扶贫贷款偏重户贷企用倾向，要求改进金融扶贫作风，停止户贷企用，统筹后扶贫时代金融扶贫，助推乡村振兴战略。

二、调研督导式窗口指导金融精准扶贫的成效

一年来，安庆市中心支行调研督导式窗口指导不仅全面传导了金融扶贫政策，而且改进了乡村基础金融服务，取得了良好成效。

一是提高了政策传导效率，这是最直接的成效。系列调研督导式窗口指导不仅均衡推动了金融精准贷款，而且改善了贫困村基础金融服务。2017 年安庆市小额扶贫贷款和产业扶贫贷款分别达 17.7 亿元和 78.3 亿元，同比分别增长 671% 和 51%，惠及贫困户 143306 人。2018 年上半年小额扶贫贷款和产业扶贫贷款分别达 19.5 亿元和 98.4 亿元，同比增速均超过 60%，惠及贫困户约 14 万人；易地扶贫搬迁贷款达 8.4 亿元，惠及贫困户 15887 人。

二是优化了乡村信用体系和基础金融服务。通过调研督导，各利益方都认识到农村信用不仅可以破解贫困户担保硬约束，而且可以促进扶贫扶志，还可以优化乡村治理，从而激发创建信用乡村的动力。辖区各县（市）先后启动“人民银行推动、乡（镇）负责、银村共创共赢”的信用村镇创建活动，大大增强了贫困群体的信用意识。截至 2018 年 6 月末，5

县42个贫困村创建成信用村，惠及贫困户87456人。829个村建立了1166个助农取款服务点，便利了农户小额存取款等基础金融服务。

三是提高了金融精准扶贫政策的适应性。一年多来，安庆市中心支行在调研督导式窗口指导中，根据各方实际诉求，先后制定《安庆市金融支持产业扶贫示范项目申报实施细则》《安庆市金融扶贫领域作风问题专项治理方案》《金融支持安庆市乡村振兴战略意见》等政策细则，提高了政策的适应性，形成了望江全产业链的精准扶贫、潜山源潭特色产业扶贫、“宿松油茶基地+建档立卡贫困户”联动发展模式，以及农业发展银行安庆市分行在全国创新推出的扶贫批发贷款支持贫困村集体经济等扶贫模式。

三、调研督导式窗口指导的创新经验启示

调研督导式窗口指导将政策直接摆在银行、地方政府和贫困群体面前，实现深度沟通，对高效传导金融精准扶贫政策进行了探索，具有非常积极的意义。

最重要的意义在于创新了中央银行基层行窗口指导方式。调研督导对传统创新窗口指导的对象、方式、政策要求进行了多维拓展，提高了政策透明度，明确了各方职责，疏通了供求障碍，校正了政策偏差，提高了金融扶贫的传导效率，取得了良好成效。随着供给侧结构性改革和“三大攻坚战”的深入推进，开展稳增长、促改革、调结构、惠民生、防风险各项工作，传导好总量稳健和结构积极的货币政策组合任务繁重，调研督导式窗口指导无疑将发挥更大的作用。

调研督导式窗口指导还充分发挥了中央银行的软实力。调研立行长期以来是人民银行的基本政策，培养了大量人才，具有较强的软实力。人民银行金融统计积累的丰富数据和工业景气调查、银行家问卷调查等制度性调查都积累了丰富的信息。这些软实力和信息优势弥补了中央银行基层行缺乏货币政策工具的不足，不仅为调研督导式窗口指导提供了可靠支撑，还大大提高了人民银行的权威性，增强了社会各界执行货币政策的主

动性。

调研督导式窗口指导也展示了中央银行基层行良好的作风。调研督导式窗口指导前移至田间地头，既是工作指导部署，也是学习交流，展现了中央银行基层行干部推进精准扶贫的务实作风，发挥了金融系统大兴调研之风的导向作用。通过走访银行基层网点和企业客户，中央银行基层行了解了农村经济，贴近了基层一线的工作实际，掌握了金融机构的新业务和新知识，增加了金融知识储备，也促进了金融工作的健康发展。

精准扶贫中涉农金融供给侧协作机制研究

中国人民银行安庆市中心支行　管玉贵

一、引言

农村现行的金融结构在支持农业技术进步、发展农村经济方面发挥了积极作用，但由于金融机构之间条块分割比较严重，资源无法进行有效配置，大量资金由农村流向城市，出现了金融资源的“逆向配置”，造成资金需求旺盛的“三农”企业受到比较严重的信贷配给，只有部分所需资金能通过银行贷款满足，而且贷款审批时间长，贷款利率偏高，信贷配给使“三农”企业经常性丧失市场机遇，严重影响了“三农”企业经营，成为制约“三农”发展的一大瓶颈。如何有效解决农村金融服务供需矛盾、促进“三农”发展成为社会各界广泛关注的焦点和我国金融供给侧改革的一大难点。

国内外相关学者对金融资源如何有效配置从不同的角度进行了研究。英国经济学家 Gold Smith（1969）就金融资源的概念做过描述，他认为金融资源就是金融主客体、金融工具以及金融机构形式、性质、规模等之间相互作用和影响的结果，之后又提出金融资源和传递渠道对经济增长的速度有较大影响①；Shaw、Mckinnon（1973）认为农村金融市场有外生金融

① R. W. GOLDSMITH. Financial Structure and Development［M］. New Haven：Yale University Press，1969.

机构和体制外的内生金融机构，这些内生金融机构应纳入国家金融体系①；美国经济学家 LEEB - S（1998）认为内生金融机构在获取客户信息时具有一定的优势，是适应农村的一种金融机构②；STIGLITZ（2003）指出有效金融运行机制能够减缓总体经济增长的波动③；张杰等（2003）认为我国先后在农业信贷补贴论、农村金融市场论、不完全市场竞争理论指导下，逐步建立了“三驾马车”式的外生金融体制④；何广文（2004）分析了我国农村金融二元结构状况，以及供需不平衡等问题⑤；林毅夫等（2009）指出道德风险和贷款的逆向选择是内生金融产生的根本原因⑥；彭芳春、耿康顺（2011）认为内生、外生金融机构相互影响和补充⑦；方晓燕、刘蕾（2012）认为我国农村金融面临二元结构双重约束，表现为均衡和非均衡的双重信贷配给⑧。

上述研究对于进一步深化农村金融改革、构建有效的农村金融供给体系提供了坚实的理论依据，但是上述研究的重点在于分析农村金融供应不足的需求原因及其改进，对于供给侧的研究也主要集中在金融资源以及金融结构的生成机制、运行模式等方面，对于农村金融体系的构建更多地是从金融机构的角度出发，几乎没有对农村金融供给侧协作机制方面的研究，而这正是当前趋于完善的涉农金融体系亟须补上的一个短板，从而有效增加涉农信贷资源。基于此，本文对此进行了分析。

---

① E. S. SHAW. Financial Deepening in Economic Development [M]. New York: Oxford University Press, 1973.

② LEEB - S. A Test of the Proxy - Effect Hypothesis Evidence from the Pacific Basin Countries [J]. Quarterly Journal of Business Economics, 1998, 37 (3): 40 - 52.

③ JOSEPH E. STIGLITZ. Economics for an Imperfect World: Essays in Honor of Joseph E. Stiglitz [M]. The MIT Press, November 2003.

④ 张杰. 中国农村金融制度：结构、变迁与政策 [M]. 北京：中国人民大学出版社，2003.

⑤ 何广文. 中国农村金融转型与金融机构多元化 [J]. 中国农村观察，2004 (2): 12 - 20.

⑥ 林毅夫，孙希芳，姜烨. 经济发展中的最优金融结构理论初探 [J]. 经济研究，2009 (8): 4 - 17.

⑦ 彭芳春，耿康顺. 中国民间金融与正规金融的交互作用研究 [J]. 广东金融学院学报，2011 (1): 110 - 119.

⑧ 方晓燕，刘蕾. 内外生双重约束下农村外生与内生金融的融合 [J]. 西部论坛，2012 (1): 14 - 20.

二、当前我国农村金融有效供给状况

近年来，我国农村金融供给体系建设已经取得长足发展，多功能的金融组织体系初步形成，适应农民需求的金融产品不断增多，担保贷款品种不断创新，金融服务质量不断改进[①]。但是，涉农有效信贷供给远远不能满足“三农”发展对资金的需求，农村地区出现了金融体系功能异化，形成了显著的“逆向配置”现象。具体而言，一方面，部分金融功能主体严重缺位；另一方面，一些金融功能的发挥直接削弱了农村经济发展的基础。

（一）有效的涉农金融供给主体缺位

李世新等（2009）、鞠荣华等（2009）、郗修方等（2009）研究了农村金融供给主体功能问题，获得了大体相同的结论，都认为涉农金融供给主体缺位严重。[②③④] 当前，正规金融机构之间的业务出现严重同化现象，造成目前农村有效金融供给主体少，缺乏为农村和农民提供有效金融服务的金融机构。县域尤其是县以下农村地区金融机构布局稀少，村一级几乎没有，即使是新成立的村镇银行、小额贷款公司也大多选择在城区布局；农村资金通过正规金融机构流出农村市场，严重影响了农村经济的健康发展。政策性金融机构由于其资金来源渠道狭窄，难以解决农村资金短缺的问题；各商业性金融机构出于资金逐利性的特质，纷纷撤离农村市场，对“三农”的支持力度减弱；邮政储蓄银行涉农放贷趋于谨慎；农村合作性金融机构基本完成商业化改造，对农户贷款除发放少量抵押贷款外主要是小额信贷，难以满足农村专业化经营特别是农产品基地等的融资需要，日

---

① 高东，石瑾．我国农村金融体系建设和金融产品供给中的问题与对策［J］．农业经济，2009（8）：69－70.

② 李世新等．构建我国农村金融体系的信贷供给主体分析［J］．新疆金融，2009（8）：40－43.

③ 鞠荣华等．我国农村金融市场资金供求分析［J］．中国农业大学学报，2009（4）：137－142.

④ 郗修方等．农村金融供给模式的节点及缺陷［J］．科技与管理，2009（4）：107－110＋114.

益成为农村金融资源输出的新渠道；各种形式的民间金融机构在发展过程中受到政策歧视和行政管制。诸多因素导致农村金融市场活力不足、竞争不够。

（二）农村金融供给总量不足

农村金融供给不足的总量问题表现在两个方面：一是农村地区金融资源总量不足。以涉农贷款为例，从安徽省的情况来看，2014 年全省农业贷款余额为 324.21 亿元，比 2000 年增长 4 倍，而同期全省总贷款余额为 22754.7 亿元，比 2000 年增长 9.54 倍。农业贷款增速只有同期总贷款增速的 42%。农业贷款占总贷款的 1.42%，比 1999 年的 7.59% 还低 6.17 个百分点。从全国的情况来看，2014 年末，农户贷款余额 5.36 万亿元，仅占全部涉农贷款余额的 22.71%，占全部贷款余额的 6.18%；全国农业贷款余额为 3.4 万亿元，是 1999 年的 7.08 倍，而同期全国总贷款余额为 86.79 万亿元，是 1999 年的 9.26 倍。农业贷款增速只有同期总贷款增速的 76.45%。农业贷款占总贷款的 3.92%，比 1999 年低 1.2 个百分点。农业保险长期以来陷入停滞局面，2014 年农业保险保费收入（325.7 亿元）仅占农业增加值的 0.558%，承保金额（1.66 万亿元）占同期农业增加值的 28.45%。

二是“抽血”效应显著，通过存款准备金、购买债券和同业存放等形式，每年都有大量农村储蓄资金流出农村地区，进一步削弱了农村金融供给能力，如 2014 年，安庆市七县（市）农商银行（原农村信用社）和农业银行存贷差分别为 114.54 亿元和 106.91 亿元，分别占其存款的 28.53% 和 70.61%；安徽省农商银行和省农业银行存贷差分别为 1787.08 亿元和 1547.31 亿元，分别占其存款的 32.24% 和 48.82%，也就是说即使是专门服务农村的金融机构，流出的资金也达到它们吸收存款的 1/3 以上。其他商业银行从农村抽走的资金更多，如 2014 年邮政储蓄银行在安庆七县（市）的机构从农村抽走资金 290.81 亿元，占总存款的 92.05%；邮政储蓄银行在安徽省的机构 2014 年存款为 2694.45 亿元，而贷款仅 542.67 亿元，抽走资金 2151.78 亿元。

（三）农村金融供给结构问题突出

从结构上看，问题主要表现在以下三个方面。

一是弱势群体的金融资源获取不足，特别是对微型企业和农户的金融供给不足。这些信贷需求者起步于手工作坊，管理水平不高，经营风险较大，一定程度上制约了农村金融机构的放贷积极性。金融机构在提供支农信贷服务时除依靠传统经验外，对借款主体信用状况很难了解全面，也难以有效开展贷款业务，在较大程度上只能依赖抵押担保作为风险保障，无形中增加了借款主体的获贷屏障。

二是金融服务供给存在显著不平衡，农村地区金融服务重资金归集、轻贷款发放的特征较为显著，突出表现在存款、汇兑等基础性金融服务较多，提供信贷等资金供给的银行机构服务匮乏；提供人身险保障的保险机构较多，提供农业生产型保险保障服务的保险机构相对较少。

三是“三农”配套体系建设缺乏信贷资金供应。“三农”经营与各种市场要素的联系更加紧密，生产资料市场、农产品及其加工产品的专业批发市场、社会化服务市场乃至仓储设施、农田水利等基础设施建设都直接关系到农业产业链的稳定。这些相关产业都需要金融，尤其是政策性金融的支持。由于国有商业银行贷款权限上收，其吸收的农村存款大量流向城市，信贷支持的重任自然落到农村信用社和农业发展银行两大主体上，服务“三农”本身资金有限，对“三农”配套体系的信贷支持有限。

三、农村金融服务协作状况实证分析

与农村经济的协调程度是评价涉农信贷的终极标准，但是协调发展是一个内涵和外延都不明确的模糊概念，难以用“是”或“否”来作出判断，模糊数学中的隶属度函数提供了一个良好的工具。下文用这个工具对涉农金融服务的协调性进行分析，从动态的角度分析协调轨迹。

(一)模型与数据

协调性是系统内部各因素状态之间相互关系的一种反映。系统论表明，系统的各个状态之间具有某种可预测性，而通过比较真实发展（状态指标）与预测结果（协调指标）之间的相似性，可以评价系统内在发展的协调程度。本文采用协调系数来反映状态指标和协调指标的协调程度。协调系数是根据模糊数学隶属度函数原理，通过对状态指标及其相应的协调指标的相互关系进行测算，准确地体现出系统协调发展状态的比值和结构关系。本文引进指数型隶属度函数，通过测算来判断系统是否协调发展。计算公式为

$$U_{ij}=\exp\left\{-\left(x_i-x'_i\right)^2/s^2\right\} \tag{1}$$

式中，U_{ij}为状态指标i对状态指标j的状态协调度，x_i为实际值，x'_i为状态指标j所要求状态指标的协调值，s^2为方差。实际值越接近协调值，状态协调度越好，说明系统协调发展程度越高。状态协调度能够反映实际值与协调值接近的程度即协调发展的程度，直观、方便地评价系统状态间协调发展的程度。但是，它还只是描述一个指标状态对另一个指标状态的协调程度，还不能反映这两个指标状态间的协调程度。为此，本文引进状态协调系数来反映两个状态指标间相互协调发展的程度：

$$A_{\bar{ij}}=\min\left[U_{ij},\ U_{ji}\right]/\max\left[U_{ij},\ U_{ij}\right] \tag{2}$$

从式（2）可以看到，U_{ij}与U_{ji}的值越接近，A_{ij}的值就越大，表明系统的两种状态指标间协调发展程度越高；反之，A_{ij}的值就越小，表明系统两种状态指标间协调发展的程度越低；当U_{ij}与U_{ji}的值相等时，A_{ij}的值为1，表明系统的两种状态指标的发展完全协调。

根据上述公式，我们可以推导三个状态指标i、j、k的状态协调系数：

$$A_{ijk}=\left(A_{ijk}A_{ij}+A_{kij}A_{ij}+A_{jik}A_{ik}\right)/\left(A_{ij}+A_{ik}A_{jk}\right) \tag{3}$$

农村金融发展的状态协调度$A(t)=A(i,\ j,\ k/t)$可由式（3）确定，设$A(t-T+1)$，$A(t-T+2)$，…，$A(t-l)$，$A(t)$为农村金融发展从$(t-T+1)$到t这一时段中各个时刻的状态协调度，则农金系统在该时段的状态协调度为

$$A(t) = 1/T\sum A(t-i) \tag{4}$$

在式（4）中，T 为基准时间段。一般地，$A(t)$ 越大，农村金融发展状态的协调性越好。若 $A(t)=1$，农村金融发展状态是完全协调的；若 $a<A(t)<1$，农村金融发展状态是基本协调的；若 $b<A(t)<a$，农村金融发展状态是不协调的；若 $A(t)<b$，农村金融发展的状态是完全不协调的。a、b 的值根据实际经验情况而定。当 $t_2>t_1$（任意两个不同时刻）时，若 $A(t)$ 保持不递减，表明农村金融发展趋向于逐步协调。

借用前人的研究，本文选用金融相关比率（FIR）来表示金融发展的规模性指标，FIR 等于全部金融资产总量除以 GDP。由于我国农村金融结构的变化主要体现为正规金融与民间金融的迅速发展，因此，对于农村金融总体发展的结构性指标，本文采用农业贷款余额占全部农村金融资产总量的比率（FDR）表示。农村金融组织体系的基本功能就是将全社会的剩余资金集中，再对这些资金进行适当比例的配置而形成农业贷款，因此，一个代表性的效率性指标便是储蓄—农业贷款比率（SLR）。考虑到数据源的完整性和一致性，本文采用的数据是年度数据，样本区间为 2000—2014 年，相关数据来源于金融年鉴。

首先，采用回归分析进行序列组合相关性分析，通过对不同指标状态数据序列的回归分析与检验，确定出最佳回归方程，从而可以得到上述定义中关于状态指标 j 对状态指标 i 所要求的协调值以及其他几组状态指标间所要求的协调值。

其次，根据式（1）、式（2）、式（3）计算出状态协调系数，得到农村金融发展的状态协调系数矩阵。

最后，利用状态协调系数矩阵计算出农村金融发展在各个时期的状态协调度。

（二）实证过程与结果

为简便起见，以 F_i、F_d、F_1 分别代表金融体系的规模指标、结构指标和效率指标变量。把 F_i 作为因变量，F_d 作为自变量，进行如下几种形式的回归拟合，结果见表 1。

表1　F_i 作为因变量、F_d 作为自变量的拟合结果

拟合方法	R^2	F	b_0	b_1	b_2
线性函数	0.795	104.53	90.11	6.2351	
二次曲线	0.882	91.72	95.48	10.432	-0.2133
复合曲线	0.923	0.98	96.32	1.1021	
等比级数线	0.925	82.72	5.830	0.0717	
指数方程	0.912	63.52	96.32	0.0662	
Logistie 方程	0.946	65.32	0.0084	0.8540	

表1中，b_0、b_1、b_2 为回归变量系数，从 R^2 和 F 检验可以看出，二次曲线拟合方程的拟合程度最好，因此选定二次拟合曲线来计算 F_d 对 F_i 所要求的协调值。同理，运用多种拟合方法确定出 F_d 对 F、F_i 的最优拟合曲线，最佳拟合结果为

$$F_i = 712.12 - 432F_i + 702.11F_2$$

$$F_d = 79.737 - 0.51IF_i + 99.325F_3$$

把各子状态指标的实际值代入最佳拟合方程，得到相应的协调值，然后，根据式（1）、式（2），可得状态协调系数，如表2所示。其中，$UF_iF_dF_l$ 为农村金融组织体系协调发展的协调系数，UF_iF_d 为农村金融组织体系在规模与结构两个方面上的协调系数，UF_idF_l 为农村金融组织体系在规模与效率两个方面上的协调系数，UF_dF_l 为农村金融组织体系在结构与效率两个方面上的协调系数。

表2　状态指标的协调系数

年份	$UF_iF_dF_l$	UF_iF_d	$UF_{id}F_l$	UF_dF_l
2001	0.7915	0.8721	0.7790	0.7882
2002	0.6009	0.6514	0.8041	0.6751
2003	0.3896	0.6508	0.3798	0.7216
2004	0.7549	0.8102	0.3519	0.8678
2005	0.8073	0.8217	0.5693	0.8742
2006	0.7924	0.3976	0.7591	0.7972
2007	0.8778	0.3959	0.7696	0.8240

续表

年份	$UF_iF_dF_l$	UF_iF_d	$UF_{id}F_l$	UF_dF_l
2008	0.8112	0.3891	0.8789	0.9717
2009	0.8571	0.8047	0.8501	0.9210
2010	0.5612	0.9280	0.8099	0.6903
2011	0.4525	0.3307	0.8522	0.5988
2012	0.9219	0.8727	0.4470	0.4873
2013	0.5010	0.4023	0.4017	0.2109
2014	0.7989	0.6512	0.2529	0.3406
2015	0.5690	0.3812	0.4903	0.2699
2016	0.5790	0.3617	0.4713	0.2662

实证表明，从金融规模、金融结构与金融效率三者之间的协调系数来看，农村金融结构与农村金融规模、农村金融结构和农村金融效率之间的协调性要比农村金融规模与农村金融效率协调性好一些。

四、农村有效信贷供给不足的成因分析

农村金融供给抑制的成因较为复杂，既有“三农”自身高风险等综合因素导致的市场失灵，也有政策失误因素导致的政府失灵。本文认为，除了上述这些众所周知的一般因素，现阶段在农村金融供给体系日益完善的背景下，农村金融供给侧过度进行价格竞争，缺乏必要的协作机制是其中的重要原因。

（一）价格竞争降低了盈利能力

受各银行经营理念、电子化建设进度、市场竞争需求、业务发展特点等因素的影响，县域商业银行业竞争激烈。从功能上分析，政策性银行与商业银行在业务上应该是没有冲突或很少交叉的，然而，在县域金融发展实践中，政策性银行和商业银行在很多商业贷款领域和政策性贷款领域仍然存在竞争。价格竞争增加了经营成本，加大了信贷风险，在其他条件不

变的条件下，各家商业银行也因此减少了信贷投入。

一是提价竞争存款。商业银行为了完成考核任务，为了竞争到“黄金客户”，利用各种社会关系，用免费提供各种中间业务服务作为稳定客户、揽取存款的竞争手段，变相提高利率，导致经营成本和实际利率增加。

二是压价竞争贷款。商业银行分支机构为了竞争到“黄金客户”，不惜降低贷款利率、延长贷款期限，贷款向大企业、大项目集中，甚至向一些不守信的企业提供无原则的金融服务。这不但扰乱了正常的经营秩序，而且潜伏着极大的流动性风险。

三是信用评级体系各自为政。各商业银行很少认可企业在全国信用评级机构（如中诚信）的信用评级，彼此之间也互不认可信用评级。虽然人民银行主持的征信系统得到了大家的认同，但里面涉及的资料太少，不能满足银行贷款的要求。缺乏统一的信用评级不仅使得各商业银行各自为战，也给企业融资带来很多的不便并增加了企业的融资成本。

（二）无序竞争恶化金融生态环境

金融生态环境是金融机构所处的外部环境，主要包括相关的法律、信用、担保体系以及金融机构之间的竞争协调机制，是金融业生存的基础。尽管目前我国农村金融生态环境有所改善，但由于基础差、起点低，尚不能满足金融业发展的要求。

农村金融市场狭小，涉农金融机构竞争激烈。在激烈的竞争环境中，封锁经营信息是常态。即使是不属于商业机密的信息，各商业银行之间也不能主动交流信息、互通情况，不联手打击损害银行业总体利益的行为，而是相互封锁、封闭经营、各自为政，造成金融资源浪费，加剧了信息不对称，使一些恶意经营企业得以骗取多家银行信用而逃之夭夭。

目前涉农信贷市场既缺乏完善的法律法规保障，也缺乏个人、企业资信评估体系和信贷担保制度与担保机构，再加上农业保险制度欠缺，难以分散风险。从担保体系来看，由于法律限制，农户普遍缺乏商业银行认可的抵押物，同时也缺乏专门为农户提供担保的担保基金或中介机构，导致一方面金融机构存在大量的存贷差，另一方面农户实际的借贷需求却无法得到满足。从信用体系来看，由于金融机构间缺乏信息共享与协调机制，加之借贷农户分布广、贷款额度小以及私营个体企业财务制度不健全、不规范等，金融机构只能选择少放贷甚至退出农村金融市场。

（三）无序竞争推高交易成本

信贷交易与瞬时完成的一般市场交易不同，它是交易双方的跨时交易活动，既涉及时间因素，又涉及未来的不确定性，因此，信贷交易存在着极大的风险。虽然不确定性影响着信贷交易双方的行为选择，但是信贷交易主体——商业银行受到的影响更大，因为信贷交易的基础是信贷主体预期企业能够在未来的一定时间内偿还银行贷款，企业的行为选择直接关系到银行的交易结果——利润。因此，为了防范信贷交易风险，信贷交易就必须耗费一系列的成本。一是贷前阶段的筛选成本，银行在此阶段要搜寻合适的交易对象，搜集交易对象的信息，对信息进行处理，正确评估交易对象的信用等级。二是贷中阶段的监督成本，银行在此阶段要与合格的交易对象谈判、签订信贷合约、监督并保证企业履约。三是贷后阶段的检查成本。银行在此阶段主要是收回贷款，对于违约的企业进行深入调查，了解企业的真实收益状况，防止企业战略性违约（骗贷），并对违约的企业采取措施，如清算担保品、起诉等。

农村经济一般以小规模农户家庭经营为基础，农村金融需求者通常有居住分散、收入水平低、生产季节性明显、单笔存贷款规模小、生产项目的自然风险和市场风险比较大、缺乏必要的担保与抵押品等特点，这决定了涉农信贷服务的风险较大。农村金融机构面对的是数量庞大、高度分散、经营规模狭小、对贷款额度需求不大且缺乏担保和抵押品的农户，这就决定了现有正规金融机构为农户融资的交易费用相对较高。农村经济的特点决定了涉农信贷的成本要大大高于城市工商信贷。农村涉农金融机构无序价格竞争，在压低了盈利空间、恶化了交易环境的同时，大大增加了交易成本，涉农信贷交易难以达到规模效益，当贷款的潜在交易成本超过其潜在收益时，理性金融机构最终减少贷款数量并对贷款进行分配，从而导致了涉农信贷供给不足。

五、涉农金融机构协作机制设想

农村商业性金融、农村政策性金融和农村合作性金融是农村金融领域中共同发挥作用的三种主要金融形态，彼此之间的协调发展是客观需要的，以建立合理的定价、信息沟通共享等协作约束机制。

（一）涉农区域商业银行的协作

银行业协作使银行体系中的绝大多数银行已经并将继续具有良好的偿付能力、一定的盈利能力，银行与银行之间交流机制畅通，资金在银行体系中实现较高效率配置。

1. 信息共享机制。信贷交易过程中广泛存在信息不对称，由此产生的逆向选择和道德风险是造成不良资产的主要原因，给商业银行带来沉重的负担，直接导致资本金的减少。因此，有必要通过某种途径缓解信息不对称，降低贷款违约率及违约损失率。

虽然全国性的征信体系已经建成，但由于其面积太广，信息不一定充分、及时，可用性并不高，因此有必要在县域建立覆盖面积比较小，但相对详细、准确、及时的信息系统，使信息系统可用性得到提高。具体而言，可以建立“恶意违约借款人黑名单”，当某借款人在某一商业银行贷款恶意违约后，商业银行将该借款人计入该名单，以提醒其他商业银行，从而建立起县域内的诚信氛围。

2. 业务协作机制。商业银行业务协作的典型代表是银团贷款，涉农各金融机构可以为贷款金额大、期限长的大中型涉农企业、企业集团和农林水领域重点建设项目提供银团贷款。这样既可以充分发挥金融整体功能，更好地为企业特别是大型企业和重大项目提供融资服务，促进企业集团壮大和规模经济的发展，又可以分散和防范贷款风险，降低融资所花费的时间和精力。在同一银团贷款内，可根据借款人需要提供多种形式的贷款，如长期贷款、周转贷款、备用信用证额度等。银团贷款成员应按照

“信息共享、独立审批、自主决策、风险自担”的原则自主确定各自授信行为，并按实际承诺份额享有银团贷款项下相应的权利、义务。

3. 联合开发机制。商业银行领域的金融创新层出不穷，而金融创新是有风险的，包括技术风险及市场风险。技术风险是指由于技术上存在的原因而导致创新失败，市场风险是指创新出的产品得不到消费者的认可或消费者市场尚待培育。由于金融创新的高风险，县域单个中小银行不一定能够承受，因而阻碍了中小银行的创新，因此县域各商业银行可以根据市场预测，成立联合开发机制，综合各自优势，通过签署协作开发协议，共同投资并监控开发进程，待研究成果完成后共同实现产业化。较多银行的参与不仅可以实现风险共享、收益共担，也可使创新得到消费者的认可，尽快产生收益。

4. 危机处理机制。金融系统有其自身的不稳定性，危机难以避免，因此有必要建立县域内的危机处理机制，帮助那些基本面尚好但遭遇个别极端事件的商业银行缓解流动性不足。例如，某银行发生挤兑，县域的其他商业银行应快速反应，及时提供必要现金支持，以赢得解决挤兑风潮的时间，防止挤兑风潮蔓延，维护事故行的正常经营及县域内其他商业银行的经营安全。

（二）涉农区域内政策性银行与商业银行的协作

政策性银行在充分满足其政策性贷款需求的前提下，可以有选择地参与商业银行活动，并可与商业银行协作。例如，对某大型基建项目，其预期收益率不足以吸引商业银行参与，但符合政策性贷款的范围，故可先由政策性银行承担大部分或全部固定成本低息贷款，而由商业银行承担大部分或全部流动资本贷款。此时，商业银行愿意提供贷款的原因就在于，政策性银行的低息贷款使得项目的预期收益率提高，并达到了商业银行愿意接受的程度。这样的协作可以利用有限的政策性贷款让更多项目得到资助和实施。对于同一较大项目，可以共同提供贷款，按一定的比例分担贷款额和贷款风险。再如，为了便于专业的管理，银行间同类资产（含良性资产和不良资产）可以进行并购和整合。

（三）涉农区域银行业与保险业机构的协作

从国际上的成功经验来看，银行和保险公司的协作应该是长期的、稳定的、利润共享的关系，其实现的途径之一就是资本融合。例如，在银行保险发展较快和较好的欧洲，银行保险的经营模式多由紧密的股权纽带形成。银保协作主要集中于中间业务协作、资产负债业务协作、混合业务协作等。中间业务方面，可以开展保险销售代理、代收代付等协作；资产负债业务方面，可以开展融资业务、现金管理业务、信用保险等方面的协作。

针对涉农信贷风险比较大的实际，目前应该重点建立有效的银保互动机制，促进农村金融的良性循环。2009 年中央一号文件首次提出，探索建立涉农信贷与农业保险相结合的银保互动机制。农村金融机构与农村商业保险公司可以建立更密切的协作机制，在涉农信贷中进行协作。具体而言，涉农机构发放涉农贷款，可以要求贷款户到保险公司购买保险。这样，贷款得到保障，保险公司业务得到发展，一旦发生灾害形成损失，农民可以从保险公司获得赔偿，减少损失，维持对涉农金融机构贷款的偿还能力，而大量贷款户的投保，使保险公司能够承受可能的赔付责任，从而实现三方共赢，促进农村金融的良性循环，有效解决农村金融服务的可持续问题。

精准扶贫背景下涉农贷款增长放缓问题调查与思考

——以安徽省为例

中国人民银行安庆市中心支行　杨东晓　高　乐

一、涉农贷款增速呈不断下行趋势

（一）安徽省涉农贷款增长相对快于全国，但增幅低于贷款平均增幅，增速整体呈下行趋势

近年来，安徽省涉农贷款增长总体呈逐步放缓趋势。2019 年 6 月末，全省涉农贷款同比增长 10.4%，增速比上年末低 1.3 个百分点，低于各项贷款增速 3.6 个百分点，与各项贷款增速的差距进一步扩大。同期，全国涉农贷款同比增长 6.5%，增速更是低于安徽省 3.9 个百分点。从安徽省和全国情况来看，当前涉农贷款增长放缓、增速较低的问题应引起高度关注。

（二）农村基建、农产品加工和农业贷款增速回落幅度较大

分贷款用途来看，2019 年 6 月末，全省农村基建贷款同比增长 5.6%，增速比上年同期回落 22.8 个百分点；农产品加工贷款同比下降 4.8%，增速比上年同期低 9.3 个百分点；农业贷款同比增长 1.9%，增速比上年同期低 8.9 个百分点。分贷款主体来看，全省农户贷款同比增长 19.2%，增速比上年末低 4.3 个百分点；企业涉农贷款同比增长 6.0%，

增速比上年末低0.1个百分点，其中农村企业贷款同比增长10.6%，城市企业涉农贷款同比下降1.9%。

（三）过半深度贫困县[①]贷款增速低于所在地市贷款平均增速

2019年6月末，省内17个国家级贫困县[②]（包括已脱贫和未脱贫）中有10个县贷款增速低于所在地市贷款平均增速（见表1）；未退出贫困县序列的7个国家级贫困县[③]中有4个县（临泉县、萧县、霍邱县、石台县）贷款增速低于所在地市贷款平均增速。

表1　2019年6月末安徽17个国家级贫困县人民币贷款增速情况

地区	贷款余额（亿元）	贷款增速（%）	所在地市	所在地市贷款增速（%）	贷款增速与所在地市比较（个百分点）
寿县	260.6	28.8	淮南	9.6	19.2
潜山市	130.9	10.4	安庆	15.4	-5.0
太湖县	132.4	19.5			4.1
宿松县	152.2	11.1			-4.2
岳西县	105.9	18.6			3.2
临泉县	296.7	22.2	阜阳	25.7	-3.6
阜南县	263.5	28.9			3.1
颍上县	305.6	31.2			5.5
砀山县	216.1	21.4	宿州	21.9	-0.4
萧县	227.4	19.5			-2.3
灵璧县	185.6	25.1			3.2
泗县	187.3	19.7			-2.2

① 深度贫困县指的是国家级贫困县。

② 分别是岳西县、潜山市、太湖县、宿松县、临泉县、阜南县、颍上县、砀山县、萧县、灵璧县、泗县、寿县、霍邱县、舒城县、金寨县、利辛县、石台县。截至2019年6月末，岳西县、颍上县、寿县、潜山市、宿松县、砀山县、灵璧县、泗县、舒城县、利辛县等10个国家级贫困县已退出贫困县序列。

③ 太湖县、临泉县、阜南县、萧县、霍邱县、金寨县、石台县。

续表

地区	贷款余额（亿元）	贷款增速（%）	所在地市	所在地市贷款增速（%）	贷款增速与所在地市比较（个百分点）
霍邱县	251.8	16.5	六安	22.5	-6.0
舒城县	272.5	17.9			-4.7
金寨县	240.2	25.6			3.1
利辛县	263.8	19.0	亳州	20.5	-1.5
石台县	33.4	8.7	池州	11.9	-3.2

资料来源：中国人民银行合肥中心支行。

注：第一列带灰色底纹的为截至2019年6月末尚未退出贫困县序列的国家级贫困县。

二、多方面原因导致涉农贷款增长放缓

（一）农户购房需求下降、农业投资负增长、平台融资收缩等导致涉农贷款需求下降

一是楼市降温，农户[①]购房需求下降。近年来，农民进城购房是涉农贷款增长的主要力量，2019年6月末安徽省涉农贷款同比增长10.4%，其中农户消费贷款的贡献度达53.6%。不过，随着棚改政策调整和前期购买力集中释放，农户购房贷款增长呈现出高位放缓态势。2019年6月末，安徽省农户消费贷款同比增长27.2%，增速比上年末回落3.2个百分点。

二是农业投资负增长，融资需求显著下降。2019年上半年，安徽省农业投资同比下降19.7%，低于整体固定资产投资增幅28.2个百分点。农业投资下滑直接影响农业贷款需求，进而拉低涉农贷款增速。2019年6月末，安徽省农业贷款同比增长1.9%，增速比上年末回落4.2个百分点。

---

① 《涉农贷款专项统计制度》规定，农户指的是长期（1年以上）居住在乡镇（不包括城关镇）行政管理区域内的住户，包括长期居住在城关镇所辖行政村范围内的住户，也包括农村个体工商户。日常工作中，金融机构大多根据居民身份证上的住址信息来判断。

三是平台[①]融资收缩，拉低了涉农贷款总体增速。2017年以来，随着地方政府债务管控收紧，地方政府对平台公司的违规担保大幅减少，平台公司融资能力和融资意愿下降，不能融也不敢融。平台融资收缩明显，拉低了涉农贷款总体增速。对安庆辖内7县（市）19家统计为农村企业的县级平台调研显示，2018年以来，超过一半的平台公司贷款余额减少或保持不变。

四是环保趋严、非洲猪瘟等导致畜牧业信贷需求减弱。从畜牧企业调查情况来看，近年来环保管制趋严，不断加大对畜禽养殖污染的整顿工作，划定禁养区、限养区；养殖户若有养殖需求，需办理养殖场相关手续，且对废弃物进行无公害处理。由于建设成本较高、利润空间下滑，小规模及散户养殖场退出速度加快。2018年以来，中小生猪养殖场还受非洲猪瘟叠加影响，生猪大量提前出栏并谨慎补栏，信贷需求大幅减弱。

（二）金融机构风险偏好下降，风险分担机制弱化，相应减少了涉农金融供给

一是金融机构风险偏好下降。近年来，信用风险暴露增多，金融机构风险偏好下降，加上一些县域金融生态环境变差，使得客户经理“惧贷”情绪较重，更倾向于做大项目、低风险项目。2019年6月末，全省涉农贷款不良率高于各项贷款不良率0.6个百分点。2019年上半年，全省与基建密切相关的四个行业[②]贷款新增占各项贷款增量的30%，占比较上年全年升高10.1个百分点。

二是部分农村中小银行“脱农”业务增多。随着大型商业银行网点减少、撤离，农村中小银行存款来源增多。为提高资金使用效率以获取最大利益，农村中小银行调整业务，经营呈现“两多”特征：一是开展投资业务增多，投资业务增速快于贷款增速；二是开展非农信贷业务增多，

① 按照现行统计制度，平台公司只要注册于县域地区（市级及以上开发区除外），即被认定为农村企业，其贷款统计为涉农贷款。

② 电力、热力、燃气及水生产和供应业，交通运输、仓储和邮政业，水利、环境和公共设施管理业，租赁和商业服务业。

涉农贷款在各项贷款中比重降低。2016 年以来，省内农商银行投资业务[①]增长了 132. 1%，同期贷款增幅为 63. 9%；涉农贷款占各项贷款的比重由 2015 年末的 80. 2% 降至 2019 年 6 月末的 65. 9%。

三是县域担保公司增信功能弱化，制约了银行放贷。受宏观经济下行、信用风险暴露增多等影响，担保贷款违约率升高，担保公司保证金不足情况增多，使得担保公司开展新业务的能力大幅下降，制约了银行放贷。如与蚌埠某农商银行合作的 6 家担保公司中就有 4 家保证金比例不足；池州某担保公司由于无法落实担保，导致该地某法人银行部分存量贷款客户不能如期用信。

（三）现行统计制度将大多数县域园区认定为城市区域[②]，区内贷款大部分未统计为涉农贷款，影响了涉农贷款增长

一是园区在县域经济中的地位上升，但区内贷款大部分未统计为涉农贷款。截至 2019 年 6 月末，省内每个县都有至少一家省级（及以上）开发区。伴随着乡镇企业入园、环保整治达标企业入园，近年来开发区在县域经济中的地位上升。然而，依照现行统计制度，市级及以上开发区均为城市区域，区内企业非从事农业生产或农业生产服务的，其贷款不计入涉农贷款[③]，影响了涉农贷款总体增长。

二是园区升级，使得涉农贷款相应减少。如桐城市双新经济开发区前几年一直没有正式定级，各银行对该开发区企业贷款均统计为涉农贷款，2018 年该开发区正式并入了桐城经济开发区（国家级），银行对该开发区贷款统计相应调整。又如，岳西县经济开发区 2018 年 5 月被省政府批准为省级经济开发区，涉及区内企业贷款近 8 亿元，对涉农贷款余额产生较大影响。

---

① 是指农商银行开展的债券投资和股权及其他投资业务。

② 现行统计制度将城市区域定义为“地级及以上区域的城市行政区域与市辖建制镇”，对各类经济开发区、工业园区等行政管理区按照批准其设立的单位属于农村还是城市区域来确定。依照此制度，目前全省各县经济开发区基本上都为城市区域，区内企业均为城市企业。

③ 按照现行统计制度规定，城市企业的支农贷款也属于涉农贷款，不过这部分占比较低。

三是行政区划调整，也相应地减少了涉农贷款。如黄山市高新技术开发区原属于农村区域，区划调整后整体变更为城市区域，区内贷款大部分从涉农贷款中剔除。不过需要说明的是，近几年安徽省行政区划调整导致农村区域变为城市区域的现象较少，其对涉农贷款增长放缓的影响很小。

（四）不良贷款核销抵消了部分涉农贷款增量

近年来，为积极应对信用风险暴露，全省银行机构加大了不良资产清收处置力度，由于涉农领域不良率较高，大量转让核销对涉农贷款增长也产生了一定影响。以省内某市为例，2019 年上半年该市核销涉农不良贷款 4.3 亿元，影响该市涉农贷款增速 0.5 个百分点。

三、政策建议

（一）加强涉农金融产品创新，适应农村多层次金融需求

受人才、技术限制和业务权限制约，农村中小金融机构和大型金融机构的分支机构产品创新能力普遍不强，当出现新兴融资需求时，银行仍按照传统信贷模式予以跟进，使得信贷供需双方难以实现有效对接。面对当前农村传统金融需求放缓，银行应在加大业务开拓力度的同时加强创新，丰富产品内容、优化产品服务，以适应农村多层次金融需求。

（二）加大不良贷款处置力度，提升农村中小银行信贷供给能力

当前省内一些中小银行不良率较高、资本充足率较低，面临较大的信用风险和流动性风险。为提升农村中小银行信贷供给能力，一是政府牵头开展涉公不良贷款专项清理工作；二是政府牵头化解政府主导的招商引资企业和重点建设贷款形成的风险；三是压实省联社在化解农商银行金融风险中的责任，牵头开展银团贷款中的不良资产化解；四是省资产管理公司收购一批不良资产；五是降低不良资产处置成本，适度放宽不良贷款核销标准；六是适当降低税费负担，使农村中小银行轻装上阵。

（三）强化风险分担机制，发挥财政金融的协同效用

针对当前很多县域担保公司存在的保证金不足和不良率高等问题，一是建议财政部门加大对担保机构的优惠政策和补贴力度，设立专项基金，与担保机构协调合作。二是担保公司要严格按照法律法规开展业务，避免不合规经营导致代偿过多而无法履行代偿，从而影响到银政担合作模式的有效运行，增加银行的“惧贷”“惜贷”情绪。三是加大农业政策性保险推广力度，创新开展保险支持涉农产业规模化经营，改善新型农业经营主体保险服务，放大农业保险与涉农贷款的协同效应。

（四）避免政策“一刀切”，便于经济主体适应调整

近几年，一些地区和部门在落实环保、大棚房整治等政策时为规避责任，存在政策加码执行和“一刀切”问题，对涉农企业产生了较大影响。今后应吸取相关经验教训，在政策制定和执行过程中，要循序渐进、留足缓冲期，避免“一刀切”，便于经济主体适应调整。

（五）完善涉农贷款统计制度，发挥好统计指标的导向作用

在当前涉农贷款统计中，以地域范围为导向的统计口径过大，比如在很多经济发达地区的县域，从事农业生产或与农产品加工、销售相关的主体越来越少，而金融机构依然按照“地域范围”统计为涉农贷款，这与真正服务“三农”相违背。因此，建议完善统计制度，以贷款用途为主要划分标准，农村企业贷款除满足地域要求外，还应该看贷款是否用于“三农”，二者同时满足时才可归为农村企业涉农贷款。

欠发达地区加强稳健中性货币政策传导的实践与思考

——基于宏观审慎评估的视角

中国人民银行安庆市中心支行　吴敏书　王龙焰

一、引言

随着金融市场发展和金融创新深化，金融周期与经济周期出现分化的苗头，金融体系自身的复杂性、脆弱性明显增大，原有的以货币政策为主的金融调控框架面临挑战。有鉴于此，中国人民银行基于中国国情并结合国际上对国际金融危机教训的总结，在构建宏观审慎政策框架方面进行了一系列探索①。自2016年起，中国人民银行将“差别准备金动态调整和合意贷款管理机制”升级为“宏观审慎评估体系”，从资本和杠杆情况、资产负债情况、流动性、定价行为、资产质量、跨境融资风险、信贷政策执行情况等七个方面对银行业金融机构进行多维度的引导，从而初步形成了“货币政策＋宏观审慎政策”双支柱的金融调控框架。

宏观审慎政策作为金融调控的第二支柱，与货币政策相互补充强化，在防范系统性金融风险、营造适宜金融环境等方面发挥了重要作用。在人民银行合肥中心支行的大力指导下，宏观审慎评估顺利在全市正式实施。实施以后，全市法人金融机构的审慎经营意识得到强化，货币政策传导效

① 张晓慧．宏观审慎政策在中国的探索［J］．中国金融，2017（11）．

果有所提升。但是，安庆市的一些法人金融机构特别是受宏观审慎评估（MPA）约束较强的法人金融机构向政府部门和金融管理部门抱怨人民银行限制其发放贷款，片面地认为MPA就是简单的信贷规模管控或者限制，对MPA的科学性持有一定的怀疑，以至于安庆市中心支行的货币政策传导面临较大的阻力。对此，安庆市中心支行一方面向法人金融机构和有关政府部门加强宣传，做好MPA的解读工作，另一方面选取安庆市为研究样本，努力通过全面、深入分析欠发达地区的货币政策传导环境、法人金融机构公司治理、资产负债管理等情况，试图了解误解产生的深层次原因，以期对宏观审慎政策框架完善和稳健中性货币政策传导提供若干建议。

二、欠发达地区货币政策传导环境基本情况分析

（一）金融机构构成有待丰富完善

货币政策的有效传导离不开组成传导渠道的金融组织规范、理性的行为支撑①。金融组织体系是货币政策传导的中介②。2016年末，全市共有27家银行业金融机构，其中法人银行业金融机构15家，无融资租赁公司和财务公司分支机构，无注册地在本地的证券公司③。从网点分布来看，3/4的股份制银行在县域未开设支行，网点布局需要下沉。农业发展银行、五大国有商业银行、徽商银行和邮储银行在7个县（市）均开设支行。交通银行在经济发展较好的桐城市、怀宁县开设支行，中信银行在桐城市开设支行，其余3家股份制银行均未在县域开设支行。

（二）存差特征显著，存贷比有所上升

存贷比反映银行信用扩张能力和信贷投放空间。全市各项存款余额一

---

① 刘决奇，程希骏．我国货币政策传导环境分析［J］．上海经济，2002（6）：39－41.

② 欧振坤．欠发达地区货币政策障碍及疏通［J］．华南金融研究，2001（1）：18－19.

③ 27家银行业金融机构包含1家政策性银行（农业发展银行）、5家国有商业银行（工商银行、农业银行、中国银行、建设银行、交通银行）、4家股份制银行（招商银行、浦发银行、中信银行、兴业银行）、邮储银行、徽商银行、8家农商银行和7家村镇银行。

直高于各项贷款余额，2011—2015 年，全市存贷比均在 60% 以下，表现出显著的“存差”特征。除个别银行机构外，全市银行业金融机构的存款余额均大于贷款余额。2011—2015 年，全市存贷比逐渐上升，由 2011 年的 51.3% 升至 59.8%。2016 年，由于企业活期存款激增，该年末的存贷比降至 56%，出现明显回落①。

（三）小微企业贷款份额远高于全国平均水平

信贷投向是货币政策的主要内容，全市银行机构的信贷投向主要是小微企业，小微企业贷款在企业贷款中的份额最大且不断提升，由 2011 年的 61.4% 上升至 2016 年的 70.5%，而 2016 年全国小微企业贷款占企业贷款的比重仅为 32.1%，小微企业贷款份额高于全国平均水平 38.4 个百分点。

（四）关键行业的信贷支持力度减弱

制造业、批发零售业是实体经济的代表性行业，也是全市经济的主要行业，其贷款份额在全部行业中分别居第一位、第二位。然而，近些年这两个行业贷款份额有所下降。制造业贷款份额在 2012 年升至最高值 22.5%，随后逐年下降，2016 年则降至 16.4%。批发零售业贷款份额在 2013 年升至最高值 16.4%，随后步入下行通道，2016 年降至 11.8%。这表明关键行业的信贷支持力度有所减弱，亟须加强货币政策传导，引导银行机构加大对关键行业的信贷支持力度。

三、欠发达地区货币政策传导的渠道机制

（一）信贷渠道是欠发达地区货币政策传导主渠道

我国间接融资比重大大高于直接融资，银行信贷是主要的融资渠道。在此环境下，为了更好地保证货币政策调控效果，促进经济的健康发展，

① 2016 年，全市企业活期存款增加 128.9 亿元，同比增长 41.2%。

中央银行货币政策显然不大可能主要通过利率或资产价格渠道传导①。2016年，全市股票融资额仅占社会融资规模的10.4%，间接融资达到86.7%。所以，欠发达地区信贷渠道是货币政策传导的主要渠道。

（二）法人金融机构是欠发达地区的主要信贷渠道

全市的非法人金融机构（5家国有商业银行、4家股份制银行、邮储银行和徽商银行）受其上级行或总行管理，最终受总行所在地的人民银行管理。非法人金融机构的贷款投放额度、贷款审批条件均受上级行的指导。欠发达地区的中央银行基层行对非法人金融机构的约束力有限。然而，中央银行基层行可以通过执行人民银行总行的降息、降准等各项货币政策，对法人金融机构的信贷投向、增量施加影响。所以，法人金融机构是欠发达地区的主要信贷渠道。

（三）货币政策传导的微观主体主要是小微企业

企业、个人和政府有关部门等微观主体是货币政策传导的最终环节，也是货币政策效果的体现者②。由于企业与货币政策目标关系最直接，货币政策传导的微观主体主要是企业。欠发达地区小微企业贷款占企业贷款的比重达到70%以上，因此全市货币政策传导的微观主体是小微企业。

四、欠发达地区货币政策传导面临的若干障碍

欠发达地区货币政策传导的渠道机制严重依赖信贷渠道和小微企业，客观上对欠发达地区的货币政策传导形成制约。此外，由于特殊因素，有的法人金融机构广义信贷增速容易走高，在宏观审慎评估中被评为C档，加上中央银行基层行管理措施缺乏刚性，导致其既不符合宏观审慎管理要

---

① 人民银行南昌中心支行课题组．江西省货币政策传导效果及原因分析［J］．金融经济，2012（12）：10－13.

② 苑治亭．我国货币政策传导渠道及完善策略研究［J］．济南金融，2007（10）：16－19.

求，又不利于稳健中性货币政策的传导[①]。

（一）欠发达地区的特殊情况易使部分法人金融机构宏观审慎评估结果不达标

一是在较大“存差”的情况下，欠发达地区的法人金融机构作为金融企业，需要将闲余资金用于配置资产以获得收益，形成广义信贷增量。二是欠发达地区法人金融机构广义信贷基数小，资本充足水平所能允许的广义信贷增量相对于新增负债而言偏少，资产摆布空间受限。以某县域农商银行为例，2016 年该行新增存款 9 亿元，由于资本充足水平限定，其 2016 年广义信贷增量为 6.4 亿元。如果完全按照宏观审慎评估要求，同时扣除需缴纳的法定存款准备金 1.08 亿元，将形成闲置资金 1.52 亿元，如果不利用，该行将损失 600 万元，占该行 2016 年净利润的 10% 以上[②]。三是表外理财作为法人金融机构的新业务，初期表外理财余额增长迅速，纳入广义信贷会大幅抬高广义信贷增速。如 2016 年下半年，全市的两家农商银行开始开展表外理财，从 2017 年开始，表外理财余额纳入广义信贷，这就使得 2017 年前两个季度广义信贷增速冲高。四是不良贷款转让核销、主要负责人调整等特殊因素导致当期贷款增量小，从而使得在计算次年广义信贷增速时上年基数小，最终导致次年广义信贷增速较高。

（二）法人金融机构股东回报机制不健全以及股东实力总体不强，补充资本往往难以实现

一是法人金融机构的股权相对分散，全市辖内 8 家农商银行最大股东持股比例均在 10% 以下，其中有 3 家农商银行前两大股东持股比例相等，没有绝对的控股股东。二是法人金融机构的股东主要是私营企业、自然人，国有企业持股偏低，股东实力总体不强，补充资本能力较弱。在辖内

---

① 宏观审慎评估的核心内容是金融机构适当的信贷增速取决于自身资本水平以及经济增长的合理需要。当金融机构的信贷增长超过其资本能够支撑的水平时，其必然面临两个选择：一是尽快补充资本，以支持其更多的信贷增长；二是适当控制信贷增速，以便与现有的资本水平相适应。

② 损失额按资金的年收益率 4% 计算得到。

8家农商银行中，仅有1家的控股股东是国有企业，农商银行有一定比例的私营企业，自然人股东在银行有贷款且未能按时偿还。三是法人金融机构股东回报机制不健全。辖内有的农商银行不能在每个年度分红，甚至连续多年不分红。由于股东回报机制缺乏稳定性和持续性，部分股东补充资本的意愿不强。

（三）欠发达地区以小微企业为主的特点影响了货币政策传导效果

一是小微企业贷款在全市企业贷款中的比重一直在60%以上，而且正处于上升态势。小微企业经营状况波动大，信贷需求不稳定，贷款规模不易控制。二是小微企业抗风险能力相对较弱，受经济下行、结构调整的影响较大。2016年末，全市小微企业逾期贷款率达7.02%，分别比大型企业、中型企业高3.75个、1.64个百分点。大量逾期贷款迫使商业银行借新还旧或发放新贷款，形成了企业的信贷需求对商业银行的信贷供给进而对中央银行货币供给的倒逼机制，较大程度地影响了货币政策调控效果。

（四）欠发达地区的中央银行基层行作用难以充分发挥

一是欠发达地区的贷款增量目标由省会中心支行下达，操作过程中难以兼顾到不同地市经济运行的不同特点，无疑削弱了货币政策传导效果。2016年，安徽省16个地级市地区生产总值增速的极差达到4.7个百分点，全国31个省（自治区、直辖市）地区生产总值增速的极差达到6.2个百分点，两者仅相差1.5个百分点，表明同一个省的不同地市间经济发展差异程度与省际差异相差无几。宏观审慎评估标准考虑到了省际差异，同样仍需酌情考虑同一个省内不同地市间的差异。二是货币政策工具作用弱化。中央银行基层行办理的再贴现、再贷款规模相对较小。即使停止对法人金融机构办理常备借贷便利，其仍可通过银行间市场拆借资金。货币政策工具对银行的约束力和震慑力较小，作用弱化。三是货币政策传导缺乏利益引导机制。没有利益引导机制，作为金融企业的商业银行不可能积极主动地实施中央银行的窗口指导意见，货币政策传导渠道无疑受到阻滞。

五、加强稳健中性货币政策在欠发达地区传导的建议

（一）进一步完善宏观审慎评估体系

一是制定宏观审慎评估标准时，充分考虑欠发达地区法人金融机构盘子小、存差等情况，允许法人金融机构较为充分地利用闲余资金，将符合政策导向的贷款（如扶贫小额贷款）以及国债等无风险债券投资从广义信贷中剔除。二是对于开展表外理财业务不满三年的法人金融机构，不将表外理财纳入其广义信贷的统计口径。三是考虑不良贷款转让核销等特殊情形。如法人金融机构转让核销不良贷款，在向宏观审慎评估委员会备案后，可以在计算下一年广义信贷增速时，将核销转让部分纳入上年广义信贷余额。

（二）进一步完善法人金融机构公司治理

一是建议地方政府增加资本，成为地方法人金融机构的控股股东。二是引入当地经济实力强、发展稳定的企业作为股东，对于存在违约的自然人股东，善意劝告其将所持股份转让。三是建立稳定、可持续的分红机制。由于法人金融机构股份变现能力不及上市银行，所以分红率应不低于上市银行，但不宜过高，目前宜控制在6%左右。

（三）进一步合理优化企业贷款结构

一是银行机构在授信环节要把好小微企业贷款质量关。银行机构在响应积极支持小微企业发展政策的同时，要做好对小微企业，特别是缺乏抵质押物与核心竞争力的小微企业的授信审查，科学制定授信额度，有条件地满足小微企业信贷需求，坚决避免过度授信现象的发生。二是成立股权投资基金、创业投资基金等各项基金，参股处于初创期的小微企业，发挥基金风险承受能力高的作用，弥补银行机构风险承受能力低的不足。三是引导金融机构满足大中型企业兼并收购、参与“一带一路”等的融资需求，合理提升大中型企业贷款在全市企业贷款中的比重。

（四）进一步发挥中央银行基层行的货币政策传导作用

一是设置贷款增量目标要兼顾不同地市经济运行的不同特点，增量规模要与地方经济发展规模相适应，充分满足地方经济发展的合理信贷需求。二是中央银行基层行要丰富宏观审慎管理的方法和手段，加大对法人金融机构的现场核查力度，确保法人金融机构信贷投向和资金运用符合政策导向。三是综合运用价量工具和宏观审慎工具，从货币政策工具管理、金融市场业务、窗口指导约束等角度入手，发挥政策组合效应，进一步提升法人金融机构对货币政策的传导效果。如核查发现其贷款投向和资金运用不合规，将采取限制其金融市场准入、停止常备借贷便利和再贷款办理等综合性措施。

信用村创建与金融精准扶贫：制度创新与融合发展

中国人民银行安庆市中心支行　朱　波　从宝辉

理论上讲，金融精准扶贫主要依靠政策引导，充分发挥金融中介与金融市场的作用，按照扶持对象精准、项目安排精准、资金使用精准、措施到户精准、因村派人精准、脱贫成效精准等基本要求，充分利用信贷、保险等多样化的金融手段与杠杆工具为不同贫困地区、不同层次的贫困人口提供针对性的金融产品和服务，从而为贫困地区的产业扶贫、文化扶贫、教育扶贫、旅游扶贫、卫生扶贫、信息扶贫、综合扶贫等模式提供精准化、最优化的资源支持与配置，激发贫困地区的内生发展能力和贫困群体的自力更生能力，促进贫困地区扶贫工作从“输血式”向“造血式”转变。本文以安庆市贫困村创建信用村为切入点，在分析现阶段贫困地区融资需求特点的基础上，全面阐述创建信用村对于贫困地区信用风险管理的制度创新，为信用村创建与金融精准扶贫融合发展、探索金融精准扶贫新模式提供路径选择。

一、现阶段贫困地区融资需求特点

消除贫困、改善民生、实现共同富裕是社会主义的本质要求。目前，安庆市有 5 个大别山连片特困地区县，4 个国家扶贫开发工作重点县、375 个贫困村，贫困人口达 14. 79 万户、40. 69 万人，其中特困人口 8. 1 万户、17. 3 万人。安庆市扶贫工作呈现贫困面大、贫困程度深、致贫原因复杂、脱贫任务重的特点。为进一步了解贫困地区的融资需求特点，我们先后赴岳西、宿松等贫困地区开展实地走访调研。调研显示，现阶段贫困地区发展生产的融资需求具有以下特征。

首先，资金需求额度普遍较小。按精准扶贫规定标准识别，列入精准扶贫对象的困难户家庭经营能力普遍较弱，多数又仅从事适应家庭经济实力的种植业、养殖业及小规模经营等，缺乏从事较大规模经营的实践经验。即使在地方政府的统一规划下推行产业扶贫，这些贫困户的融资需求有所增加，但也维持在小额度范围内。因此，小额信贷与贫困户的家庭经营能力和经营实力相适应，是当前精准扶贫困难户的主要资金需求。

其次，普遍存在融资担保难问题。调查发现，贫困户家庭人均纯收入低，经济实力弱，在融资需求上普遍存在担保难问题。一方面，精准扶贫困难户属于社会弱势群体，社会关系较为简单，由于经济实力等各种社会因素，在融资上很难通过寻求他人的联保或保证获得银行信贷支持；另一方面，这些贫困户多数处于贫困山区，普遍缺乏有价值的土地、宅基地、农房等财产用于融资抵押或反担保，且由于交易机制建设滞后等，多数农村地区通过林权等农村权属类质押获得信贷支持尚有难度。

再次，融资需求呈现多元化。目前，贫困地区融资用途呈现出多元化，既有用于发展生产的融资需求，也有用于农村建房、购房以改善居住条件的消费融资需求，还有用于子女就学、婚丧嫁娶、医疗等其他需求。因此，实施精准扶贫，不仅要使信贷扶贫资金精准到贫困户上，而且要使资金用途精准运用在扶贫产业或项目上，确保扶贫资金发挥出“造血”功能。

最后，融资发展观念落后。由于大多数贫困家庭收入来源少、经济实力弱、受教育程度不高，对通过融资负债发展生产仍然存在认识上的偏差。一方面，在偏远落后地区，仍有部分农户对政策和金融知识缺乏必要的了解，长期形成的贷款门槛高、手续烦琐等现象使其因畏难而放弃向银行提出借款需求；另一方面，多数农户受传统观念影响，不愿负债发展生产。

二、信用村创建与金融精准扶贫的制度创新

2016年，在安庆市金融精准扶贫工作推进会上，安庆市中心支行提出在综合考量各贫困村自然条件、产业层次、资源禀赋、农民文化素质等因素的基础上，计划用两年时间在全辖贫困村开展信用村创建活动，通过银村共创模式，形成多维联动的金融扶贫新格局，实现贫困地区信用环境更优、银农合作更好、金融支持更有力，对贫困地区的贷款覆盖率明显提升，融资成本明显降低，力争将一批贫困村打造为信用村并实现提前脱贫。

（一）在贫困地区开展信用村创建对于金融精准扶贫具有重要现实意义

一是实现精准管理。依托农村信用信息共享服务平台，为贫困村所有农户建立信用档案，全面掌握贫困村、贫困户信用信息，有助于因人因地施策、因贫困原因施策、因贫困类型施策，区别不同情况，集中资源，做到精准管理。

二是实现精准评价。为优化完善针对贫困户的信用评级指标体系，我们进一步研究制定了专门针对贫困户的信用评级办法，重点围绕诚信度、家庭劳动占比、家庭劳动技能、家庭人均收入等要素进行评级，使贫困户的评级标准和评定方法与普通农户有所区别。

三是实现精准滴灌。金融支持的重点目标就是农村信用信息共享服务平台贫困户中有生产经营能力、有资金需求、讲信用的贫困户。被评定为信用村的贫困村，由结对创建银行实施“整村推进”信贷服务模式，优先开展扶贫小额贷款业务，实行信用贫困户贷款资金优先、贷款利率优惠、信用额度提高等政策。优先设立惠农金融服务室，并鼓励金融机构在村设立网点，延伸服务网络。加强对贫困地区信用村的宣传，进一步提升其信誉度，发挥正向激励作用。

四是实现精准扶持。贫困村创建信用村活动创新引入了银村共创的工

作机制。通过这个工作机制，解决农户和金融机构信息不对称、信息采集指标不统一和信息不能共享三大难题，使金融机构能快速掌握农户信息，缩短审贷时间，提高放贷效率。

五是实现防范风险。根据工作安排，我们将推动市、县两级政府出台扶持政策、制定配套措施、实行风险补偿等一系列措施，强化政府增信，实行政府与银行共担风险、共防风险、共建信用，保证信贷资金的安全。

（二）在大数据征信基础上采用银村共创共赢的制度创新

在市场经济条件下，信用是一种重要的无形资产，尤其是在农村地区，在农户、专业合作社、家庭农场等农村经济主体依然缺乏有效抵质押物的情况下，充分利用好信用信息是有效破解农村经济主体贷款难问题的突破口。在贫困地区开展信用村创建是在大数据征信基础上采用银村共创共赢的制度创新举措。

大数据征信是将农村经济主体的海量非结构化数据和半结构化明细数据集中采集并进行统一的标准化整合。通过平台建设和机制安排，将其生产、经营、技术、交易等信息记录下来，使之规范化、数字化、公开化，变无规律为有规律，变不可考为有证查，变不可知为能可知，从而解决缺信息、缺信用难题。与传统的征信相比，大数据征信从数据的精确性转移到数据的相关性，大数据的真正价值在于创造和数据产品化，通过加工实现数据增值，数据成为最大的资产。由此可见，大数据征信的分析基础并没有偏离信贷基本原理和判断逻辑，不是对传统征信的取代，而是补充与完善，是信用评价模式转型升级的发展方向。将农村地区贫困户大量的信用信息整合起来，使之立体多维地反映农村信息主体信用状况，更好地发挥信用信息作用，增强贫困地区群众的诚信意识，提高金融机构扶贫工作的主动性和积极性，探索开发适合贫困地区特点的金融产品和服务方式，支持有文化、懂技术、会经营、讲信用的贫困户更好更快地增产创收，实现脱贫致富，从而促进贫困地区经济发展，增强经济活力。

为了使贫困地区贫困户与涉农金融机构无缝对接，进一步拉近资金需求双方的距离，信用村创建创新引入了银村共创模式。在有创建需求的贫困村提出申请的基础上，由当地乡（镇）政府和人民银行县（市）支行指定一家银行机构与其结对共创，实行乡（镇）政府主要领导和银行机构主要负责人信用村创建责任制，并要求结对的银行机构落实好专人实地走访的工作机制，深入了解信贷需求，积极有效地改善金融服务，不断创新金融产品。建立精准扶贫金融服务档案，确定支持对象后，按照政策要求，精准扶持，不断跟踪，直至其达到脱贫目标。

三、信用村创建支持金融精准扶贫的作用机制：信号传递

在信用村创建支持金融精准扶贫的路径中，信用信息的有效传递不仅是信用机制发挥作用的条件，更是信用机制形成的基础。无论是信用机制的信息效应还是信用机制的资本效应，都有赖于信息信号有效传递并发生作用。

（一）信号传递模型的基本假设

信号传递模型本质上是一个动态不完全信息博弈，本文以信号传递模型分析信用村创建支持金融精准扶贫的基本原理。在该模型中，交易主体分别为农村经济主体和涉农金融机构，其中农村信用信息共享服务平台是信号发送者，涉农金融机构是信息接收者。涉农金融机构对贫困地区贫困户的真实类型并不知情，为了选择最优行为，涉农金融机构需要从信息发送者的信息传递中对其类型作出概率判断，再选择最优行动。其基本假设如下：一是信贷市场的两类交易主体贫困地区贫困户和涉农金融机构都是理性的，二者的决策依据都是使自身期望收益最大化；二是假定贫困户所需资金为 $L+I$，其中 I 是通过自身经营或利润留存能够提供的资金，L 是农村小微经济体的资金缺口；三是贫困户的产品质量、运营策略、管理水平、经营者素质及信用等影响未来收益的因素统称为贫困户信息质量。

（二）信号传递模型的作用机制分析

信号传递博弈有三种类型的均衡，即分离均衡、混同均衡和准分离均衡。分离均衡是指农村信用信息共享服务平台传递的信号能反映出它的真实类型，能够给涉农金融机构的判断提供充分的信息和依据，分离均衡是涉农金融机构所期望的均衡状态。在分离均衡状态下，低信用级别的贫困户的最优选择是发出信号 X_b，此时粉饰成本 $C_b(x)=0$，而高信用级别的贫困户发出信号 X_g。此时，能否达到分离均衡的状态取决于以下因素：不同信用级别的贫困户发出信号的粉饰成本、涉农金融机构对高信用级别贫困户和低信用级别贫困户设置的不同抵押条件、运营成功概率和履约概率。从本文研究角度出发，分离均衡状态可以通过以下方式达到。

一是提高不同信用级别贫困户发出信号的粉饰成本。低信用级别贫困户粉饰成本越大，分离均衡状态越难以达到。可以采取多种方式提高粉饰成本，如建立多渠道了解贫困地区贫困户的信息平台，完善农村信用信息共享服务平台功能，实现政府、银行、农村经济主体三方之间的信息交流和共享，打破部门之间的信息壁垒等。

二是提高高信用级别贫困户的履约概率。通过不断提高违约的声誉损失，建立失信行为惩戒机制，实施典型失信主体黑名单、信用村红名单曝光和评选。银村之间加强合作，提高对有违约行为的低信用级别贫困户在信贷市场上的准入门槛，并加大对贷款违约行为的惩罚力度。

三是设置合理、科学的抵押或连带条件。针对贫困地区不同信用级别贫困户实际情况，对不同类型的信用级别设置相应的抵押率。建立完善、规范的入押程序，也可以利用担保、联保等增级措施，作为抵押的补充。

可见，信用村创建通过促进贫困地区贫困户信用信息共享、差别化传递信号，促进涉农金融机构准确掌握和判断贫困地区贫困户的信用状况，大大增加信号的粉饰成本。通过失信惩罚机制和守信激励机制，提高违约的声誉损失，从而督促不同信用级别的贫困户积极履约。总之，银村共创信用村支持金融精准扶贫模式通过增加粉饰成本、提高声誉损失，有效发挥大数据征信的激励约束功能，有利于降低贫困地区贫困户的交易成本，促进贫困地区普惠金融的发展。

四、信用村创建与金融精准扶贫融合发展的路径选择

一是加强农户信息数据管理，完善信用村评价机制。目前农村信用信息共享服务平台在安庆辖内各县（市）全部运用。安庆市依托平台，制定了《安庆市农村信用体系信用信息管理办法》，实施了信贷信息批量更新制度，从纯手工采集信息逐步转向电子、批量更新采集信息，有效提升信息数据的质量，实现了农村信用信息的互联共享。根据农户、农民专业合作社信用评价结果实行差异化服务，实行政策助农、信用惠农、服务便农。进一步加强农村信用信息共享服务平台数据采集管理工作，在《关于在全市贫困村开展信用村创建活动的实施方案》的信用村评价标准原则下，针对不同地区，鼓励因地制宜地推进信用村创建工作。

二是建立部门联动的工作机制，探索信用村动态退出办法。进一步发挥社会信用体系建设领导小组办公室的牵头作用，注重统筹协调，健全工作机制，整合政策、资金、信息等多方资源，尤其是要调动贫困村和金融机构参与信用村创建活动的积极性，形成创建合力，取得实效。建立信用村动态退出机制符合征信工作“守信激励，失信惩戒”的核心要义。信用村中单个信用户、经济能人、专业合作社的失信行为将影响整个村子的信用水平，或者如果贷款的不良率达到一定限度，信用村牌子将被撤掉，涉及的一系列扶持政策随之取消，倒逼信用村自觉地维护信用利益，以保持“信用声誉”。此外，若信用户因意外原因不能按时还款，则进行“债务重组”，适度放宽贷款期限，同时下调信用等级；若及时偿还延期借款，则恢复其信用等级。

三是推动创新信贷产品，建立贷款贴息与风险补偿机制。以信用信息评价运用为基础，继续推进落实好“整贷直发”个人创业贷款、“统贷直放”农民专业合作社贷款、“直贷直管”家庭农场贷款以及“银保合作”保证保险贷款、“银税合作”纳税信用贷款、“银村合作”光伏扶贫贷款等信贷业务工作。推动创新助农贷、助保贷、助贫贷等信贷产品，分散和

缓释“三农”信贷风险。加大支农再贷款支持力度，向支持贫困地区信用村建设的金融机构提供长期、低成本的资金，确保信用户、信用村各类金融服务问题有人关心、有人过问、有人解决。积极与扶贫办、财政局探索建立扶贫贷款贴息和风险补偿机制，合理确定扶贫补偿资金与结对银行的代偿比例。

四是注重宣传引导，探索市场化运作和政策扶持相结合。坚持正确导向，进一步加强贫困地区信用知识宣传，树立诚信理念。鼓励各地利用电视、报纸、新媒体等多种方式广泛宣传贫困村开展信用村创建活动的新政策、新成效、新经验和新典型，让更多的人了解信用村金融扶贫开发工作和形势，营造全社会关注信用、支持扶贫的良好氛围。实现扶贫财政资金和银行信贷资金的有效结合，以财政资金高倍数地撬动信贷资金，探索把行政手段转化为市场手段的途径，打出扶贫开发的财政金融组合拳，是解决贫困地区资金紧缺的有效方式。

经济新常态下的望江县金融扶贫个案分析

中国人民银行望江县支行　徐祝平　张劲松　程亚菲

纵观我国扶贫工作的历史，不难发现其发展演进的脉络。尽管扶贫政策日益细化，扶贫规模日益扩大，扶贫力度日益加强，但是基于我国贫困的深广度原因，过去依据区域性瞄准机制所制定的政策与采取的措施针对性不强，加之扶贫主体单一、扶贫模式创新不足等，导致扶贫工作成效未达预期。截至2015年末，虽然我国的贫困发生率降到5.7%，但是距离全面实现小康社会目标还有差距。扶贫攻坚任务艰巨。

如何进一步提高扶贫的针对性、实效性从而优化扶贫投入结构、增加有效供给、激发有效需求、提高扶贫质量成为关键性问题。金融作为配置资源的重要渠道，它在扶贫中发挥的作用不容小觑。国家和社会对金融扶贫给予了极高的关注度。作为一种可持续发展的扶贫方式，金融扶贫在实际运行中如何强化其"造血"功能，更好更快地助力脱贫摘帽，值得我们深思。

一、金融减贫作用机理

（一）金融减贫的直接效应

金融减贫的直接效应体现在金融服务获得性方面。金融发展扩大了金融的惠及面，让更多的人群直接享受到金融服务带来的益处。针对贫困群体设计的差异化金融产品有利于其实现资本的积累、生产的扩大，对冲收入波动带来的不利影响等，进而使贫困群体具备可持续的生产能力，有效避免了贫困的发生。

（二）金融减贫的间接效应

金融减贫的间接效应主要是通过经济增长进行传导的。内生经济增长理论认为，金融系统作用的有效发挥可以促进储蓄转化为投资，优化资源配置，发挥国民经济的乘数效应，提升就业和收入水平，改善人力资本，提高经济增长潜力。金融发展促进经济增长，经济增长的益处通过涓滴效应惠及贫困人口。

二、金融扶贫现状与问题分析

（一）金融扶贫现状

望江县位于安徽省西南边缘，属于国家连片扶贫开发县之一。

截至2016年8月，望江县有贫困村60个，贫困人口82062人，已建档立卡的贫困户24801户。

县域农商银行和邮储银行为金融扶贫两大主办行，采取统筹分配的方式，农商银行主要负责60个贫困村的12997个贫困户，邮储银行主要负责32个非贫困村的4150个贫困户。两家金融机构主要依托扶贫小额信贷这一金融产品为贫困主体提供资金支持。一方面，鼓励贫困主体发展光伏发电、特色种养业、农产品加工业、休闲农业、乡村旅游等生产经营项目；另一方面，支持贫困主体以带资入股的形式参与到农业产业化龙头企业、农民专业合作社、家庭农场、专业大户等新型农业经营主体的经营中，以解决贫困户个人生产发展能力有限、难以有效利用扶贫资金的窘境，间接减少扶贫信贷资金的风险。

县域人民银行通过扶贫再贷款政策工具为地方法人金融机构提供扶贫资金支持，引导其加大扶贫资金投入力度。扶贫再贷款工具在利率和期限的设计上，更加贴近实际需求。较低的利率降低了金融机构扶贫资金的信贷成本，灵活的展期规定延长了扶贫资金的使用期限，有利于稳定信贷投放机构的资金预期，扩大信贷投放规模。同时，扶贫再贷款工具在管理上更加严格，其中的台账管理强化了对扶贫资金精准使用的监测。

前期，基于多方面的原因，该县的扶贫小额信贷缺乏承贷主体，金融扶贫的效果不佳。经过实践的摸索，农商银行开启带资入股扶贫新模式，此种模式在望江县杨湾镇取得了一定的成效，实现了政府、银行、贫困户、龙头企业四方共赢。该种模式有待后续的推广。

（二）金融扶贫存在的问题

1. 精准识别存在障碍，精准施策进度缓慢。长期以来，农村地区基础设施薄弱，公共产品及服务缺乏，与外界的经济交流度低。人们的思想观念落后，自我发展意识淡薄、自我发展能力弱，信用环境恶劣，农民参与配合金融扶贫的积极性不高，加之农村这一熟人社会人情色彩浓厚等，导致信息不对称问题难以缓解，严重阻碍了贫困户的精准识别。同时，缺乏对贫困程度、脱贫难度的精细分类政策，影响了精准施策。大多数地区尚未建立金融扶贫大数据管理平台，也就无法实现信息的精准对接、采集、监测考核等，造成扶贫效率较低。

2. 扶贫主体相对单一，金融资源有效投入不足。目前，农村金融体系尚不健全，大型金融机构业务不下沉，农村金融市场竞争机制缺乏，金融抑制现象严重。望江县参与扶贫的金融机构主要是农商银行和邮储银行，国有大型商业银行参与度低，导致农村金融市场的竞争性不足，使得农户获得金融服务的质量和效率难以保证。同时，融资性担保机构、保险公司、小贷公司等机构较少，使得信贷资金仅能与财政扶贫资金配合使用，缺乏其他有效整合渠道，导致金融杠杆作用发挥不充分，风险缓释不足，降低了金融扶贫的效率。同时，金融衍生品市场中的农产品期货发展缓慢，可实现期货交易的农产品种类少。订单农业不发达，农户不能有效预期未来的市场需求，影响种植、养殖品种的合理选择，易出现供需不匹配现象。

3. 扶贫产业化程度不高，缺乏多元性。金融扶贫需立足于产业，做到精准定位二者的结合点，实现因人施策、顺势推进，进而发挥可持续的“造血”功能。但是，望江县规模化产业较少，扶贫项目种类少，大多集中分布于传统的种植、养殖业。一方面，由于其规模化程度不高，产量受自然因素、技术因素影响，价格、销售量等受市场因素影响较大；另一方面，由于缺乏深加工产业链，所生产的初级产品附加价值低，而且产品的可替代性强，缺乏市场竞争力。综合来说，其抗风险能力弱，缺乏稳定的还款来源，金融信贷扶贫难以落地。

4. 扶贫激励约束机制缺乏，政策倾斜力度不够。农村金融面向的客户群体特殊，具体表现为经济实力弱、文化水平低、自我发展能力低等，与“三农”相关的信贷需求较为零散，加之农村金融体系不健全，各类风险集聚，其经营运作无法获得合理的风险溢价报酬，导致其业务开发经营动力不足。金融机构出于风险防范考量而实际采取的限制性措施较多，相当于提高了门槛，间接抑制了信贷的实际发生。长期以来，存贷失衡资金大量外流，金融服务当地实体经济的功能欠缺，金融精准扶贫进程缓慢。因此，金融扶贫需通过建立健全有效的激励约束机制来引导金融渗透到扶贫工作中。

政府的政策倾斜力度不够。一是在税收减免、金融机构准入门槛、差异化监管方面让利程度不够；二是在扶贫小额信贷等金融扶贫工具方面给予的支持力度和保障力度不够，如望江县扶贫贴息贷款运作中，无论贷款额度、贷款频度的大小，政府在三年内只给予累计 3000 元的财政贴息，该举措并没有体现出政策支持的层级梯次的差异化。

5. 系统性管理缺乏，扶贫资金效率低。政府和金融机构一般将贷款投放出去视为工作业绩的考核标准，而对农户或贫困户在资金使用过程中遇到的问题鲜有关注，如配套设施的供给、科学生产知识的普及、技能的培训、技术的指导以及临时闲置资金的再配置等。

让目标群体获得资金仅仅是金融扶贫工程的第一步，如何帮助其管理运作好扶贫生产项目并产生持续效益才是整个工作的重中之重。农业生产及其效益的产生不是一蹴而就的，单靠某次集中投入或某个项目的投资是很难保证其获得可持续发展的。农业生产暴露在一个复杂的动态环境中，受市场、政策、农民自身生产行为等众多因素的影响。在金融扶贫资金使用的过程中，若不辅之以相关配套措施、不推行科技成果的应用，就如同只给农作物光照而不浇水施肥，引致最终的效果极大程度地偏离预想。

三、金融扶贫效果影响因素分析

金融扶贫效果的影响因素众多，基于模型中影响因素的量化考虑及对应数据的可获得性，本文分别选取农村人均纯收入作为被解释变量，来衡量金融扶贫效果；选取县域金融发展规模及效率、经济发展水平、财政支教力度作为解释变量；考虑到财政扶贫资金、外出务工人数、通货膨胀率、城镇化水平等会对扶贫效果产生影响，将上述因素归入残差项。以望江县 2005—2015 年的数据作为样本数据来源。具体指标见表 1，模型公式为

$$\ln PI_{t}=\theta_{0}+\theta_{1}\ln Fd_{t}+\theta_{2}Fe_{t}+\theta_{3}\ln Rgdp_{t}+\theta_{4}E\mathrm{d}u_{t}+u$$

表 1　模型变量说明

变量名称	变量符号	定义
农民人均纯收入	*PI*	农民人均纯收入
金融发展规模	*Fd*	存贷和/地区生产总值
金融发展效率	*Fe*	存贷比
经济发展水平	*Rgdp*	人均地区生产总值
财政支教力度	*Edu*	财政支教金额/财政支出
残差项	*u*	影响贫困的其他因素

表 2 表明各变量一阶差分平稳，故可对其进行协整检验及格兰杰因果检验。

表 2　平稳性检验结果

变量	Z（t）	P 值	显著性水平	单位根
d. lnPI	-3. 943	0. 0017	1%	无
d. lnFd	-3. 226	0. 0185	5%	无
d. Fe	-3. 324	0. 0138	5%	无
d. Edu	-4. 041	0. 0012	1%	无

回归结果表明，金融发展规模对农村人均纯收入的提高有显著的正向影响，而金融发展效率的提升、财政支教力度的加大对农村人均纯收入的增加产生了负向影响。

金融发展效率提升方面，虽然存款转化为贷款的比例增加，抑或资本逐利，贷款被投放于效益高的领域，涉农领域的贷款投放占比相对来说并没有明显提升；抑或金融机构基于政府扶贫政绩的强制要求，投放于涉农领域，导致贷款投放于效益低的农业项目，因此衡量金融发展效率的存贷比指标值的增加并没有增加农村人均纯收入。金融机构在日常业务的开展中倾向于大客户，在扶贫信贷投放的实际运行中，基于资本逐利及风险规避的考虑，大到行业、小到服务对象都会偏离预设的目标。财政支教力度增大，但其在整体的财政支出中占比较小，而且教育支出所产生的效果要经过较长时间来验证，本文的数据较少，回归得到的结果存在一定的偶然性。

四、金融扶贫效率提升的对策

金融减贫效应受多方面因素的共同影响，因此应正确看待金融的减贫作用，有效识别金融减缓贫困的目标群体，充分发挥直接和间接两种渠道的减贫作用，强化与各扶贫参与主体的有效协作。在这项兼具政策性和商业性的金融工作中，把握好政府和市场各自的职责和作用是关键。

（一）基于金融机构的角度

1. 加快金融扶贫信息管理系统的推广应用

金融扶贫信息管理系统能够有效跟踪管理金融扶贫的进度，目前在人民银行部分市级平台有操作权限，但县级处于空白状态。要加快信息的共享进度，精准清除扶贫过程中的障碍。通过此平台的推广应用，实现对接、采集、监测考核精准化，保证信息的精准传递和量化处理，也可为相关决策部门扩大信贷投放提供精准指引，为制定实施扶贫政策提供科学的参考依据。

2. 创新信贷产品及服务供给

创新信贷产品及服务供给既是发展普惠金融的本质要求，也是提高金融扶贫效率的有效途径。关于信贷产品及服务的创新，可从以下几个方面落实。

（1）金融机构在信贷产品的准入门槛、利率、期限、认购流程等方面，可根据被服务主体的特点，针对产品生产、运输、存储、销售、服务不同环节的资金需求，研究设计差异化的金融产品，精准满足农村经济主体的需求。针对性地降低抵质押物的考核标准，鼓励将法律法规不禁止、产权归属明晰的农村集体房屋、土地等不动产，机器设备、农机具、产成品等农村资产都纳入担保品范围，充分激活农村窖藏资产。尝试开发扶贫小额信贷与农业保险、衍生品交易和资产证券化业务有效对接的产品，实现农业固有风险的分散和转移。

（2）充分发挥供应链金融的作用，将产业链上下游主体的信用捆绑在一起，加大供应链融资产品的供给力度，如仓单质押融资、应收账款融资、预付账款融资等。传统的供应链融资要求供应链条上存在核心企业，基于贫困主体普遍为农户，供应链集原材料采购、产品生产、销售于一体，农户与其供应链条上的企业形成的长期稳固的合作关系能够确保供应链融资产品的提供。

（3）通过“互联网+”升级服务品种，借助各种金融服务的留痕及金融机构自身搭建的商务平台内的各种交易留痕，获得构建大数据分析的基础，利用云计算等先进技术来优化贷款的考核发放流程，实现降本提效。

（4）扩大便民服务网点及自助设备的布设，普及“银行卡+POS机”的使用，大力发展移动金融，加强与三大运营商的合作，强化金融移动终端风险的控制。推广电子银行业务，考虑到农户的文化水平，需加强专业人员对农户安全、高效使用电子化设备的指导，降低其享受金融服务的成本，提升金融服务的可获得性和便利性。

3. 提高各类金融组织在扶贫工作中的融合度

金融扶贫是一项系统性的工程，通过各机构的合作发挥“1+1>2”

的协同效应，具体表现在以下两方面：一是拓宽“政策性+商业性+合作性”金融模式的应用面，取长补短，实现政策优势、资金优势、资源优势的互补。二是培育多样化的金融组织，倡导更加多元化、更为包容的组织形式，引导非正规金融健康发展。加强银行、保险、融资担保机构的业务合作，积极探索形式多样的种养贷与保险的组合产品，分散和缓释涉农信贷风险，有效支持农村实体经济的发展。

4. 创新金融扶贫模式，提高信贷资金参与扶贫的效率。通过更为细化的“信贷+”模式的推广应用，丰富贫困户的收入来源，比如贫困户利用信贷资金直接入股龙头企业，既可使农户获得财产性收入，又可使农户获得工作机会，增加一份工资性收入。又如“信贷+生产基地+龙头企业+贫困户”，整合供产销链条，实现规模化、产业化经营运作，有效避免了贫困户无经营能力导致信贷资金发挥不了如期作用的问题。该种模式整合了较为分散的小额扶贫资金，有利于培育贫困地区特色优势产业。以信贷为纽带，建立贫困户与企业利益联动机制，实现“一企多户”的带动目标，同时助力推进农业产业化龙头企业和农业小企业的发展，使优势农产品、生产加工分别向优势产业、龙头企业汇集，有利于提高农产品的附加值，带动贫困户增收致富。在此过程中，农产品物流体系建设会随之完善，流通效率显著提高，产品存储成本有效降低，资金回笼速度得到提高。

5. 完善县域内的投融资机制，发挥直接融资机制作用。在金融精准扶贫中，关注间接融资的同时，可以考虑直接融资机制。随着我国资本市场的日益完善，其层次更加丰富，能够满足不同层次企业的融资需求。基于县域企业自身实力的考虑，可以引导、鼓励其在新三板和四板市场挂牌，实现股权流通，及时获得发展所需资金，带动县域经济的发展，提供更多的就业渠道，从而带动更多的贫困户脱贫致富。

（二）基于政府的角度

地方政府需加强形势研判，对辖区内与扶贫相关的工作进行综合有效的规划引导，通过完善政策配套、加大政策支持力度等，为扶贫工作提供动力、注入活力。

1. 完善相关政策法规，加大政策倾斜力度。良好的法律政策环境能够为扶贫工作的高效推进提供保障。因此，需从以下几个方面着手。

（1）优化农村产权交易制度，建立活跃的农村产权交易市场。加快明晰农村产权，有助于产权交易的顺利开展。农村产权交易市场的活跃程度会对金融扶贫工作的进程产生影响。它关系到抵押、担保物权利的最终实现。活跃的农村产权交易市场能够保证金融机构在扶贫过程中权利的质押在需要执行时以合理的价格变现，降低金融扶贫参与主体在此过程中的损失，将风险最小化。它的完善程度影响着“两权”抵押贷款的发展进程，“两权”抵押贷款的推行有效缓解了贫困农户抵押、担保物不足而难以获得信贷资源的难题。

建立活跃的农村产权交易市场，推进农村产权交易平台的合法化运营，重在完善机制、强化监管，让交易公开透明化，让产权流转合理合法化，进而实现农村资产向资本的转变。成立监督管理委员会，监督、管理和指导农村产权交易行为；制定相关制度文件，规范产权交易中出现的重大问题的处理。

（2）完善农业保险制度，分散金融扶贫风险。农业生产的覆盖面较广，暴露于自然环境中，涉及的风险较大，普通的商业保险不愿意涉足农保市场。这就需要政策性保险的合理引导，推进农业保险的再保险市场的建立、发展，提升总体的承保能力。

完善的农业保险制度可以减少农业生产因天灾受到的损失，间接提升农民的收入水平，促进地方农业经济的持续发展，同时转移、分散涉农贷款风险。因此，完善我国农业保险制度是保证我国金融扶贫工作持续发展的关键环节。为做好该项工作，需落实以下两点。

第一，基于保险供给层面，目前在农村地区发展较快的特色种植、养殖业等能给农民带来较高收益的生产项目，尚未被纳入政策性保险保障范围。政府要加强与保险机构的合作，通过税收优惠、财政奖励、费用补贴、开业手续的简化及后续监管的差异化等措施吸引有实力的保险公司开发投放创新性农业保险产品，提高农业市场保险产品供给的数量和质量。

生产环节的气候、灾害等风险的管理事关整个过程的有序进行。销售环节事关最终价值的实现，国家对部分农产品实行价格支持制度，但还有众多农产品价格不在保障范围内，易出现“谷贱伤农”的现象。农户缺乏预测未来产品需求量的能力，产品价格受市场因素的影响较大。基于此，保险公司可以适度加大价格险产品的供给，让农户锁定风险，安心搞生产；同时，政府要引导保险资金以更大力度再投资于本地，丰富当地的投资构成，增强贫困地区抗风险的能力，改善贫困地区的金融生态环境。

第二，基于保险需求层面，加强对农村地区有关农业保险的宣传推广工作，挖掘农业保险的有效需求。对于农户生产经营的各环节中普遍存在的风险点，保险等部门可按实际情况开发出新的保险产品，激发农户对相应产品的需求。这也是从供给端出发激活、创造新需求的体现。

（3）完善县域融资担保体系建设。建立和完善融资担保体系，地方政府要通过资本注入、风险补偿、税收优惠等多种方式增加对融资担保公司的支持，设立多层次的贷款担保基金和担保机构，提高新型农业经营主体的贷款比重。同时，要建立担保体系的资本补充机制，鼓励大企业参股，增强担保公司实力，提高担保公司对中小企业、新型农业经营主体的支持能力。

2. 合理引导金融扶贫与其他扶贫模式的融合

（1）加强与电商扶贫的融合。引导金融机构积极探索“信贷＋农村电商”服务新模式，有效利用互联网实现物流、信息流、资金流的整合，运用O2O模式实现农副产品、区域特色产品和服务的线下体检、线上购买，拓宽销售渠道，提高流通效率，降低经营成本。在这一过程中，金融机构可以利用自己的电商平台多为当地的农副及区域特色产品和服务提供上架的机会，比如建设银行的善融善通、工商银行的融e购电商平台等。这一方面有利于长期、稳固合作关系的建立，使金融机构掌握关于农户商家的更多信息，便于信息追踪，精准把握贷款农户的经营态势，有效控制贷款风险；另一方面也能为其平台上的商家提供更多的融资渠道，比如平台商家通过预售订单实现融资等。与此同时，金融机构通过自己的电商平台交易获得客户海量交易信息，为其进行大数据分析奠定基础，据此充分挖掘客户需求，有利于后期提供精准对接的产品。

同时，着力打通网络设施建设“最后一公里”，大力发展村村淘电商平台。以地方农产品、特产、旅游资源为切入点，构建“互联网 + 农村农业”电商生态经济，根据“三农”实际情况规划适合本地化、实际可行的建设运营方案，打造农产品进城、工业品及农资品下乡的供应链通道。

（2）强化与产业扶贫的融合。立足产业扶贫，发挥产业的辐射带动效应，形成地区特色，寻求可持续的经济发展模式，关键在于因地制宜、因势利导，紧密结合当地的“区位 + 资源 + 政策”优势，准确把握供给侧结构性改革对产业发展和产品供给提出的新要求，着力扩大生态、安全、特色农产品的供给，鼓励支持龙头企业和新型农业经营主体生产并申报无公害农产品、绿色食品、地理标志认证、原产地认证和知名商标、著名商标，进而引导其发展为区域特色产业。在这个过程中，金融机构通过信贷投向引导支持产业结构调整，并与企业、贫困户签订相关的产业带动协议，明确各主体间的利益联动机制，从而确保金融支持产业发展、产业带动贫困户脱贫。

（3）实现资扶与智扶的融合。资金和教育是贫困地区发展的两块短板，在给予其资金让其获得发展资本、努力改善物质生活的同时，也必须深刻地认识到教育质量对摆脱代际贫穷的关键作用。“扶贫先扶智，治穷先治愚”，在扶贫攻坚的冲刺时期，通过教育改变人们精神层面的贫穷显得尤为迫切。在这一方面，不仅要抓好针对未成年人的义务教育，也要抓好成年人的职业教育，全面提升贫困地区的劳动力素质，培养可持续的自我发展能力。当地政府要以政策待遇引进并留住优秀教育人才和技术人才。政府相关部门积极引导并组织一些关于生活、生产方面的科普知识下乡活动，对从事特定种植、养殖业的有关人员进行技能培训，提高“双创”的成功率。金融机构可利用自己在业务经营过程中具备的信息优势，联合政府，发动企业对自主创业的农户给予技术及管理方面的指导。

3. 建立地方政府引导基金，扩大 PPP 模式的应用。农村地区基础设施建设匮乏，严重阻碍了农村经济发展，加剧了城乡二元结构的矛盾。交通、水利、通信等方面的滞后建设影响了农村与外界的经济交流。公共物品、公共服务供给不足，很大程度上在于建设资金不足。通过地方政府引导基金的设立以及 PPP 模式的广泛应用，以公私合营方式撬动大量民营资本，可以破解基础设施建设等民生工程资金匮乏的难题。通过重大民生工程，农户生产和生活条件得到了改善，进而为进一步脱贫致富打下了坚实基础。

4. 完善风险补偿基金机制，创新扶贫融资担保基金债工具。政府应结合实际情况，有效整合财政扶贫资金，针对用途按比例进行配置，提高财政担保基金的投入比例，明确各扶贫参与主体需承担的风险比例，以金融杠杆撬动更多资本介入，兼顾扶贫效率的提升和道德风险的防范，实现帮扶性质由“生活性、救济性”向“生产性、资本性”转变，激发内生动力，实现可持续发展。

现阶段，财政扶贫资金实行分期拨付。鉴于当前扶贫处于攻坚克难阶段，扶贫投入资金不足严重制约扶贫进程，建议将未来几年的财政扶贫资金打包作为还款保证，以此来发行扶贫融资担保基金债等金融工具，盘活未来的资金流，从而撬动更多信贷资金介入扶贫工程。

（三）基于新型农业经营主体及被扶贫主体的角度

在当前供给侧改革背景下，原有被高污染、高能耗产业及“僵尸企业”挤占的庞大信贷资源将被逐步释放出来。城乡差距会逐步缩小，贫困作为实现全面小康社会的一块短板，在国家的大力支持及社会各界的共同努力下，势必会被补齐。在大众追求健康、环保消费的理念驱动下，贫困地区基于脱贫致富发展的绿色无污染的特色种养、休闲农场、旅游产业具有一定的市场潜力，符合大众对绿色生活品质的追求。

对于新型农业经营主体来说，要把握好供给侧改革带来的机遇，积极引进现代化的管理方式，建立健全内部治理结构，完善内部财务制度，规范市场运作，实现规模化、集约化经营，增加中高端农产品的有效供给，提升市场竞争力。借助互联网思维和工具，发展农产品直供直销，提升整体的经营质量和效益。

对于贫困主体来说，树立正确的理念是摆脱贫穷的第一步，要坚信在国家及社会各方共同创造的条件下，凭借自身的劳动力或资源可以获得可持续的生存发展机会。在这样的理念引导下，贫困者会变被动为主动，积极配合政府及各部门的精准识别工作，利用好国家的扶贫资源、扶贫政策，积极思考在现有条件下自身脱贫致富的路子等。这样，农户积极发展生产，主动通过各种途径提高自己的生产经营能力或者自己的信用水平，异常珍惜信用这一宝贵的无形资产，还会自主探索适合当地的致富路，提高有效的金融需求水平。

参考文献

[1] 崔艳娟，孙刚．金融发展是贫困减缓的原因吗？［J］．金融研究，2012（11）．

[2] 丁志国，谭伶俐，赵晶．农村金融对减少贫困的作用研究［J］．农业经济问题，2011（11）．

[3] 刘芳，刘明．金融发展规模、效率与县区反贫困研究［J］．统计与信息论坛，2015（8）．

[4] 吕勇斌，赵培培．我国农村金融发展与反贫困绩效：基于2003—2010年的经验证据［J］．农业经济问题，2014（1）．

[5] 吴国宝，李兴平．小额信贷对中国扶贫与发展的贡献［J］．金融与经济，2003（7）．

[6] 张羽．我国农村金融扶贫体系问题探讨［D］．大连：东北财经大学，2010.

潜山县精准脱贫信贷支持问题分析

中国人民银行潜山县支行　黄晓斌

金融扶贫是扶贫开发战略体系的重要组成部分，为了更好地发挥金融部门在精准扶贫中的作用，笔者结合潜山县的实际，就金融机构在信贷支持方面的探索进行了认真总结，客观地分析了存在的问题，针对性地提出了进一步做好精准脱贫信贷支持工作的建议。

一、全县的基本情况

（一）基本县情

潜山县地处安徽省西南部、大别山东南麓，下辖1个国家级风景名胜区天柱山、2个省级经济开发区、1个省级旅游度假区、17个乡镇、185个村（居），总人口58.3万人，县域总面积为1686平方公里，其中宜林山场136万亩，水面9.6万亩，耕地36万亩，呈“七山一水两分田”的地貌特征，素有“皖国古都、二乔故里、安徽之源、京剧之祖、禅宗之地、黄梅之乡”的美誉。

2015年，潜山地区生产总值为113.43亿元，当年全县地方财政收入为10亿元，较上年略有下降。城镇居民人均可支配收入为20808元，农村居民人均可支配收入为7907元，均较上年下降10%左右。主导产品为旅游业，其次是传统的农业，以及2个省级经济开发区所辐射的工业。

（二）贫困状况

全县17个乡镇建档立卡贫困户共2.36万户6.23万人，涉及60个贫困村，全县贫困发生率为11.93%。按贫困的区域划分，黄柏、水吼等山区乡镇贫困户占70%，主要受交通不便、田地稀少带来的历史性贫困因素制约，其次是老弱病残所致。从20世纪80年代潜山被定为国定贫困县至今，脱贫致富是30多年来发展的主旋律，也取得了巨大的实效，贫困村由原来的一半以上下降为现在的1/3，贫困人口也由原来的25万人降为只有原来的1/4。

（三）政府脱贫规划

潜山县委、县政府在“十三五”期间实行“三年集中攻坚、两年巩固提升”政策，即2016—2018年用3年时间开展集中攻坚，2019—2020年用两年时间巩固提升，确保2018年实现“整县脱贫”，到2020年与全国同步全面建成小康社会。县委、县政府将采取十大举措全面实施“人脱贫”，即特色农业脱贫、光伏产业脱贫、乡村旅游脱贫、易地搬迁脱贫、电商脱贫、就业脱贫、教育脱贫、健康脱贫、生态保护脱贫和社保兜底脱贫；全面实施十大工程，让贫困村“出列”，即农村道路畅通工程、水利建设工程、农村电网改造升级工程、农村人居环境改善工程、农村信息化建设工程、金融扶贫工程、乡风文明提升工程、社会帮扶工程、基层党建保障工程以及村集体经济增收工程等，确保2.36万贫困户6.23万人口如期全部脱贫，其中2016年、2017年、2018年分别脱贫1.92万人、1.93万人、2.38万人。

二、金融扶贫的基本情况

（一）明确责任分工

按照政策性、商业性、合作性等各类金融机构不同职能定位，推动建立各有侧重、分类支持的金融扶贫合作机制。鼓励各银行业金融机构加大对扶贫工作的投入。发挥政策性金融和商业性金融的互补作用，农业发展银行发挥开发性、倡导性、保本微利等特点，加大贫困地区基础设施、公共服务设施、移民搬迁、生态保护、教育扶贫等领域的资金投放，加快改善贫困地区、贫困人口生产和生活条件；农业银行、邮储银行、农村中小金融机构等涉农商业性银行业机构以政策扶持为支撑，通过市场机制引导加大信贷投入，对贫困地区主导产业、优势产业、农业现代化以及新型农业经营主体发展规模化生产进行重点支持，着重加大建档立卡贫困人口的扶贫小额信贷投放，扶持生产和就业，促进贫困地区经济增长和贫困人口增收。

（二）信贷支持推进

1. 扶贫小额信贷模式，主要是农商银行承办。一是建档立卡。对全县2.36万户建档立卡贫困户建立精准扶贫金融服务档案。二是科学授信。县、乡（镇）、村成立评级授信工作组，根据贫困户的家庭劳动力、家族收入、社会信用度三项指标，按照村级评议、乡（镇）审查、县级审核的程序，对符合条件的贫困户进行评级授信。三是精准放贷。实行属地管理，按行政区划由户口所在地农商银行支行办理。扶贫小额信贷遵循“先评级，后授信；先授信，后用信”的信贷管理流程，实行“一次授信，随用随贷，余额控制，周转使用”的方式。力争完成全年5000万元扶贫小额信贷投放计划。截至2016年9月末，已发放农户扶贫小额信贷1048户，金额4399万元。四是规范用途。贷款用于发展符合潜山县特色的种养业、农产品加工业，休闲农业、光伏发电、乡村旅游等生产经营项目，或支持贫困户带资入股参与农业产业化龙头企业、农民合作社、家庭农场、专业大户等新型农业经营主体经营。贷款额度单户不超过5万元，期限不超过3年，实行比照同期基准利率的优惠利率。五是财政贴息。财政专项扶贫资金对获得信用贷款的贫困户给予贴息支持。贴息标准原则为实际贷款额度的5%，且利率不得超过同期基准利率，贴息期限以贷款实际期限为准。六是风险防范。为确保扶贫小额贷款工作顺利开展，潜山县政府在专项扶贫资金中安排风险准备金、贫困户贷款贴息和信贷人身意外伤害保险费试点资金130万元。明确相关责任，贷款人因自然灾害、意外伤害等不可抗力因素以及经营不善或其他原因丧失还款能力的，除符合保险条件的由保险公司赔付外，余额（包括本息）由风险准备金补偿。

［案例一］ 农商银行支持具有养殖技术和形成一定规模的养殖大户发展养殖业，通过其示范和主动带头作用，带动周边有意向的贫困户发展养殖业，并对加入的扶贫户提供技术和销售市场支持。如潜山县农商银行用信贷支持湖羊养殖大户黄国正。他家住五庙乡新建村山区，之前在外地打工，从事服装加工，后来通过大量市场调研，研学养羊技术，现有养殖场占地面积5亩，湖羊200余头。因地制宜，就地取材，用油菜杆磨后喂羊，并在山地放养，为贫困户提供技术支持和销售市场，让贫困户不愁技术和销路，每头羊纯利润可达500元。作为新建村的扶贫户带头人，他走出了一条适应山区“能人（专业大户）+贫困户”的模式，带动的8个贫困户获得“金农·扶贫贷”共计32万元，帮助扶贫户发展养羊事业，预计每个扶贫户养羊年收益在2万元以上。帮助贫困户发展产业，实现脱贫。这种以“能人（专业大户）+贫困户”的发展模式，引导专业大户以自然条件为基础，以种植、养殖基地为中心，通过传、帮、带的形式，带领乡邻、亲友及村民共同发展产业，不但能使自身快速发展壮大，也能带动贫困户共同创收，实现脱贫致富，真正把银行、农村致富能人、贫困户连接成一个有机的整体，探索形成了“农村致富能人与贫困户合作发展脱贫致富”的金融精准扶贫新模式，并且这种模式还可以逐步推广到牛、猪等养殖业和蔬菜、水果等种植业。

2. 经济主体带动模式，主要是农业银行、农商银行承办。落实金融扶贫主办行制度，根据各金融机构网点布局和客户特点，以信贷支持产业扶贫示范项目为重点，有针对性地引导金融机构加大对优势产业、特色产业发展的有效信贷投入力度，加大对“农民专业合作社+社员”“家庭农场+农户”“公司+贫困户”等模式的信贷支持力度，通过扶持特定产业发展，支持农村经济主体和涉农产业发展，精准辐射并惠及贫困对象，有效带动周边贫困人口脱贫致富。

［案例二］ 农业银行潜山县支行以融资风险补偿基金作为担保，通

过基金放大倍数，大力支持家庭农场和农民专业合作社等新型农业经营主体，带动建档立卡贫困户脱贫致富。2016年该行对水吼镇泽艳家庭农场发放流动资金贷款50万元发展有机茶项目，期限为1年。该农场租用26户建档立卡贫困户田地120亩，租金每年共5万元，人均1923元；常年招收建档立卡贫困人口从事有机茶园管理、生产有机茶苗共计5人，每人每月工资约1700元；在采茶季节招用建档立卡贫困人口50人，每人每年收入约1600元，共80000元，全年共计带动81人次，给建档立卡贫困人口增加收入138500元，扶贫效果显著。2016年以来，该行累计发放家庭农场和农民专业合作社等新型农业经营主体贷款30笔，金额为1393万元，其中槎水镇石浪家庭农场、潜山县皖升木本油料作物种植专业合作社和潜山县华珍蚕桑农场等16户家庭农场均带动建档立卡贫困户增收脱贫，探索出一条以产业带动为基础带动金融精准扶贫新思路。

［案例三］　农商银行将贫困户的项目与公司的项目相结合，依托公司平台，以“公司+农户”方式开展扶贫，公司提供场地、技术指导和产成品收购，增加贫困户收入。如在发展食用菌项目上，一品鲜菇业有限公司无偿提供场棚、工棚、出菇棚，扶贫户仅需自建塑料棚，集中种植。同时，公司负责全程栽培技术指导，负责产品销售，与帮扶对象签订相关协议。据测算，每棒香菇能获利3元以上，养殖3000棒即可增收万元，脱贫效果明显。香菇单棒成本为4.6元，万棒成本为46000元，该行为贫困户提供贷款支持；对超过万棒的贫困户除自筹资金外，缺口部分由一品鲜菇业有限公司扶持，事先约定销售款优先归还贷款，其次归还公司垫款，再付给贫困户。目前该公司平均每周专送鲜菇至合肥周谷堆农产品市场两次，该行就该香菇项目共投放37万元扶贫贷，支持的贫困户达8户。

3. 金融光伏扶贫模式，主要由江淮村镇银行承办。选择全县的体元、梅寨、仙驾、杏花、林庄、茶庄、天寺等七个贫困村及村内贫困户试点光伏发电扶贫项目。村集体项目由县扶贫资金安排每村10万元予以扶持，村民部分由县扶贫资金安排每户1.6万元予以扶持。对于村、户自筹资金确有困难的，由县投资公司提供担保，银行发放贷款，由于光伏扶贫发电贷款的农户大部分生活在贫困山区，为方便群众办理业务，该行开辟了

"绿色通道"，根据县扶贫办提供的贫困户名单，做到三个"一次性"，即一次性完成现场贷款调查，调查前详细列举调查内容清单；一次性完成现场资料收集，客户经理自带摄像设备，现场采集农户相关证件照片；一次性完成现场签字手续。电站建成运营后，由村集体、贫困户委托电网公司将发电收益汇入指定账户，县投资公司按季度扣除收益的60%用于偿还贷款本息，其余40%按季度划入村集体或贫困户账户。综合考虑区域纬度和地理位置等因素，村集体的光伏发电站建设规模为60千瓦，年发电量估算为6万度，预计全年可实现收入5.52万元；村民的光伏发电建设规模为3千瓦，年发电量约3000度，预计全年可实现收入2760元。截至2016年9月末，该行已对32户建卡立档贫困户综合授信19.75万元；村集体3个，金额72.23万元；合计35户，金额91.98万元。根据初步测算，可带动户均年增收2760元，村集体年均增收55000元左右，受益群众达168人，有力推动了潜山县贫困地区经济和社会发展，促进了农业增效、农民增收和农村发展。

4. 土地流转扶贫模式，主要由农商银行承办。通过土地流转，统一规划，以当地特色优势产业为依托，扩规模、提档次，集中力量整合产业项目，打造地区产业品牌。通过改变农户个人自产自销、粗放经营的低竞争力模式，提升产业竞争力，从而提高农户收入。在茶叶、蚕桑、瓜蒌等需要大面积土地资源的项目上，依靠合作社（企业）的示范带动作用，采取乡镇政府、扶贫办及村委会协助合作社（企业）流转土地，流转土地由合作社（企业）统一管理，经平整后由扶贫户"领养"模式，合作社（企业）提供技术、培训、服务，负责种苗、肥料采购等，并统一收购产品。

[案例四] 安徽盘古农业科技有限公司是潜山县流转土地的大户之一。潜山县农商银行量身定做了"农村流转土地经营权抵押贷款"，对该户发放农村流转土地经营权抵押贷款25万元，帮助企业解决了用工、种子、化肥所需资金的燃眉之急。一是企业与发包方（各农户）修订承包合同，即流转合同中增加"发包方同意承包人将承包土地用于抵押融资"的条款。该户提供了228个农户"同意抵押"的书面资料，涉及承包土地

757.32亩。二是借贷双方共同商定拟抵押农村流转土地经营权的价值。根据租金一年一缴的实际情况，目前暂按每亩承包土地500元的价格确认抵押物价值，合计确认抵押物价值37.87万元。考虑到该户经营情况较好的实际情况，抵押率按法律规定的最高限执行（最低抵押物价值不低于贷款额的1.5倍）。三是办理抵押登记手续。根据县政府试点工作的相关要求，由县农委办理了抵押登记的相关手续。

5. 入股分红扶贫模式。对生产能力较弱，或贫困户本人实施相关项目风险偏高，但又确需通过扶持改善生活状况的贫困户，可采取入股分红扶贫模式，即贫困户将贷款资金入股参与农业产业化龙头企业、农民合作社、家庭农场、专业大户等新型农业经营主体经营，通过获得分红来增收脱贫。

目前该模式在源潭镇辖区开展得较为成功，镇政府要求将新型农业经营主体经营扩展至园区实体企业，并召开了座谈会。县农商银行已发放该模式扶贫贷579万元，覆盖的贫困户达132户。

三、当前精准脱贫信贷支持的难点

1. 农村先天不足。农村产业结构单一，金融扶贫难度增加。贫困地区自然经济占主导地位，缺乏竞争力和自我发展能力，产业构成以农业为主，粮食生产占主导地位，经济作物等其他产业比重低，农业生产成本高，生产发展水平低，收成少，一旦遇上自然灾害和市场价格下跌，贫困村农业就处于亏本经营的状态，生活上重返贫困或维持低收入水平。贫困村生产耕作技术低，支撑产业不强，农业产品量小且市场化程度极低，产业规模小，科技含量低，产业链短，导致贫困村产业市场竞争力不强，可持续发展后劲不足。

2. 推进力度不足。扶贫工作涉及部门多，工作协调难度大，贫困原因千差万别，适宜于各家各户的精准扶贫措施难寻。财政资金作为风险补偿金的金额不大，扶贫资金有限，难以发挥“四两拨千斤”的作用。

3. 可用手段不多。贫困地区农村生产要素市场发展滞后，土地承包经营权、林权难以有效交易和流转，资产评估难、流转难、变现难，要素价格发现功能难以实现，加剧了银行与农户、企业之间的信息不对称问题，抑制了金融资源的及时介入。贫困地区金融生态环境相对较差，市场主体信用等级偏低，合格的贷款主体较少。

4. 配套政策不够。一是针对贫困地区的差异化金融监管政策、货币信贷倾斜政策配套不够，金融机构将资金用于贫困地区的动力不足。二是专项财政税收扶持政策配套不够，目前还没有针对贫困地区专门的风险补偿、税收优惠、财政奖励、费用补贴等政策。三是现有扶贫专项资金投入与贫困地区需求配套不够，由于扶贫对象多，有些地方为了兼顾公平，难免存在“撒胡椒面式”安排资金项目的问题。

5. 风险控制难度大。农业受自然条件的影响大，贫困人口的抗风险能力本身就低，经不起折腾，“只能吃补药，不能吃泻药”，收入只能增加不能减少。处理好防范风险与加大贫困人口的信贷投入之间的关系，难度可想而知。

四、进一步做好精准扶贫信贷支持的几点建议

（一）树立“一种理念”

金融扶贫是一项政治任务，是全社会的事，作为金融系统不是与己无关，而是分内之事；不仅要做，而且要做好。一是要加强宣传，让金融系统员工真正做到用心扶贫、潜心扶贫，营造“扶贫向善”“济困光荣”的良好氛围。二是要严格考核，将金融扶贫信贷支持工作作为员工考核的一项重要内容，使每位职工有动力、有压力，切实做到扶真贫、真扶贫。

（二）围绕“两个重点”

1. 开展融资模式创新。针对扶贫攻坚项目的新方式、新特点，开发多样化的授信服务和融资模式。针对产业发展扶贫项目，对企业、公司或者基地与贫困户形成订单生产、雇佣生产、收购协议等关系的实际情况，可采取“公司或基地 + 农户”统一授信、“公司担保（或订单保证）+ 农

户贷款”、“公司统一承贷＋农户使用”等基于产业扶贫链条的授信方式。

2. 深入推进农村信用体系建设。要加强政策引导和诚信教育，综合运用法律、行政、经济和道德等多种手段惩戒失信行为。要加强农村信用体系建设，从政府、企业、社会、个人四个层面着手，深入推进“信用乡镇”“信用企业”“信用农户”创评工作，形成金融工作与扶贫工作互动双赢的良好格局。严厉打击非法集资和恶意逃废银行债务行为，努力营造扶贫开发工作良好金融生态环境。各级政府相关部门要坚持政府主导、多方参与、重点突破、稳步实施的原则，以建立农户电子信用档案和农户信用信息数据库为突破口，积极推广和运用农户信用信息综合评级系统，确保系统农户信息覆盖面达到农户总数的100%、农户信用评价率达到建档农户的100%。各金融机构要充分运用评级结果，采取扶优限劣等措施，有效解决政府扶农、金融支农过程中存在的信息不对称、不全面、不共享等问题。

（三）建立“三项机制”

1. 建立税收优惠机制。对扶贫小额贷款执行涉农贷款特别优惠利率，基本上执行人民银行同档次基准利率。金融机构发放大量的扶贫小额贷款，势必会减少其利息收入。建议有关部门出台金融扶贫优惠政策，对贫困地区金融机构发放的扶贫贷款减免一定金额的营业税和所得税，降低金融机构金融扶贫惠农成本。

2. 建立科学的考核激励、奖补机制。作为金融扶贫主体，金融机构积极践行企业社会责任，投入了巨大的人力、财力和物力，却不能获得有效的补偿。建议地方财政对扶贫小额信贷设定工作目标，建立财政奖励、补偿机制，鼓励和促进金融机构精准扶贫的积极性。

3. 设立单独监管指标机制。扶贫小额贷款支持对象主要是种植、养殖、加工等涉农产业，其产业效益低、抗风险能力弱、农户信用意识差等，很容易导致扶贫小额贷款不能按期偿还，形成不良贷款。为了确保金融扶贫长效开展，建议监管部门适当放宽农户不良贷款容忍度。

（四）做好“四个确保”

1. 确保真实可信。要求各银行业金融机构把扶贫项目和贫困对象认定结果的真实性作为发放贷款的首要条件，把真实的还款来源作为还款的主要保障，把贷款资金是否专款专用、支持对象是否精准作为贷款检查的重要内容，保证精准扶贫。

2. 确保规范运作。各银行业金融机构要按照商业化原则自主审贷，全面、深入评估有关扶贫项目风险，在准确评定贫困户信用等级和还款能力基础上进行授信。要全面了解贫困户和扶贫攻坚项目信息，强化项目全周期风险管理。合理运用财政扶贫专项资金的补贴、贴息、担保和补偿功能，完善风险缓释机制。

3. 确保管理到位。严格按照贷款合同约定发放和使用贷款，坚持专款专用，防止贷款挪用。确定专门项目账户，加强项目监测和管理。定期对借款人生活和经营情况以及项目的建设、运营情况等进行监测分析，对可能影响贷款安全的不利情形及时采取针对性措施。

4. 确保部门配合。要加强与农业、教育、科技、扶贫等部门的工作联系，建立长效沟通机制。银行业金融机构要加强与相关部门的主动对接，及时获取脱贫攻坚规划和实施方案、贫困户识别等信息，定期反馈扶贫开发的金融服务情况，听取政府扶贫部门在金融服务方面的需求和建议。

对优化当前扶贫小额信贷业务运作模式的思考

——基于可持续视角

中国人民银行安庆市中心支行　吴敏书　严文明

扶贫小额信贷作为精准扶贫、精准脱贫的重要金融服务品牌，在助推贫困户创收增收方面发挥着举足轻重的作用。与此同时，由于基层实践过程中，参与各方对贫困户发展能力培育及经营风险保障重视不够、对贫困户与带动脱贫产业主体生产要素联结考虑不足，扶贫小额信贷业务在助推脱贫的持续性、有效性和合规性方面存在一定缺陷。本文基于可持续视角，并结合实际，提出优化扶贫小额信贷业务运作的两种模式，即“发展能力培育+经营风险保障”的户贷户用模式和“贫困户与带动脱贫产业主体生产要素联结”的产业扶贫贷模式，以期为进一步强化金融助推脱贫攻坚效能提供若干参考。

一、业务发展现状及潜在风险分析

（一）业务发展现状

近年来，为提高贫困户贷款可获得性，激发贫困户增收脱贫内生动力，各地积极以扶贫小额信贷业务作为重要抓手，大力推进金融精准扶贫工作。以安庆市为例，在地方政府、金融管理部门以及经办金融机构的共同推动下，全市扶贫小额信贷业务呈现出加速发展势头。

一是业务规模快速增长。截至2017年7月末，全市扶贫小额信贷余额达 24.26 亿元，分别较上年同期、上年末增长 2135% 和 600%；比年初增加 20.78 亿元，同比多增 19.97 亿元。其中，户贷户用模式贷款余额达 9.23 亿元，占比为 38%；户贷企用模式贷款余额达 15.03 亿元，占比为 62%。

二是参与金融机构数量持续增多。2017 年以来，安庆市范围内农商银行、邮储银行、村镇银行扶贫小额信贷业务加快拓展，农业银行、徽商银行扶贫小额信贷业务相继开办，扶贫小额信贷业务初步形成了以农商银行为主体，村镇银行、邮储银行、农业银行、徽商银行为重要补充的发展格局。2017 年 7 月末，农商银行扶贫小额信贷余额达 22.3 亿元，其他金融机构扶贫小额信贷余额合计 2.0 亿元。

三是覆盖面逐步增加。2017 年 7 月末，全市扶贫小额信贷在贷贫困户共 6.4 万户，分别相当于 2015 年末、2016 年末全市贫困户总数的 43.3% 和 61.8%；在贷扶贫小额信贷贫困户户均贷款余额达 3.79 万元，分别较上年同期、上年末增加 1.97 万元和 1.04 万元。

（二）潜在风险分析

值得关注的是，基层政府部门在实际推进过程中片面追求扶贫小额信贷投放量，忽视对贫困户脱贫致富内生动力的培育和业务操作合规性的考量，导致出现部分贫困户自主创业启动容易、发展难，实质融入带动脱贫产业主体户数占比低，一些不适合金融支持的贫困户同样纳入扶贫小额信贷支持范畴，部分业务操作存在违规等情况，一定程度上影响了金融支持的效果。

1. 地方政府在促进市场化运作方面存在一定的欠缺

一是任务设定存在加码现象。调查显示，部分地市级政府为快速扩大业务规模、超额完成省级政府下达的任务，在确定地市年度扶贫小额信贷目标时对省级政府下达的任务进行大幅度加码。受此影响，基层扶贫部门、经办金融机构在落实分解任务过程中，容易出现金融泛支持化问题。

二是基层落实存在操作不到位现象。调查发现，部分基层村镇行政人员、经办金融机构基层支行为完成上级下达的扶贫小额信贷投放任务，存在对部分贫困户申贷资料和发展项目信息把关不严、对带动扶贫经营主体过度授信、对贷款具体使用跟进管理力度不足等情况。

三是风险补偿存在跟进较慢现象。虽然随着扶贫小额信贷业务的快速发展，县级财政设立的风险补偿基金规模相应增加，但是受部分县级政府财力及重视程度限制，增加额度和进度相对较慢。以安庆市为例，2017 年 7 月末，全市风险补偿基金与同期全市扶贫小额信贷余额的比例达 1 : 12.2，其中农商银行系统杠杆比例超过 1 : 13。从县域来看，个别县域风险补偿基金与同期扶贫小额信贷余额的比例超过 1 : 160。

2. “造血”功能重视不够，弱化金融支持效果

一是贷前服务重于贷后跟进。以户贷户用模式为例，县级及以下扶贫部门、财政部门、扶贫小额信贷经办银行工作重心主要集中在贫困户评级授信、贷款受理审核、借款人及贷款资金风险补偿等方面，在帮助贫困户科学选择产业项目、有效防范产业项目自然及市场风险方面缺乏精准有力的举措。由于贫困户自主发展能力、抵御风险实力相对较弱，在创业过程中如果缺乏相应的技术指导和经营风险保障，一旦遇到较大的市场波动、气象灾害或者重大疫情，很容易陷入因贷致贫的境地。

二是形式参与重于实质参与。在前期户贷企用模式下，贫困户带资入股资金具有鲜明的“明股实债”特征，与股份合作初衷、调动贫困户参与生产经营热情、增强脱贫内生动力存在较大差距。截至 2017 年 7 月末，安庆市 1353 家带动扶贫经营主体中，除分红外，通过吸纳贫困户务工就业，以订单收购、反向承包管理等方式支持帮扶贫困户增收的经营主体占比仅为 27.2%；其中在 639 家新型农业经营主体中，该项占比也仅为 36.0%。政策要素衔接并未全面促进贫困户与带动脱贫经营主体生产要素的联结。

三是时点考虑重于期间考虑。扶贫小额信贷期限目前最长为 3 年，3 年内在政府提供贴息和风险补偿支持下，贫困户每年可以获得相对稳定的收入。以前期户贷企用模式为例，3 年内每户贫困户每年可获得固定分红收入 3000 元。按照 2015 年末安庆市贫困户数据测算，贫困户户均人口约为 2.8 人，仅仅依靠带资入股分红收入难以实现脱贫目标。此外，3 年

后，如果地方政府提供贴息和风险补偿政策未能延续，贫困户户贷企用模式将难以持续。

3. 申贷条件过度放宽，影响区域金融生态

一是部分贫困户履约还款主体意识不强。虽然多数经办金融机构基层支行通过在醒目地点张贴“明白纸”、向贫困户发放宣传折页等形式广泛开展扶贫小额信贷业务知识宣传，但受思想认识程度不高、贯彻政策意识不强影响，部分缺乏金融资金使用意识及使用能力的贫困户简单地将财政贴息的扶贫小额信贷当作“救济款”，盲目申请。一方面，容易加大户贷户用模式的扶贫小额信贷偿还风险；另一方面，部分贫困户到期后拒绝履行还款义务将对周边其他贫困户产生负面示范效应，甚至可能对近年来周边住户群体逐渐加深的“有借有还、诚信履约”价值取向形成不利影响。

二是部分地区存在降低贫困户准入门槛现象。相较于财政扶贫，金融扶贫的根本目的在于增强贫困户脱贫内生动力。部分县域地区将本该财政支持的社会保障兜底脱贫领域贫困户同样纳入发展生产脱贫范畴，既难以实现生产要素转化目标，也容易导致部分贫困户因为贷款不会使用、不当使用形成不良记录，加重贫困处境。

4. 违反相关制度规定，容易产生法律风险

一是户贷企用模式违反《贷款通则》的有关规定。扶贫小额信贷户贷企用模式中，贫困户作为借款人将所借资金用于入股带动扶贫经营主体违反《贷款通则》关于借款人使用贷款不得违反国家有关规定从事股本权益性投资的规定。

二是户贷企用模式违反《流动资金贷款管理暂行办法》有关要求。扶贫小额信贷户贷企用模式中，经办银行发放的扶贫小额信贷主要为流动资金贷款，实际用途主要为购买原材料、日常经营周转等，通过贫困户入股带动扶贫经营主体形式发放扶贫小额信贷违反监管部门有关规定。《流动资金贷款管理暂行办法》明确要求“流动资金贷款不得用于固定资产、股权等投资”。

三是户贷企用模式违反《公司法》的有关规定，存在冒名贷款情形。户贷企用模式下，贫困户入股带动的扶贫经营主体大多为农业企业、农民

专业合作社、家庭农场、专业大户等新型农业经营主体，既包含具有法人资格的公司制企业，也包括不具有法人资格的合伙制企业、个人经营户等。如果入股的带动扶贫经营主体属于公司制企业，则户贷企用模式违反了《公司法》关于有限责任公司设立后股东不得抽逃出资的规定。如果入股的带动扶贫经营主体属于合伙制企业或者其他不具有法人资格的经营主体，则户贷企用模式一方面存在“冒名贷款”情形，另一方面贫困户须对入股贷款承担连带保证责任。

二、优化扶贫小额信贷业务运作模式的路径设计

从扶贫小额信贷业务推出的初衷来看，主要是借助财政金融资金的定向支持，帮助有贷款意愿、有创业就业潜质、有技能素质和一定还款能力的贫困户有效参与生产发展，实现自身拥有的劳动力、创业技能、土地（林地、水面）经营权等生产要素加速转化为持续稳定的报酬，实现可持续摆脱贫困。为此，我们基于可持续视角，并结合实际，提出优化扶贫小额信贷业务运作的两种模式。

（一）“发展能力培育+经营风险保障”的户贷户用模式

一是注重发展能力培育。由地方农林、水产、商务、经信等经济主管部门运用所掌握的技术、资金等资源优势，通过分类提供、规划引领、技术辅导和促成与其他产业组织、创业能人联合创业等方式，帮助具备创业潜质但暂时无合适创业项目的贫困户找准创业方向、落实创业项目，促进该类贫困户依托地方特色资源、比较优势产业提高创业成功率和创业项目成长性；避免基层扶贫部门、贫困户生搬硬套异地贫困户创业模式，造成产业项目水土不服和过度同质化，形成额外市场风险。

二是把好贷款准入关。在做实贫困户自主创业项目培育引导工作基础上，由经办金融机构基层支行会同乡（镇）级扶贫部门对拟贷款自主创业贫困户的创业能力和创业项目实行“双调查”，经办金融机构对具备创业潜质、具有创业项目、本人讲诚信、项目有前景的扶贫小额信贷申请重

点予以支持。

三是为创业项目经营提供风险保障。一方面，延续贷款层面的风险分担补偿措施。继续整合扶贫资金，在经办金融机构设立风险保证金账户，约定对无法收回的扶贫小额信贷承担70%的损失，按照每人每年40元的标准为借款贫困户购买人身意外伤害保险。另一方面，构建经营层面的风险分担补偿机制。针对当前扶贫地区贫困户创业项目主要集中在种植、养殖、乡村旅游等领域，加大财政资金支持的特色农业险、旅游设施险推广力度，进一步增强贫困户创业项目应对气象灾害、重大疫情等自然风险的能力，从源头上降低创业项目经营风险。

四是建立及时纠偏机制。乡（镇）级扶贫部门、经办金融机构建立对贫困户创业项目发展状况的定期联合监测走访机制，对不确定因素导致的苗头性风险及时采取调整、暂停创业项目等针对性补救措施，切实保障扶贫产业发展的效益性和扶贫小额信贷资金使用的效率性。

（二）“贫困户与带动脱贫产业主体生产要素联结”的产业扶贫贷模式

一是调整承贷主体。乡（镇）级扶贫部门与经办金融机构明确将带动贫困户增收脱贫的经营主体作为产业扶贫贷的承贷主体，做到借、用、还主体一致，既有助于加强对带动脱贫经营总体承贷规模的监测管理，也有助于消除贷款出现损失后的潜在法律风险。

二是优化带动方式。乡（镇）级扶贫部门与经办金融机构将带动脱贫经营主体具不具备实质带动脱贫功能、能不能够持续稳定带动贫困户就业增收作为产业扶贫贷准入的前提条件。对符合支持条件的带动脱贫经营主体，每带动1户贫困户就业提供5万元基准利率产业扶贫贷；按照带动脱贫经营主体负债承受能力确定产业扶贫贷承贷上限，促进相关经营主体既积极主动又量力而行地做好带动脱贫工作。

三是改进财政扶持模式。取消现行扶贫小额信贷政策框架下的财政贴息、企业分红机制。一方面，将财政贴息资金作为贫困户主动融入带动脱贫产业的季度激励，在要求带动脱贫经营主体与贫困户签订产业带动创收增收协议（合同）的基础上，促成贫困户加快向职业农民、职业工人转变；另一方面，明确带动脱贫经营主体直接享受贷款基准利率政策支持，提高其参与带动脱贫的利益激励。

三、政策保障措施

在搭建“发展能力培育＋经营风险保障”“贫困户与带动脱贫产业主体生产要素联结”双轮驱动金融扶贫模式的基础上，针对贷前、贷中、贷后全过程，构建完善、坚实、有力的政策保障措施，有助于进一步消除潜在风险、形成工作合力，助推金融支持产业扶贫工作更加持续、有效、规范开展。

1. 严格区分金融扶贫与财政扶贫功能的不同。将不具备创业就业能力的贫困户直接列为财政扶持对象，不纳入金融支持产业扶贫范畴，避免形成绕道支持成本，增加潜在的金融支持风险。

2. 有效加强金融支持产业扶贫政策宣传解读。增强贫困户“有借有还能还”的意识，避免贫困户、基层扶贫业务人员将地方财政提供贷款贴息和风险补偿的扶贫小额信贷资金视同“救济款”，盲目申请、办理扶贫小额信贷。

3. 持续加强金融支持资金使用监管。督促贫困户、带动脱贫经营主体严格按照合同约定用途使用扶贫信贷资金，防止贷转存、挪贷等行为，使资金真正用在扶贫项目上。

4. 大力支持产业组织与自主创业贫困户形成发展联合体。鼓励产业组织发挥全产业链优势，通过订单收购、反向承包等方式，促进贫困户创业由分散型向规模化转变，进一步提高贫困户创业项目效益的稳健性。

5. 积极探索推进扶贫产业专项保险。发挥财政资金的补贴作用和保险的风险分担作用，由财政部门与保险机构针对扶贫产业领域，加大特定保险险种的宣传推广、研发运用力度，支持引导自主创业贫困户、带动脱贫经营主体购买相应产业保险险种，对经营风险进行有效分担、转移。

6. 切实落实金融支持产业扶贫风险补偿基金。在大力推进金融机构开展产业扶贫贷的同时，及时按照业务发展规模，补足风险补偿基金规模，有效保障政银合作协议确定的金融机构合理权益。

7. 持续发挥扶贫再贷款政策定向支持功能。从资金成本来看，地方法人金融机构借用扶贫再贷款年利率均为1.75%，低于其2%~3%的资金平均筹措成本。持续发挥扶贫再贷款的定向支持作用，有助于进一步引导地方法人金融机构对实质带动贫困户创收增收的产业经营主体、自主创业贫困户加大信贷支持力度。

8. 严厉打击金融支持产业扶贫领域政策套利行为。将金融支持产业扶贫领域出现的骗贷、挪贷导致贷款无法偿还行为，纳入地方金融生态环境整治工作范畴。

县域小额扶贫信贷业务评价指标体系探索

中国人民银行太湖县支行　卢义良
段红兵　石志千　李新茹

一、研究的背景、原因和现实意义

扶贫小额信贷作为一种有效的扶贫方式和一种创新的金融扶贫举措，对帮助贫困户发展生产、提高收入、激发贫困地区经济发展的内生动力具有重要作用。在精准扶贫上升为国家战略部署的大背景下，太湖县的扶贫攻坚战役也如期打响。作为精准扶贫的主要措施之一，由太湖农商银行承办的面向建档立卡贫困户发放的扶贫小额信贷业务也于2015年开始启动。

太湖县的扶贫小额信贷推动如何、进展如何、作用好不好、效果怎么样，是政府、银行以及贫困户密切关注和十分关心的问题。作为县委政府扶贫攻坚指挥部的组成部门，作为金融精准扶贫工作的组织者、推动者，人民银行太湖县支行应该有一个顺畅的途径、一个完整的体系、一个有效的方法，以便进行信息的全面收集、有效整理、深入分析，比较清晰地掌握扶贫小额信贷的有关情况，也就是说要探索构建起扶贫小额信贷业务的评价体系。

结合太湖县实际情况，我们探索构建扶贫小额信贷业务评价体系，主要基于以下三点原因。

（一）扶贫小额信贷业务工作开展的客观需要

精准扶贫是当前的热点、重点、难点问题，而实施小额信贷扶贫工作是推动农村生产力发展、缓解贫困户产业发展资金短缺的重要手段，对帮助贫困户脱贫致富具有重要意义。扶贫小额信贷工作是脱贫攻坚战的重要组成部分，是一个系统的、长期的、复杂的工程，从一定的意义上说，对其进行质量及效果评价，也是扶贫小额信贷工作的重要一环。

（二）扶贫小额信贷业务工作推进的客观需要

从基本情况来看，太湖县是国家级贫困县，全县总人口为 57 万人，农村人口为 50 万人。截至 2015 年末，太湖县尚有贫困乡 15 个、贫困村 67 个、贫困人口 8. 33 万人、建档立卡贫困户 28541 户，扶贫任务重。扶贫小额信贷工作需要大力推进、积极推进。那么，作为金融扶贫的组织者和推动者，如何真实了解和掌握情况，更好地推动扶贫小额信贷业务，这项工作到底怎么样，需要我们进行客观评价。

（三）扶贫小额信贷业务工作改进的客观需要

太湖县扶贫小额信贷工作启动较早，县政府重视程度较高。早在 2015 年 4 月，太湖县政府就出台了《关于印发〈太湖县扶贫小额信贷工作实施方案〉的通知》（太政办秘〔2015〕117 号），明确了流程和相关管理办法，并明确由太湖农商银行承接全县扶贫小额信贷业务。但是，从实践来看，太湖县扶贫小额信贷业务推开时间较晚，真正落实发放工作还是在 2016 年 5 月。进度不快，进展缓慢，症结在哪里？是主观问题，还是客观问题；是认识的问题，还是制度的问题；是组织的问题，还是落实的问题；是政府的问题，还是银行的问题；是项目的问题，还是对接的问题？我们需要通过评价，对照存在的问题，认真分析，努力改进、强化，实现扶贫小额信贷的全面、有效落地。

二、太湖县扶贫小额贷款的运行机制

根据《太湖县扶贫小额信贷工作实施方案》，扶贫小额信贷实施坚持“精准扶贫、信用贷款，政府引导、市场运作，加强宣传、尊重意愿，规范操作、防范风险”，扶持对象为全县符合条件的建档立卡贫困户，由县农商银行对贫困户提供50000元以下、3年期以内、同期银行贷款基准利率的免抵押、免担保的信用贷款，重点支持贫困户自主发展或委托发展特色种养业、农产品加工业、休闲农业、光伏发电、乡村旅游业等生产经营项目。

（一）开展评级授信

建立贫困户评级授信机制，严格执行“三会”（评级代表推选会、评级小组培训会、入户调查评级会）、“三公示”（评级代表公示、评级结果公示、授信结果公示）、“两审核”（乡镇审查、县级审查）的评级授信程序，采取公开投票打分方式对贫困户进行评级，对70分以上的予以授信，70分以下的不予授信。

（二）规范贷款流程

由农商银行制定《扶贫小额信贷管理办法》，建立扶贫小额信贷绿色通道，优先办理贫困户贷款。

（三）降低融资成本

加大对农商银行支农再贷款、再贴现支持力度，引导农商银行扩大对贫困户的信贷投放，努力降低贫困户的融资成本。

（四）实施贷款贴息

制定《太湖县扶贫小额信贷贴息管理办法》，先期安排财政扶贫贴息资金200万元，对获得扶贫小额信贷的贫困户或带领贫困户进行产业发展、脱贫致富的新型农业经营主体，按照不超过银行同期贷款基准利率予以贴息支持。

（五）设立风险准备金

建立扶贫小额信贷风险补偿机制，制定《太湖县扶贫小额信贷风险补偿资金管理办法》，先期从财政扶贫资金中安排300万元建立风险补偿基金，基金额度会随着扶贫小额信贷投放的增加而不断调整变大。政府和银行按比例补偿发生的坏账损失，贷款人因不可抗力因素以及经营不善或其他原因丧失还款能力的，除符合保险条件的由保险公司赔付外，余额（包括利息）由风险准备金补偿。

（六）实施贷款保险

为获得扶贫小额信贷的贫困户购买人身意外伤害保险，分散贷款风险，保险费为每个借款人每年40元，保险金额为每人50000元，具体按人寿保险公司制定的《扶贫小额信贷保险管理办法》办理。

（七）建立利益联结机制

坚持以市场为导向，以尊重农户自主选择为前提，引进一批有合作意愿、社会责任感强、讲诚信、有实力的新型农业经营主体，通过委托发展、股份合作、自主发展等模式，建立贫困户与新型农业经营主体利益联结机制。

（八）构建服务平台

建立县、乡（镇）、村三级联动的扶贫小额信贷管理服务平台，为建档立卡贫困户提供信用评级、建立信用档案以及贷款申报、清收和贴息等信贷服务。

（九）实行特别奖励

建立产业带动脱贫正向激励机制，对于与贫困户签订产业发展合作协议并真正带领贫困户脱贫致富的新型农业经营主体，根据其产业发展前景、帮扶脱贫人口数量、贫困户增收幅度和新型农业经营主体满意度等指标，按贫困户委托或入股的信贷资金和山场、水面、田地等生产资料折价总额，给予不超过3%的特别贴息奖励。

此外，县政府还成立了以分管副县长为组长、相关单位负责人为成员的金融产业扶贫工作领导小组，建立了扶贫小额信贷管理联席会议制度，明确了各部门工作职责，便于加强沟通协调，推进工作落实。

三、太湖县扶贫小额信贷业务开展现状

太湖农商银行作为太湖县域法人金融机构，一直在“面向本地、支持三农”信贷支持中发挥着主力军作用。作为全县扶贫小额信贷业务的承接单位，为了更好地实施精准扶贫，该行积极创新小额信贷运作模式，注重选择信用环境较好、产业发展条件较好的先进村，依托“公司+农户”的形式，实施扶贫小额信贷“整村投放”工作，积极鼓励引导贫困户联合发展种养业。

“整村投放”坚持便民、利民的原则，所有贷款手续等工作由乡镇村公司（企业、合作社）出面到农商银行协调统一办理，由农户授权委托产业发展较好的公司（企业、合作社）运作贷款，发展特色产业，不仅相对简化了贷款程序，而且有效防御了资金运作风险，同时确保了贷款真正用于支持贫困户发展产业，有利于实现精准脱贫的目标。

“整村投放”首发工作2016年5月正式启动，并选择在太湖县江塘乡大塘村试点，该村22个贫困户与太湖县日兴菌业有限公司签订香菇种植协议，并得到农商银行扶贫小额信贷资金110万元。截至2016年12月末，农商银行已累计在60个贫困村发放小额扶贫贷款6711.5万元，涉及贫困户1454户。

[案例]　太湖县顺利启动扶贫小额信贷“整村投放”工作

“整村投放”首发工作选择在太湖县江塘乡大塘村试点。根据协议，扶贫小额信贷期限为3年，贷款资金由贫困户（乙方）授权日兴菌业有

限公司（甲方）统一管理，专款专用。借款期间，甲方必须保证乙方资金做到专款专用，如因甲方对资金管理不善、被乙方挪作他用造成资金到期后不能偿还的，由甲方承担偿还责任。根据甲方和乙方利益共享、风险共担的原则，日常经营中，甲方负责向乙方提供菌棒，并为乙方搭建大棚和菌棒架，提供种植技术。除去成本，贷款5万元中的剩余资金作为乙方向甲方缴纳的押金。甲方保证一根菌棒可产3斤香菇，并以每斤3.5元的价格回收，统一向市场出售。预计除去约0.5万元种植成本，乙方根据常规种植规模，第一年可创收0.5万~1.25万元，能够实现稳定脱贫。

2016年5月23日，扶贫小额信贷“整村投放”工作正式启动。江塘乡大塘村朋礼密等22个贫困户与日兴菌业有限公司签订香菇种植协议，授权日兴菌业有限责任公司办理扶贫小额信贷手续，农商银行据此按规定向每个贫困户发放了5万元扶贫贷款存折，共计发放扶贫小额信贷资金110万元。

四、扶贫小额信贷业务定性、定量评估指标确定

虽然初期太湖县扶贫小额贷款发放金额总体较少，但随着后期扶贫项目的落实，扶贫小额信贷的投放力度必定会加大。探索建立扶贫小额信贷评价体系，确定相关定性、定量评估指标，就能够对扶贫小额信贷开展情况进行评价，能够开展扶贫小额信贷业务中后期的监测分析，为政府及相关监督管理部门优化决策、改进管理、推动工作提供参考。

就目前来说，一些关于扶贫小额信贷项目绩效研究的关注点大多集中于小额信贷的成本收益分析、利率、还款计划、操作经营以及财务自立和可持续性问题。这些研究大多将小额信贷看作一种信贷方式、一种金融服务创新的工具，它的目标在于改善金融服务和提高扶贫资金使用效率。依据小额信贷扶贫项目的设计理论，我们认为，除此之外，扶贫小额信贷的目的，更应该是促进贫困地区和贫困人口的发展，实现贫困村经济发展和贫困户的脱贫致富。显然，我们不能仅用盈亏平衡的经济

标准去衡量扶贫小额信贷的成败，它应该具有更深的内涵和更宽泛的外延，而且在扶贫小额信贷项目中，许多效果是无法直接用数字定性来计算的。因此，评价指标的设计就应该采取定性指标和定量指标相结合的方式。

（一）定量指标设计

我们从项目的可持续性、对贷款对象的影响、对扶贫区域的影响三个角度出发，设计定量指标。

1. 项目的可持续性

外因是政府及其他相关部门配套出台的保障措施等，目前我们考虑设计三个指标：（1）扶贫贷款贴息资金规模；（2）担保和风险补偿资金规模；（3）各类补贴和奖补规模。

内因也就是金融机构方面，机构的可持续性不代表业务的可持续性，农户小额信贷业务的可持续性发展，取决于业务本身能否实现盈利，即业务的收益是否超过其业务成本。我们可以使用一些财务指标对小额信贷的业务绩效进行评估，因为对于机构来说，业务的绩效往往能够通过财务数据来进行衡量。具体设计指标如下：

到期贷款回收率 = 当年实际收回到期贷款总额/当年到期贷款总额 × 100%；

不良贷款率 = 不良贷款总额/发放贷款总额 × 100%；

成本收入比 = 金融机构营业费用/金融机构营业收入 × 100%；

资产收益率 = 净利润/平均资产总额 × 100%。

2. 对贷款对象的影响

国家实施信贷扶贫政策，向广大贫困地区和贫困人群提供扶贫贴息贷款，其最终目的就是希望通过金融手段来满足农民日益增长的资金需求，以此提高农民的收入，打破贫困的现状。因此，他们是扶贫小额信贷真正瞄准的目标客户，我们要判断金融机构是否将信贷服务提供给真正的穷人、信贷规模如何、覆盖力度如何。覆盖力度的提高，意味着农户得到信贷供给的可能性更大，贫困农民能够从小额信贷中提高收入和改善生活。设计的具体指标如下：（1）扶贫小额信贷余额；（2）扶贫小额信贷当年累计发放金额；（3）当年获得扶贫小额信贷的建档立卡贫困户数；（4）贫困地区户均贷款额＝实际发放贷款总额/实际获得贷款的农户数；（5）获得扶贫小额信贷贫困户覆盖率＝当年获得扶贫小额信贷的建档立卡贫困户数/当年全县建档立卡贫困户户数。

3. 对扶贫区域的影响

扶贫小额信贷项目的推出，还带有其他的社会宗旨。

其他社会宗旨包括为更穷的和被金融机构排除在外的人提供金融服务，改善客户及其家庭的生活，为区域的发展提供更多的机会等。因此，对扶贫区域的影响是一个综合概念，包括很多方面，不仅是扶贫效果，农民就业、住房、教育和健康水平的改善，妇女地位的提升乃至信用环境的改善等都是衡量扶贫小额信贷社会绩效的一部分。综合考虑，我们具体设计了以下几个指标：

贫困地区人均纯收入增长率＝（本年人均纯收入－上年人均纯收入）/上年人均纯收入×100%；

绝对贫困人口减少率＝本年绝对贫困人口实际减少数量/上年度绝对贫困人口数量×100%；

受教育水平改善程度＝（该贫困地区本年入学人数－上年入学人数）/上年入学人数×100%；

年就业增长率＝（考核年度就业人数－上年就业人数）/上年就业人数×100%；

生活保障系数＝贫困地区当年人均纯收入/社会人均生活费用。

（二）定性指标设计

根据实际情况，我们认真研究，针对一些难以用定量指标来衡量的目标定位，也设计了几项定性指标。具体指标如下：

1. 金融机构是否建立扶贫小额信贷工作机制，并及时规范、完善相关规定和办法；

2. 金融机构每年是否开展基础金融知识宣传及消费者教育，是否及时将相关扶贫金融政策宣传告知困难群众；

3. 金融机构是否及时了解到客户的需要并开发新的金融产品；

4. 贫困户对扶贫小额信贷业务的满意度，全年有多少笔投诉现象发生。

（三）指标分值考虑

在指标设计框架的基础上，我们根据对扶贫小额信贷工作的影响程度，对所设计的扶贫小额信贷定性、定量指标进行评分。总分值设定为100分，各项指标都赋予相应的标准分值（见表1）。

表1　各项指标相应的标准分值

大类	小类	具体指标	标准分值（分）	扣分原因	实际得分（分）
定量指标	项目的可持续性	扶贫贷款贴息资金规模（万元）	4		
		担保和风险补偿资金规模（万元）	4		
		各类补贴和奖补规模（万元）	3		
		到期贷款收回率（%）	6		
		不良贷款率（%）	6		
		成本收入比	4		
		资产收益率（%）	4		
	对贷款对象的影响	扶贫小额信贷余额（万元）	8		
		扶贫小额信贷当年累计发放金额（万元）	8		
		当年获得扶贫小额信贷的建档立卡贫困户数	8		
		贫困地区户均贷款额（万元）	6		
		获得扶贫小额信贷贫困户覆盖率（%）	4		
	对扶贫区域的影响	贫困地区人均纯收入增长率（%）	5		
		绝对贫困人口减少率（%）	5		
		受教育水平改善程度	4		
		年就业增长率（%）	4		
		生活保障系数	5		

续表

大类	小类	具体指标	标准分值（分）	扣分原因	实际得分（分）
定性指标		金融机构是否建立扶贫小额信贷工作机制，并及时规范、完善相关规定和办法	3		
		金融机构每年是否开展基础金融知识宣传及消费者教育，将相关扶贫金融政策宣传告知困难群众	3		
		金融机构是否及时了解到客户的需要并开发新的金融产品	3		
		贫困户对扶贫小额信贷业务的满意度，全年有多少笔投诉现象发生	3		
全部指标		合计	100		

在实际评价中，对于每一项指标，我们通过具体评价，真实反映扣分情况，最后计算出相应实际得分。汇总每项实际得分，计算出总得分。

初步考虑，按照总得分，我们把扶贫小额信贷工作质量和效果划分为“优秀”“良好”“一般”“较差”四个等次。

1. “优秀”等次。总得分90分（含）以上，扶贫小额信贷工作组织得力、进展顺利、进度较快、效果良好，充分满足了贫困村及贫困户的信贷需求，在促进扶贫攻坚中发挥了重要作用。扶贫小额信贷工作保持了既有的进度、进展和效果。

2. “良好”等次。总得分80分（含）以上，90分（不含）以下。扶贫小额信贷工作组织有力、进展进度超过序时计划安排，效果较好，较好地满足了贫困村及贫困户的信贷需求，在促进扶贫攻坚中发挥了积极作用。扶贫小额信贷工作在某些方面要改进，还要加力，以便保证应有的进度、进展和效果。

3. “一般”等次。总得分70分（含）以上，80分（不含）以下。扶贫小额信贷工作组织有力、进展进度符合序时计划安排，效果显现，基本满足了贫困村及贫困户的信贷需求，在促进扶贫攻坚中发挥了一定的作用。扶贫小额信贷工作在很多方面要大力改进、着力推动，以便保证计划安排的进度、进展和效果。

4. “较差”等次。总得分69分（含）以下，扶贫小额信贷工作组织乏力、进展不快、进度缓慢、效果不好，未能满足贫困村及贫困户的信贷需求，在促进扶贫攻坚中未能体现其应有的作用。扶贫小额信贷工作需要针对存在的问题，认真剖析原因，明确整改责任，确保按计划安排有力推进、有序推进、有效推进。

五、扶贫小额信贷业务评价实施的相关意见建议

为保证评价体系的顺利实施，提升评价的质量效果，促进评价结果的合理运用，推动扶贫小额信贷业务更好地发挥精准扶贫的作用，针对中后期评价实施中面临或可能产生的问题，本文提出以下建议。

一是建立指标数据采集上报和核查核实机制。要求商业银行按规定提供相应的金融信贷统计数据汇总报表，如资产负债表、业务状况表、损益表等，以便从中提取评价所需要的定量、定性财务数据等。采集周期频率可依据商业银行系统数据产生周期等因素综合确定，也要考虑到区域性指标的时间跨度。对商业银行提供的定性指标数据，有必要进行真实性和完整性的检查，以确保定性指标信息的质量。

二是建立银行与政府相关部门的沟通协调机制。构建的评价指标框架中除了需要统计和扶贫等相关部门提供数据，也离不开贫困户所在乡镇党委政府以及贫困村两委的大力支持。人民银行、各商业银行等要继续加强与政府相关单位部门的沟通协作，既要努力实现扶贫小额信贷业务工作的全面落实，努力实现全覆盖，也要坚持通力合作，保证评价数据信息充分共享和传输通畅。

三是建立政府主导、银行主体责任管理机制。保证扶贫小额信贷业务效果的关键是政府的主导作用发挥得怎么样，金融机构的领办、主办和承诺责任落实得怎么样。在实际工作中，政府要积极承担主导责任，金融机构要认真落实好主体责任。人民银行要协调督促相关部门改进相关资金支

持、贴息管理、风险补偿机制等，充分激发金融机构积极性，督促农商银行发挥在农村金融的优势条件，加快投放进度，加大扶持力度，努力实现农商银行与贫困户之间的合作双赢。

四是建立评价结果运用机制。基于现状，我们构建的评价体系目前还无法落实到结果运用层面上。从中长期目标考虑，我们将在项目后期完善评价结果运用机制，进一步加大对扶贫效果指标的考核力度，真正体现扶贫小额信贷的业务宗旨以及扶贫小额信贷创新决策的政策意图，特别是要结合评价的结果，分析存在的问题，有针对性地改进与扶贫小额信贷相关的工作，确保扶贫小额信贷业务健康发展，努力实现精准扶贫、精准脱贫的目标。

特惠金融可持续精准扶贫之道

中国人民银行安庆市中心支行　操基平

金融资源配置效率直接决定了处于严重金融排斥状态的贫困乡村及其农户能否获得适量的金融资源，在一定程度上决定了精准扶贫的成败，因而成为精准脱贫的关键因素。人民银行安庆市中心支行对此进行了积极探索，在辖区国家级贫困县岳西县探索开展特惠金融扶贫工程，将信用养成寓于反贫困过程，使贫困农户的信用增进与信贷获得相互强化，有效地实现了扶贫扶志的同步，激发了贫困农户反贫困的内生动能，架起了贫困乡村享受普惠金融服务的桥梁，开辟了一种可持续性的金融精准扶贫模式，具有积极的现实意义。

一、安庆岳西县特惠金融扶贫工程实践

面对贫困乡村农户比较严重的金融排斥和反贫困重任，人民银行安庆市中心支行通过深入调查论证，分析贫困乡村的信贷需求及其缺乏有效担保的硬约束，评估现有金融服务扶贫方案的适应性，探索试行特惠金融扶贫工程，期望探索可持续性金融精准扶贫。

一是设置特殊的金融设施，补上贫困乡村基础性金融服务短板。探索设立村级惠农金融服务室，安装存取款一体机，为贫困乡村农户提供自助结算、存取款业务等基础性金融服务，并借以宣传国债、保险、征信、反假币和金融消费者权益保护等金融知识。农村金融服务室提供 24 小时全天候金融服务，较好地满足了贫困农户基础金融服务需求，传播了金融知

识。截至2016年12月末，建立服务室10个。农村金融服务室共办理自助存取款和转账业务近3万笔，金额6000多万元，查询业务1万多笔，接受咨询3000多人次。同时，指导银行机构积极推广网上支付、移动支付等新兴电子支付方式，为偏远贫困乡村提供新的支付渠道。

二是建立特殊的信用增级制度，破解贫困户缺乏有效担保硬约束。先期结合贫困乡村实际，以扶贫部门确定的建档立卡贫困户为基本对象，建立精准扶贫金融服务档案，采用农户的个人品行、家庭财产、生产经营、收入状况等情况指标评定信用等级；在个体信用评价基础上，以坚持统一领导、统一标准、统一规程，坚持公开、透明、客观，坚持从严要求、循序渐进、以点带面和坚持一次评定、定期复审动态管理的四项原则创建信用村、信用乡镇，发挥村两委、农民合作社的信用增进、信用联合功能，精准对接特色产业发展、易地扶贫搬迁、贫困地区重点项目等领域的金融服务需求，增强贫困户发展基础，支持贫困人口脱贫致富。

三是建立“政府领导、人民银行推动、乡镇负责、银村共创共赢”机制。人民银行各县市支行发挥社会信用体系建设领导小组办公室的牵头作用，联合金融办、银监办等部门对申报的信用村进行审核、认定、授牌，并运用窗口指导、支农再贷款等货币政策工具对创建工作提供政策和资金支持；各乡镇政府积极协调解决创建中的问题，推动贫困村创建信用村工作的实施；金融机构深入走访贫困村，开办适宜的信贷服务。有机整合政策、资金、信息等多方资源，充分调动了贫困村和金融机构参与信用村创建活动的积极性。

四是制定贫困乡村农户特别优惠的贷款政策，提供信贷特惠。对创建成功的信用村，设立银村合作服务站，由主办行优先发放小额贷款信贷等“银村通”信贷产品，实行“受理优先、担保从减、利率优惠、手续简便”的信贷政策，采用“一次核定、随用随贷、余额控制、周转使用”的管理方式。对评定为优秀和良好的普通农户10万元以内贷款，种养大户、个体工商户、专业合作社、家庭农场等30万元以内贷款免担保；优秀农户10万元、良好农户5万元以内贷款执行基准利率。

五是实施特殊的政策扶持，强化特惠金融扶贫的正向激励。一方面，创新运用货币政策工具，提高金融精准扶贫精度。实行定向支持，探索实施支农再贷款项目化管理。自2015年以来，人民银行安庆市中心支行探索实行扶贫再贷款项目化管理，引导地方法人金融机构在申请扶贫再贷款时即明确资金投向，将之前的“先申请资金再确定用途”改为“先确定用途再配套资金”，充分发挥扶贫再贷款的政策导向功能。另一方面，强化金融扶贫政策激励约束力度。明确对金融精准扶贫成效突出的金融机构，在再贷款、再贴现等货币政策工具的运用上予以倾斜。将信贷支持产业扶贫示范项目实施成效作为银行机构执行人民银行有关规定情况评价加分项，将地方法人金融机构金融精准扶贫工作开展情况纳入宏观审慎评估（MPA）激励约束体系。

二、安庆市开展特惠金融扶贫工程取得的初步成效

特惠金融扶贫明显提高了农民信用意识，改善了农村信用环境，有效解决了农户发展生产、经营、生活的资金需求，形成了以信用促进地方经济发展的良好局面，实现了政府满意、农户脱贫、银行发展的共赢局面。

一是优化了贫困乡村金融发展环境。特惠金融扶贫工程试点以来，农村讲信用、守信用的氛围不断浓厚，提高了农民群众的信用意识，优化了农户、个体工商户的融资环境。岳西县建立农户信用档案3302户，已创建信用村7个。如头陀镇梓树村25个村民组560户，建立农户经济档案560户，占全村农户数的100%；优秀、良好等级户共计360户，占已建档户的64.3%。石关乡马畈村9个村民组316户，建立农户经济档案286户，占全村农户数的90.5%；优秀、良好等级户共计178户，占已建档户的62.2%。

二是破解了贫困乡村贷款的难题。现有条件下，贫困乡村既缺乏商业银行可以识别的财务信息，又缺乏商业银行认可的有效担保，潜在的信贷需求很难得到满足。安庆特惠金融扶贫工程借助扶贫中的建档立卡，以及整体的信用增信，向商业银行提供了可信的贷款信息，解决了信贷需求的

硬约束，较好地缓解了银行与农户的信息不对称，提高了农户申请贷款的积极性和贷款的可得性。以岳西县头陀镇梓树村为例，该村贷款余额已由创建之初的169万元攀升至当前的257万元，增长52%，其中贫困户贷款余额由创建之初的22.6万元增加至38.6万元，增长70.8%。7个建信用村共发放“银村通”贷款132户，贷款余额660万元，有效缓解了信用村镇贷款难的问题。

三是减轻了贫困农户的贷款负担。据测算，特惠金融扶贫工程推出的“银村通”信贷产品，贷款利率较各项贷款的加权平均利率低4.54个百分点。通过“银村通”产品的优惠政策，普通农户原先10万元贷款按基准利率正常上浮60%计算，加上2.5%左右的抵押担保费用，1年利息费用达1.2万元，而“银村通”产品1年利息只需6000元，利率降低了50%。据不完全统计，“银村通”客户2015年以来累计享受利息优惠32万元，在一定程度上缓解了农村贫困地区融资贵的问题。

四是改善了信贷资产质量。以岳西头陀镇梓树村为例，正式启动“特惠金融扶贫”试点工作之初，该村共有表内外不良贷款140笔，余额为168.48万元。表内正常贷款55笔，贷款余额为121.98万元；表内不良贷款4笔，贷款余额为8.34万元；表外不良贷款85笔，贷款余额为47.5万元；贷款不良率为32.95%。实施创建工作后，截至2016年6月末，贷款余额共146笔，余额为213.32万元，其中表内正常贷款137笔，贷款余额为187.75万元；表外现金收回7笔，金额为1.79万元。累计发放125笔，共296万元。岳西县田头乡泥潭村仅在结对银行创建信用档案的当天，就达成还款意向的不良贷款6笔共3.2万元。

五是得到了辖区政府的高度认可。岳西县的实践引起了同属大别山片区的太湖、潜山、宿松等国家级贫困县的关注，这些县纷纷向当地人民银行提出了试点要求，在安庆市大别山片区逐渐扩散。截至2016年6月，4个贫困县共设置助农取款服务点989个，覆盖了全部的片区行政区；惠农金融服务室479个，覆盖了57.78%的片区行政区；65个贫困村申请创建信用村，32个贫困村选择银村共创，特惠金融扶贫出现了积极的扩散效应。

三、安庆市特惠金融扶贫工程的积极意义

安庆市探索的特惠金融扶贫将信用养成寓于扶贫脱贫过程，将增进贫困户的信用与信贷扶持有机结合，完美地实现了扶贫、扶志的同步，激发了贫困农户反贫困的内生动能，对实现可持续性精准扶贫具有特殊的现实意义。

安庆特惠金融扶贫工程最重大的意义在于完美地体现了精准扶贫的要求。习近平总书记的精准扶贫思路，强调把真正的贫困人口、贫困程度、致贫原因搞清楚，再因户制宜、因人施策，帮助各地各户找到适合其实际情况的脱贫对策。安庆推行的特惠金融扶贫以基础金融服务为先导、建档立卡户为基础、扶贫主办行为依托，从制度上确保瞄得准，在动态上可校正，在过程上可以强化，实现了扶持对象、项目安排、资金使用、措施到户和脱贫成效的全精准。

安庆特惠金融扶贫工程最积极的意义在于奠定了可持续性金融扶贫的基础。2016 年 4 月 24 日，习近平总书记在安徽金寨县花石乡大湾村走访村民，与当地干部群众共商脱贫攻坚大计时指出，打好扶贫攻坚战，要采取稳定脱贫措施，建立长效扶贫机制，把扶贫工作锲而不舍抓下去。安庆市特惠金融扶贫工作使乡村农户在反贫困道路上养成了信用意识，学习了如何和商业银行合作，获得了发展经济的基础知识和初步实践，可以说是既得到了当期贷款的“鱼”，又得到了长期发展生产的“渔”，事实上等于被移植了造血干细胞，被注入了发展的内生动力，有助于贫困农户自力更生、不等不靠，强化自我发展能力，有利于形成新的经济金融增长点，是对“贫根”的治本，更符合可持续发展的基本要求。

安庆特惠金融扶贫工程最现实的意义在于完美地实现了扶贫先要扶志的统一。扶贫先要扶志，无论造成贫困的是何种直接原因，精神贫困始终是贫困的首要根源，而精神贫困首先体现在缺乏脱贫致富的信心、勇气等主观意愿。信用养成过程其实就是信心的形成过程，安庆特惠金融扶贫工程以增强信用意识为起点，积极引导农户以信为本、以诚做人、以实创

业，建信用家、创信用户、做信用人，使“诚信光荣、失信可耻”的理念更加深入人心，营造起扶贫、扶志、扶智的制度环境，帮助贫困乡村的农户树立起脱贫信心，激发了反贫困内生动能，转变了贫困乡村“等靠要”观念，较好地引导民众积极主动地参与到反贫困的活动中。

安庆特惠金融扶贫工程最突出的意义在于有效解决了贫困乡村通向普惠金融的途径。一般而言，金融扶贫就是大力发展普惠金融，增强贫困地区金融服务的可获得性，而贫困乡村及其农户在远离机构网点、缺乏金融知识和没有商业银行认可的有效担保的条件下，获得普惠金融服务其实是非常困难的。安庆特惠金融扶贫工程通过建设特殊的服务设施、信用制度、工作机制和政策措施，传导金融信息、培植信用意识、降低金融服务的制度和交易成本，克服了贫困乡村获得金融服务的约束，架起了农户通向金融普惠的桥梁。

基层农业银行做好脱贫攻坚金融服务工作的思考

——以农业银行安庆分行为例

中国农业银行安庆分行三农金融部课题组[①]

扶贫工作是党中央、国务院的一项重要战略部署，是关系到全面建成小康社会全局的最突出、最艰巨的任务。中央强调，要“举全党全社会之力，坚决打赢脱贫攻坚战”。响应中央号召、投身脱贫攻坚战是银行业应尽的社会责任。本文以农业银行安庆分行为例，总结了其脱贫攻坚工作开展情况，分析了金融服务脱贫攻坚中存在的困难和问题，并就如何做好脱贫攻坚金融服务工作提出了相关建议。

一、农业银行安庆分行脱贫攻坚工作基本情况

近年来，农业银行安庆分行认真贯彻中央、省、市扶贫攻坚战略部署，全面落实农业银行总行、省分行加强金融扶贫工作的相关要求，将金融扶贫作为服务“三农”的一项重点工作，高度重视、周密安排、精心组织、扎实推进，有力促进了贫困地区经济社会发展。截至 2016 年 3 月末，该行涉农贷款余额为 54.48 亿元，占全市农业银行各项贷款余额的 59.31%。2016 年第一季度，涉农贷款增速达 2.81%，县域贷款增速达 2.21%，远高于全行贷款平均增速。全市农业银行农户贷款余额达 25.92

---

① 课题组组长：苏小龙。课题组成员：赵明星、汪剑文、郝祥旺、李德元（执笔）。

亿元，其中建档立卡贫困户贷款余额为6760万元，涉及373户建档立卡贫困户。

（一）做好扶贫贴息贷款发放工作

自2013年重新接办扶贫贴息贷款以来，农业银行安庆分行已累计发放扶贫贴息贷款4.72亿元。在工作实践中，该行主动密切与市扶贫办和市财政局的联系与沟通，切实做好信贷扶贫项目的筛选和上报工作；坚持“放得出、收得回、有效益”的原则，在项目计划的安排上实行信贷倾斜政策；在地区上，以国家扶贫重点县、大别山片区县为主；在贷款企业和项目的选择上，以优质客户为主，重点支持能带动贫困人口脱贫致富的扶贫龙头企业、农业产业化龙头企业等，着力助推贫困地区经济快速发展。

（二）创新支持农业新型经营主体

2016年以来，农业银行安庆分行累计发放家庭农场和专业大户贷款121户，金额为5585万元，其中家庭农场56户，金额为2553万元；专业大户65户，金额为3032万元，主要投向种植业和养殖业的规模化经营。该行创新贷款方式，充分利用保险公司和政府融资补偿基金等增信机制，加大对新型农业经营主体的支持力度，全市7家县域支行服务“三农”的增信机制已基本建立：怀宁、岳西、太湖支行与国元保险、政府风险补偿基金三方合作；宿松、望江支行与国元保险公司合作；桐城支行与中国太平洋财产保险股份有限公司桐城支公司、桐城市财政局合作；潜山支行与财政、农委合作，推出财政风险补偿基金担保家庭农场和农民专业合作社贷款，较好地解决了新型农业经营主体贷款担保难的问题。

（三）强化农村地区基础金融服务

农业银行安庆分行以惠农卡为载体，以服务点为依托，以电子渠道为平台，以提高农村基础金融服务覆盖面为目标，扎实推进“惠农通工程”建设。截至2016年3月末，全市农业银行乡镇以下布放电子机具2860台，其中智能支付终端2345台、POS机515台，已设立服务点1534个，行政村覆盖率达75.2%。

(四) 尽力做好脱贫攻坚金融服务

一是成立组织。中国农业银行安庆分行成立了金融扶贫工作领导小组，各支行也成立了相应的组织，统筹协调和推进金融扶贫各项工作，保证全行金融扶贫工作各项方针政策得到全面贯彻落实。二是单设部门。安庆分行成立扶贫开发金融部，与三农金融部合署办公，主要承担辖内金融扶贫开发相关职能。5家贫困县支行成立扶贫开发金融部，与三农金融事业部合署办公，负责辖内扶贫具体工作，县支行扶贫开发金融部由支行分管行长负责，在客户部组建扶贫工作团队。三是加强调研。开展了建档立卡贫困户信贷需求调查，在广泛调研的基础上，明确2016年对5家贫困县的新增贷款不低于6.2亿元，带动和直接扶贫建档立卡贫困户1400户，发放扶贫贴息贷款项目24户，金额1.4亿元。四是制定方案。安庆分行制定了《中国农业银行安庆分行金融扶贫工作规划(2016—2020年)》。5家贫困县支行结合辖内扶贫规划、资源禀赋、区位优势、产业特色等情况，制定了金融扶贫工作方案，按照“一县一特色”思路，明确工作重点，细化工作目标和具体措施，打造工作亮点。五是示范引领。发挥示范引导作用，带动金融扶贫工作，已筛选2个产业扶贫示范项目，即安徽天柱山旅游公司新增贷款4000万元，精准辐射建档立卡贫困户61户；岳西县顺石家庭农场新增贷款40万元，精准辐射建档立卡贫困户10户。

二、金融服务脱贫攻坚中存在的困难和问题

贫困地区存在自然条件相对较差、经济社会发展相对较慢、人民生活水平普遍不高等问题，在一定程度上抑制了金融需求，形成了金融脱贫攻坚的外部困难。在内部，银行商业化经营目标与扶贫社会效益目标难以有机统一，许多问题有待解决。

（一）外部困难

1. 自然条件恶劣。特困地区自然灾害频繁，生态环境脆弱，加之人口增长、不合理的耕作方式，水土流失日益严重，有的地方已无地可耕，连最基本的生存条件都难以保障。这些地区致贫因素多，贫困程度深，灾年返贫、因病返贫现象十分普遍，增加了金融扶贫风险。

2. 基础设施落后。由于特殊的地理环境，加上长期投入有限，欠账太多，特困地区水利灌溉程度低，公路覆盖面窄、路况差，住房条件差，增加了金融服务成本。

3. 产业结构单一。特困地区产业构成以农业为主，粮食生产占主导地位，经济作物等其他产业比重低，农业生产成本高，生产发展水平低，收成少，一旦遇上自然灾害和市场价格下跌，贫困村农业就处于亏本经营的状态，生活上重返贫困或维持低收入水平，难以实现资本积累。贫困村生产耕作技术低，支撑产业不强，市场接触少，农业产品量小且市场化程度极低，产业规模小、科技含量低、产业链短，导致贫困村产业市场竞争力不强，可持续发展后劲不足，增加了金融扶贫难度。

4. 有效需求不足。贫困村农民长期在封闭的环境中生活，缺乏科技知识和市场经济意识，缺少农村实用新知识、新技术，家庭经济脆弱，扩大家庭生产投入困难。贫困村留守的是劳动力文化素质偏低、年龄偏大、生产能力偏弱的“三偏”农民，这部分农民“等、靠、要”的依赖思想更为严重，导致内生金融服务有效需求不足。有些贫困户仍然抱着依赖政府“输血”式救济的老观念不放，有些贫困户甚至有“金融扶贫是国家救济，可以借钱不还”的错误想法。

5. 协同扶贫乏力。扶贫工作涉及部门多，工作协调难度大。扶贫资金多为财政性资金，条块管理，专款专用。财政资金作为风险补偿金占比较小，扶贫资金有限，难以发挥“四两拨千斤”的作用。同时，针对贫困地区的差异化金融监管政策、货币信贷倾斜政策配套不够，金融机构将资金用于贫困地区的动力不足。

（二）内部问题

1. 物理网点少。金融机构在贫困地区的硬软件设施投入力度不够，尤其是物理网点少，城乡金融服务水平还存在明显差异。农业银行安庆分行在5个贫困县总共有26个营业网点，在县城以下仅有10个，仅占38.5%，而太湖、岳西两个国家贫困县县城以下没有农业银行营业网点。

2. 挂考力度大。严格绩效挂钩考核，是商业银行加强内部管理的重要举措。农业银行安庆分行将客户经理信贷业务绩效工资与信贷客户的营销、产品营销、客户维护和管理工作挂钩；客户经理发放农户小额贷款前，必须签订“三包一挂”（包发放、包管理、包收回，绩效工资与贷款数量、质量挂钩）责任书。加大挂考力度，有利于调动员工工作积极性，激发员工潜能，但也在一定程度上制约了贫困地区信贷业务的拓展。

3. 责任追究严。随着农业银行对不良贷款追责问责的力度进一步加大，安庆分行许多从事过信贷工作的人员都因此受过处分，部分客户经理存在惧贷、慎贷心理。

4. 创新产品少。尽管近几年农业银行紧紧围绕产品创新，在研发体系建设、产品创新与管理、产品研发和宣传、营销等方面进行了积极的探索，但“三农”产品创新要求与现实之间的矛盾依然存在，尤其是贫困地区贷款缺乏有效担保的问题一时难以破解。

5. 风险防控难。尽管农民诚信观念和信用意识有所提高，但部分地区的农村信用环境依然不尽如人意。“公司＋农户”贷款、“多户联保”农户贷款等存在有效担保不足的制度缺陷，极易发生多贷一用、挪用贷款、联而不保等乱象。截至2016年3月末，农业银行安庆分行农户小额贷款不良率远高于其他贷款品种。受经济下行影响，县域信贷风险防控形势更加严峻，农业银行安庆分行不良贷款呈上升趋势。

三、做好脱贫攻坚金融服务的对策和建议

（一）提高思想认识，全力做好脱贫攻坚金融服务

农业银行要深刻认识金融脱贫攻坚的重要意义，把金融服务脱贫攻坚和金融服务“三农”工作有机结合，切实加大金融脱贫攻坚力度，助力安庆市脱贫攻坚工作目标如期实现。

1. 做好脱贫攻坚金融服务，是农业银行履行社会责任的重要体现。作为国家控股的大型商业银行，面向“三农”是农业银行的基本定位，探索商业化、可持续金融扶贫模式，做好贫困地区金融服务，推动贫困地区经济社会发展和农民脱贫致富，是农业银行服务党和国家改革发展大局、贯彻中央重大扶贫战略部署、履行企业社会责任的积极体现，也是深化“三农”金融服务的重要内容。

2. 做好脱贫攻坚金融服务，是农业银行加快业务发展的重要机遇。当前和今后一段时期，各级政府都将把扶贫开发攻坚工作作为重中之重来抓，出台支持政策，安排专项资金，启动实施一大批重大项目。

3. 做好脱贫攻坚金融服务，是农业银行提升竞争能力的重要措施。通过投身脱贫攻坚战，贫困地区县支行能更多地参与到当地支柱产业、骨干企业和重点项目，有效提高信贷管理能力，增强在地方政府的话语权，提升社会影响力和市场竞争力。

（二）突出支持重点，着力做好脱贫攻坚金融服务

农业银行要发挥综合服务优势，集中资源，统筹谋划，重点支持贫困地区主导产业、重点客户和关键项目，助力打造产业优势，助推贫困地区加快经济发展。

1. 大力支持现代农业发展。坚持产业主导的扶贫方式，积极对接市政府农业产业化“5211”工程在贫困县的落地，加大对农业产业化重点区域、重点产业集群的支持力度，积极支持区域内引领农业产业化、现代化发展的国家级、省级龙头企业发展壮大，促进农产品生产、加工、流通

一体化经营的优质客户经营，完善产业链条，培育农产品品牌，提高产品品质和综合竞争力，加快三大产业融合发展，提高龙头企业对贫困农户的就业吸纳能力。加大对家庭农场、专业大户和农民专业合作社等新型农业经营主体的支持力度，提高服务的针对性和有效性，强化其对贫困农户的示范带动作用。支持贫困县农业科技园区和现代农业示范区完善基础设施，加强对科技含量高、市场前景广阔的农业科技企业的扶持，提升农业科技水平，积极支持高标准农田建设，改善贫困地区农业生产条件。

2. 积极支持基础设施建设。对接市政府部门扶贫规划，挖掘政府重点规划项目的信贷需求，积极支持能够辐射带动贫困地区加快发展的铁路、高速公路、水利枢纽、能源、信息基础设施等重大工程。重点支持国家铁路网、国家高速公路网连接贫困地区的重大交通项目建设，支持具备条件的乡镇和建制村通硬化路的建设，推动贫困地区外通内联的交通运输通道加快形成。支持贫困地区重大水利工程、病险水库水闸除险加固、灌区续建配套与节水改造、农村饮水安全巩固提升工程建设，大力支持农网改造升级工程，全面提升贫困地区基础设施水平，打破发展瓶颈，增强发展后劲。

3. 优先支持特色资源开发。推动具备条件的贫困地区将资源优势转化为经济优势，重点支持符合国家产业政策和环保要求、特色资源丰富的采矿、水电等资源开发企业。支持特色旅游业发展，结合贫困县旅游资源分布、交通网络和区域合作格局，重点支持具有品牌优势的旅游景区客户或项目，大力支持4A级及拟申报4A级景区等高等级旅游景区、红色旅游、休闲农业、观光农业、体验农业旅游及农家乐项目，注重与生态保护和脱贫攻坚有机结合，推动乡村旅游扶贫工程深入实施。

4. 稳步支持城乡统筹发展。顺应贫困地区新型城镇化建设需求，重点支持经营性现金流能够覆盖的城镇基础设施建设项目、旧城改造和新城建设等城镇综合开发项目，以及水污染治理、垃圾处理等重大生态环保项目，完善城镇功能和承载能力。积极介入县域优质PPP项目和政府购买服务项目，大力支持农村地区水、电、路、气、房等基础设施建设，美化农村居住环境，助力贫困地区新农村建设与美丽乡村建设。支持贫困地区农民工进城购房，帮助他们安居乐业。

5. 精准支持贫困户发展生产经营。安庆市现有建档立卡贫困户 13.4 万户，贫困人口 39.7 万人，对有信贷需求的贫困户要深入实施精准扶贫。支持有劳动致富能力的贫困户、产业链上的贫困户、政府增信贫困户以及保证保险、农业保险覆盖的贫困户，促进贫困户增收。建立产业发展与贫困户增收的利益联结机制，通过支持龙头企业辐射一批，支持专业合作社带动一批，支持规模农户扶持一批，支持产业园区受益一批。

（三）强化工作措施，竭力做好脱贫攻坚金融服务

农业银行要站在政治和战略的高度，强化责任意识，落实有效举措，加大推进力度，竭力打好脱贫攻坚战。

1. 加大产品创新力度。开展金融扶贫产品与服务模式探索，围绕国家优惠性政策和贫困地区经济产业发展特点，根据各贫困县重点客户项目个性化需求，集中精力打造光伏扶贫、易地扶贫搬迁、旅游扶贫等金融扶贫拳头产品和模式。推动符合条件的地区发放农户光伏扶贫贷款。加强与贫困地区各级政府、龙头企业、政策性银行、保险、产业基金、农业担保公司等的合作，深入推进增信合作平台的落地实施。一是要深入推进“金担通”业务发展，抓住银政担战略性合作机遇，积极增加合作落地行数量，缓解贫困地区小微企业、家庭农场、专业大户和贫困农户融资担保难题。二是要深化与国元农业保险公司的保证保险贷款合作，在适度控制单户贷款最高额度、单县最高贷款合作额度基础上，在全市范围扩大合作面，加快业务发展。三是要大力推进融资风险补偿基金贷款业务发展，加快融资风险补偿基金担保项下贷款业务的发放。四是要加强与安徽农业信贷担保公司的合作，积极跟进该公司分步建设县级农业信贷担保网络、逐步扩大业务范围的工作进程，扩大业务覆盖面。

2. 制定差异化信贷政策。一是对扶贫重点县城镇化、现代农业、旅游等产业和行业政策需求，要制定准入、授权、担保、授信等差异化的区域信贷政策或提供特色信贷产品。二是对贫困县的重点客户、重大项目要建立绿色通道，实行“平行作业”“优先办理”，对其他风险可控的信贷

业务要“限时办结”。三是对建立风险补偿基金等引入政府增信机制的贫困县支行，要转授农户小额贷款和专业大户、家庭农场贷款审批权。四是对建档立卡贫困户和对采取提供务工、吸收入股、订单收购、产业合作以及捐赠等方式帮助建档立卡贫困户增收脱贫的客户，要实施减费让利政策。原则上，大型企业直接帮扶 20 户以上，中型企业直接帮扶 10 户以上，小微企业直接帮扶 5 户以上，农民专业合作社吸纳带动 10 户以上，均可享受优惠利率政策，且优惠力度与直接帮扶贫困户数量相挂钩。

3. 实施资源配置倾斜。一是要单列扶贫重点县信贷规模，确保贫困地区各项贷款增速高于全市农业银行各项贷款平均增速，贫困户贷款增速高于农户贷款平均增速。二是要单列扶贫重点县固定资产和业务费用计划，确保费用增速和固定资产平均投入高于辖内县域平均水平。三是要单列扶贫重点县用工计划，加大用工增量计划向贫困县支行的倾斜力度，优化员工结构。

4. 提升基础金融服务能力。金融基础设施薄弱、基础金融服务供给不足，是制约农村地区特别是贫困地区农村脱贫致富的突出问题。为解决物理网点少的问题，农业银行安庆分行要加大普惠金融扶贫力度，以金穗“惠农通工程”为重点，延伸服务网络，加大贫困地区乡镇和行政村的电子机具布放力度，为贫困地区农民提供便捷的基础金融服务。要抢抓扶贫开发攻坚有利时机，重点围绕财政补贴、社会保障、扶贫资金等做好项目代理，根据贫困地区涉农代理项目营销服务需求设立服务点，并着力做实服务。要在贫困地区优先试点对接社交生活平台和电商平台，推广“E农管家”，探索“互联网＋扶贫”的基础金融服务模式，推动金融扶贫由线下向线下、线上并举转变。

5. 优化绩效考核机制。要综合考虑贫困地区的小额扶贫信贷工作量、劳动强度和风险控制难度，制定差异化的绩效挂钩考核和费用分配方案，健全向贫困县倾斜的绩效考核和激励约束机制。要严格区分道德风险和行为规范风险、能力不足风险和有意违规风险，在责任认定和处理上区别对待，做到差异化，建立尽职免责的问责机制。要定期开展金融扶贫工作的评先评优活动，表彰金融扶贫业务中涌现的先进集体、先进个人和先进事迹，建立金融脱贫攻坚的奖惩机制。

（四）改善政策环境，合力做好脱贫攻坚金融服务

农业银行要深化外部合作，探索推广协同扶贫金融服务模式，有效管控风险，增强金融扶贫合力。

1. 大力改善金融生态环境。发挥政府的主导优势，建立良好的信用生态环境，为金融脱贫攻坚奠定良好基础。一是开展贫困主体信用体系建设，为扶贫项目库中的企业和贫困户设立电子信用档案，建立诚信评定和失信惩戒机制，提升贫困主体的信用意识，营造贫困地区良好的信用环境。二是深入开展“信用户”“信用村”“信用乡镇”等创建活动，严厉打击各种逃废债行为，不断提高贫困地区各类经济主体的信用意识。三是强化不良贷款清收，坚持机构主体、政府推动的原则，加强对企事业单位、行政事业人员不良贷款的清收力度，建立预防不良率反弹的长效机制，切实增强金融机构支持贫困地区发展的信心。四是加大对金融案件的办理力度，逐年提高已判决金融案件执结率和执行案件资金回收率，有效保护金融主体产权。

2. 努力完善金融支持政策。进一步加大贫困地区支农再贷款发放力度，力争该项贷款规模逐年提高，并按照各金融机构扶贫工作投入水平匹配支农再贷款额度。灵活运用差别准备金动态调整政策，对扶贫成效显著的金融机构适当降低存款准备金率，提高金融机构对贫困地区信贷投入的积极性。采取差异化监管政策，对不良贷款比率实行差异化考核，适当提高贫困地区金融机构不良贷款容忍度。

3. 充分发挥保险保障功能。要发挥政府部门的政策引导作用，鼓励保险机构积极发展农村小额人身保险、农房保险、农机保险、巨灾保险、城乡居民大病保险等普惠保险业务，向贫困地区人民群众提供保障适度、保费低廉、保单通俗的保险产品。要加强贫困地区“三农”保险机构和网点建设，推动保险与气象、水利、畜牧等部门合作，运用现代技术手段，提升农业防灾防损水平，降低固有的农业风险预期，为金融脱贫攻坚提供风险保障。要在试点的基础上，积极完善农业保险、农村小额保险与

农村信贷的联动机制，建立银保合作方式，解决贫困农户、涉农小微企业等弱势群体贷款难问题，减少金融风险，提高银行贷款回收能力。

4. 健全信贷风险补偿机制。一是设立农村信贷业务担保基金。改革财政扶贫资金管理和使用方式，将分散在各部门的涉农财政资金整合为资本金，吸引企业资金、社会资金、民营资本参加，设立针对贫困农户和涉农小微企业的贷款担保基金，缓解农村借款主体缺乏抵押物的现实问题，提升银农信贷合作的有效性。二是完善扶贫贷款风险补偿机制。由市政府出台扶贫贷款风险补偿的具体办法，每年拿出一定的财政资金，设立扶贫贷款风险补偿基金，健全风险补偿机制，有效分担贫困地区金融风险，提升金融机构发放扶贫贷款的主动性。三是加大扶贫贷款税收优惠力度。对金融机构发放的扶贫贷款、农户小额贷款和规模农户贷款利息收入实行税收减免。四是继续落实奖补政策。涉农贷款增量奖励、农村金融机构定向费用补贴等相关政策要落实到位。

5. 加大金融知识普及力度。受各种因素和条件制约，贫困地区农民文化程度普遍较低，对金融知识了解很少，对金融产品与服务运用不足，对现代化农牧业专业技术和生产管理知之有限。知识和能力不足，也是制约贫困地区农民发展经济的瓶颈之一。因此，在金融支持贫困地区农民脱贫致富过程中，既要“扶贫”，又要“扶智”，要培育农民的金融意识、市场意识、发展意识。要通过提供信息支持，帮助贫困农户寻找致富路径、发展富民产业；要通过开展科技培训，帮助贫困农户提高生产经营技能；要持续开展“普及金融知识万里行”“送金融知识下乡”等活动，帮助贫困农户提高文化水平，增长金融知识，使农民学会金融致富。尤为重要的是，要教育、引导贫困农户坚定战胜贫穷、改变落后面貌的信心和决心，克服“等、靠、要”的依赖思想，依靠自己勤劳的双手，创造幸福美好的新生活。

精准扶贫战略中农商银行支持地方经济发展分析

——以桐城农商银行个人及小微贷营销为例

安徽桐城农商银行　胡祖越　方飞翔　付鹏鹏　张玉红

随着中国经济进入新常态以及供给侧结构性改革的推进，国内商业银行的经营环境发生重大变化，传统以信贷规模扩张为主的增长模式面临严重挑战，利润增长明显放缓，各大银行纷纷谋求战略转型。部分银行业金融机构出现偏离实体经济服务的宗旨而片面追求利润的倾向，金融市场频繁出现高杠杆现象，部分信贷资金流入房市、股市，或者在银行同业之间进行“空转”，导致资金杠杆高且链条长，并没有实现对地方经济的支持。如何在支持地方经济发展和实现银行自身发展中寻求共赢是值得研究的一个问题。因此，本文将立足桐城区域经济，从农商银行角度探讨个人、小微贷款业务对地方经济发展的影响以及个人、小微贷款在业务营销中存在的困难，根据具体事例提出相应的建议，从而保证银行业在维持自身稳健发展的同时能够有效促进地方经济发展。

一、桐城市经济发展现状

（一）桐城市金融机构对地方经济发展的贡献

1. 桐城市概况及经济发展现状。桐城市位于安徽省中部，北距省会合肥 98 公里，南至安庆市 68 公里，是皖西南的交通枢纽和承东启西的通衢之地，更是皖江城市带承接产业转移示范区的前沿阵地和合肥经济圈南翼门户城市。206 国道、合九铁路、沪蓉高速等三大交通动脉纵贯全境，水路嬉子湖通江达海，交通区位优势明显。现辖 1 个国家级桐城经济技术开发区、1 个省级双新经济开发区、12 个镇和 3 个街道，总面积为 1571 平方公里，总人口为 75 万人。桐城民营经济发达，产业特色鲜明。全市现有个体工商户和私营企业 15000 余家，从业人员超过 10 万人，个私企业完成的工商税收占全市的 75%，8 家民营企业进入全省 50 强，15 家企业进入全省 200 强，上市挂牌企业总数达到 11 家。拥有中国驰名商标 11 件、安徽省著名商标 39 件。市内现已形成以印刷包装、机械制造、塑料加工、家纺服装、建材化工、农副产品深加工为主导的六大优势行业，先后被授予“中国包装印刷产业基地”“中国塑料包装产业基地”“中国农产品加工基地”“中国羽绒家纺名城”“中国输送机名城”“中国刷业城”等称号。

改革开放以来，桐城经济社会发展取得显著成绩，先后荣获“全国乡镇企业百强市”“全国科技工作先进市”“全国体育工作先进市”“全国两基工作先进市”“全国文化工作先进市”“全国绿化模范市”“安徽省教育强市”“安徽省卫生城市”“徽商最具投资潜力城市”“温商最具投资潜力地区”“首届安徽省文明城市”等称号。

2017 年，桐城市委、市政府认真学习贯彻党的十九大精神，以习近平新时代中国特色社会主义思想为指导，主动作为、拉高标杆、持续求进，稳步推动全市经济转型发展，发展质量不断提高，全市经济运行总体平稳，呈现稳中有进、结构优化、位次前移的发展态势。2017 年，桐城市实现地区生产总值 273 亿元，同比增长 8.6%，增速分别高出全国、全省 1.7 个、0.1 个百分点，总量居全省 13 位，增幅居全省 24 位，分别比 2016 年前进 1 个和 14 个位次；一般公共预算收入为 25.1 亿元，同比增长 8.3%；规模以上工业增加值同比增长 9.2%，增速分别高于全国、全省 3 个、0.2 个百分点，居全省第 38 位，前移 9 个位次。全市固定资产投资完成 343 亿元，同比增长 15.8%；金融各项存款余额为 424.5 亿元，同比增长 10.2%；金融各项贷款余额为 255.4 亿元，同比增长 17.4%；城镇居民可支配收入为 28234 元，同比增长 8.3%；农村居民可支配收入为

13918 元，同比增长 9.1%。

2. 桐城市金融机构支持地方经济现状。桐城市各银行业金融机构在桐城市委、市政府的领导下，以支持基础设施建设和普惠金融发展为重点，大力推进金融扶贫工作，切实防范化解金融风险，保持了信贷总量的较快增长、金融风险的总体可控，有力支持了桐城地方经济的发展。

（1）金融机构服务经济发展的贡献大。2017 年，桐城市各项存贷款余额均居安庆市第一位。截至 2017 年末，桐城市本外币各项存款余额为 425.53 亿元，较上年末增加 39.41 亿元，同比增长 10.21%，其中住户存款 302.58 亿元，较年初增加 25.72 亿元，同比增长 9.29%；各项贷款 255.46 亿元，较年初增加 37.71 亿元，同比增长 17.32%。

（2）金融机构的责任和担当得到了充分体现。首先，金融组织体系不断完善。目前桐城市已有银行业金融机构 12 家、保险公司 8 家、证券机构 2 家、担保机构 5 家，类型多样、优势互补的金融机构服务体系基本形成。其次，多措并举，扎实开展打击和处置非法集资工作。桐城市银行业金融机构多次配合市委、市政府做好打击和处置非法集资工作。一是强化学习，自觉抵制。通过组织晨会与夕会，观看教育片、开展主题征文活动等，增强员工的合规守纪和风险意识，确保远离非法集资。二是细致排查，严防风险。以谈话、家访、主动搜集涉嫌非法集资线索等方式，持续对干部员工敲警钟。三是规定动作，落实到位。常态化开展宣传教育活动，使公众风险意识和辨别能力得以增强。四是贴近百姓，平安理财。深入机关、企业、社区、院校，引导公众正确识别理财产品，理性选择投资渠道。五是媒介多样，覆盖广泛。通过报纸、短信、微博、微信、门户网站等媒介载体开展宣传，有效扩大宣传活动影响面和覆盖面。六是创新方法，提升热情。结合工作实际，通过举办高端财富论坛、大堂微沙龙等方式，提升公众参与宣教活动的热情与能动性。

（3）政银企互动局面良好。桐城市委、市政府每年会定期组织召开银企座谈会、对接会，旨在进一步加强银企沟通交流，搭建银企合作平台，共筑银企诚信基础，推动金融资本与企业发展有效对接，努力推动全市经济社会平稳较快发展。近年来，桐城市政府与多家银行业金融机构签订了战略合作框架协议，在实质性合作中取得了良好的效果，遇到困难和问题时沟通充分，政府和银行形成了互为一体的良好合作机制，联手破解了很多困难，形成了良好的政银企合作局面。

（二）其他机构的小微贷营销基本做法——以邮储银行为例

邮储银行在桐城市共有22个网点，其中自营网点3个、代理网点（邮政）19个，遍布桐城各大乡镇、街道。充分利用农村网点较多的特点，多渠道开展小微贷营销。个人及小微企业素有“社会经济的毛细血管”之称。邮储银行始终坚守服务个人及小微企业的战略定位，用实际行动支持企业发展。一方面，积极响应国家政策号召，创新创优多项举措，全面践行普惠金融理念，贯彻落实上级行“五走”要求，由行领导带队，亲自走政府、走平台、走协会、走园区、走企业，并针对市场需求和痛点问题，整合资源，制定个性化融资方案，下大力气狠抓金融产品创新，做好业务延伸和扩展，力求为小微企业客户提供更加快捷优质的融资服务，有力地支持了当地经济的发展。另一方面，该行简化企业开户流程，通过提供企业预约开户服务、开通小微企业绿色服务通道、简化开户流程、提供开户服务对接专员、提升对公柜台服务质量等五大措施，倡导企业开户“最多跑一次路”。

邮储银行桐城市支行积极响应号召，结合桐城市政府脱贫工作会议精神，根据“单位包村，干部包户”的扶贫工作指导思想，积极挂点孔城镇九年村、新渡镇徐河村，主要负责人到村帮扶调研，按频次实地走访慰问贫困户，各牵头责任人与贫困户结对子，除带去相关慰问品外，还对每位贫困户的实际情况进行了详细了解，给出了融智、融工的建议。2016年、2017年共捐赠33000元的扶贫资金，用于支持村级道路建设和产业发展。截至2018年6月底，孔城镇九年村结对帮扶贫困户15户，已脱贫12户，仅3户未脱贫，真正做到了真帮实扶。

同时，结合桐城市当地实际情况，对有发展需求、有贷款意愿、有还款能力或还贷措施的贫困户提供“惠农易贷”小额贷款。2017年，该行累计发放小额扶贫贷款6012万元，涉及贫困户2114户，充分发挥了金融扶贫的“酵母”作用，将金融扶贫从“输血”向“造血”转变。

二、桐城农商银行小微贷营销做法

（一）桐城农商银行基本情况

在桐城这片文化底蕴深厚、创业激情迸发的热土上，桐城农商银行发扬桐城先贤敢为人先的精神，于2008年在安庆市率先完成从信用社到农村银行的嬗变，组建了安庆市第一家农村银行。2012年7月17日，该行改制组建农商银行挂牌开业。

该行现有注册资本50168万元，下设40个支行、18个自助银行，总部设有17个职能部门，同时主发起设立9家江淮村镇银行。现有在岗员工500人。截至2017年末，该行资产总额达219.53亿元，各项存款169.62亿元，各项贷款121.24亿元。存贷款市场份额居桐城市同业首位，在安庆市8家农商银行中排名第一，在安徽省农商银行系统中排在前列，2017年共计缴纳税收0.7亿元。

（二）支持个人及小微贷发展背景

2015年末，桐城农商银行个人及小微贷款余额为74811万元，仅占各项贷款的9.47%，贷款结构不合理，风险集中度较高。个人及小微企业贷款户数不足5000户，严重偏离农村金融机构“服务三农、服务小微”的市场定位。自2016年开始，在经济下行、风险攀升、利差收窄、跨界竞争越来越激烈的新形势下，桐城农商银行新一届领导班子深刻检视了新常态下农商银行的经营定位、发展差距和业务选择，在立足实际、审时度势和深入调研、集中民智的基础上，明晰了回归“三农”、支持小微、服务社区的市场定位，确立了“做小、做散、做优”的经营策略，明确了“小而精、小而美”区域性银行建设目标愿景、“差异化、特色化、轻资本、智慧型”发展路子，开启了以信贷为重点的转型发展征程。

（三）支持地方经济发展贡献

2017年，在桐城市委、市政府的关心支持下，该行紧紧围绕桐城经济社会发展战略，立足本土、服务实体，不忘初心、砥砺前行，用实际行动擦亮桐城人民自己的银行品牌，向市委、市政府和全市人民交出了一份漂亮的“成绩单”。到2017年末，全行主营业务指标保持了20%以上的增长速度，资产总额突破219亿元，存贷款增量均突破25亿元，创下历史新高；主要业务指标继续稳居全市金融机构首位、全省农商银行系统前十位。全年缴纳各项税费超过7700万元，是全市纳税贡献度最大的金融机构，为桐城经济社会发展作出了积极的贡献。

（四）个人及小微贷业务主要做法

1. 做加法，明确营销目标。一是狠抓易贷卡业务营销。借助易贷卡产品贴近小微信贷“短、小、频、急”需求的特点，利用易贷卡“一次授信、随贷随还、循环使用”优势，拿出亮剑精神，迅速抢占市场。对外通过公交广告、电子显示屏、微信等线上与线下渠道，扩大宣传；对内通过加强业务培训、统一营销话术、积极外拓、简化流程、提升奖励、加大考核等方式，推动易贷卡业务发展。截至2017年末，该行易贷卡授信户数达38959户，较转型初期增加38588户；易贷卡用信余额达26.31亿元，较转型初期增加25.54亿元。二是大力发展消费贷款业务。为满足城乡居民消费信贷需求，该行于2016年初相继推出了住房按揭、汽车按揭两项消费贷款产品，逐户走访房地产开发商和汽车经销商，实施综合营销。截至2017年12月末，该行发放汽车按揭贷款2767户，贷款余额2.18亿元；发放住房按揭贷款2221户，贷款余额7.89亿元。三是精准投放扶贫小额信贷。认真落实省联社精准扶贫工作部署和要求，积极参与市委、市政府推行的“1286”脱贫攻坚计划。2017年共发放扶贫小额贷款13102户，金额4.36亿元，较2016年初增加4.25亿元，占全市增量的76%，超额完成省联社和市政府下达的扶贫小额信贷投放任务。该行成为全省2017年扶贫小额信贷工作成效突出的15家农商银行之一，成为全市唯一获评2017年度目标绩效考核优秀单位的金融机构。四是强化产品创新。桐城农商银行不忘初心来路，坚定不移地面向“三农”提供精细化、专业化、差异化服务，创新推出了金农易贷·福农卡、惠农宝、普惠贷、商易贷、薪易贷等金融产品，积极支持农业供给侧结构性改革，较好地满足了农业生产、农村建设、农民增收的资金需求。同时，主动对接种养大户、家庭农场主、农民专业合作社等新型农业经营主体融资需求，为新型农业经营主体和农村电商、休闲农业、乡村旅游等新产业和新业态提供有效金融服务。

2. 做减法，精简业务流程和手续，减费让利。一是精简业务流程。切实关注小微企业主、个体工商户等群体的金融诉求，提供针对性的金融服务，简化操作流程，节约审批时间，提供一站式金融服务。二是扛起社会责任。积极响应市委、市政府“暖企行动”号召，采取降低利率、减免收费等措施，累计为客户减费让利近5000万元。通过“暖企行动”所建立的长效机制，每年为客户减少融资成本近350万元。率先推出50万元以下的“金农·易贷卡”信贷业务，使4.07万客户足不出户就可以在掌上借贷，随借随贷，按日计息，较好地解决了部分小微企业、城乡居民个人融资难和融资贵的问题。

3. 做乘法，搭建富民惠农平台，开展“双推四扫”工程，注重企业文化打造。一是强化科技支撑。积极搭建“富民惠农”智慧平台，通过大数据分析、实行背靠背审批、系统自动催收等，实现了个人贷款业务从调查、审查、审批到贷后管理全流程的无纸化、模板化、自动化，提高了获客率和风险防控水平。二是开展“双推四扫”活动。桐城农商银行充分利用点多面广优势，细化客户经理服务区域及内容，对服务区域实施网格化管理，在划分地域内“定点、定人、定时”进行地毯式营销，开展整村推进、整行业推进以及扫村进农户、扫园进车间、扫街进商户、扫楼进小区活动，同时邀请外部专业机构开展外拓营销培训，要求客户经理在其所在区域主动开展上门营销，走访各类型潜在客户，了解资金需求与行业特点，客户经理每人每周必须有一定量以上的营销时间和营销户数，逐步构建起从上到下、纵横交错的三级网格化服务管理体系。三是打造

“家银行”企业文化。多年来，桐城农商银行结合金融服务“村村通”工程，主动布点、积极构建，初步形成了以物理网点为主干、以惠农金融服务室为依托、以自助机具为载体、覆盖全辖的网格化服务体系，努力打造城乡居民、企业等客户的“家银行”。

4. 做除法，营销资源倾斜和优化。该行把完善工作机制作为抓转型、保落实的重要手段和重要保证，积极构建与转型发展相适应的组织体系和管理模式。一是优化组织架构。通过成立零售业务部（普惠金融中心）、公司业务部、授信评审部、贷后管理部及资产保全管理部等，初步建立起前中后台有效分开的组织架构体系，厘清了信贷管理职责，完善了风险管理制度。二是实行集中审批。将支行的贷款审批工作上收总行授信评审部，个人贷款全部由其下设的“三农”及小微贷审批中心直接审批，提高了审批效率和风险把控力。三是落实资源保障。本着人力资源向基层网点、信贷业务倾斜的原则，下放岗位设置权限，调整客户经理资格准入方式，破除支行员工岗位轮岗障碍。将部分二级支行升格为一级支行，并将二级支行行长和分理处主任充实到客户经理营销队伍中。同时，出台员工薪酬考核、岗位定级、绩效考核、营销奖励等办法，使“工作比业绩、收入凭贡献”的发展氛围更加浓厚。四是完善激励机制。不忘姓“农”本色，树立主动营销、全面营销理念，做到重心下沉，多次开展小微贷业务营销活动，建立信贷营销专项奖励资金，以单户授信金额50万元以下的小微信贷业务为主攻点，把农户、小微企业主和个体工商户作为重点扶持对象，加大增户扩面力度。

三、小微贷营销过程中面临的主要困难

（一）取数难，“富民惠农”金融工程大数据获取有难度

“富民惠农”金融工程中最重要的环节就是各项数据的采集与获取，一方面，基础数据需要市政府相关职能部门提供并定期更新；另一方面，农户的个人及家庭信息还需要银行工作人员进行上门采集，通过基础数据的获取和建立，才能进行有效的评级和授信。在信息采集工程中，需要各

乡镇（街道）工作人员的积极配合和支持，但部分乡镇（街道）工作人员因思想认识不到位，协调配合程度不够，导致数据采集较为粗放化、笼统化，且部分数据未做到精细化，甚至出现较多错误，致使对农户及其他经营主体的授信额度、授信期限有失精准，很难真正做到支持“三农”、支持实体经济发展。

1. 农户信用信息采集难。目前农村信用信息的采集存在问题，有以下几个方面的原因：一是农村人口流动频繁，农户搬迁和外出打工人员日益增多，采集农户信息存在障碍，部分农户始终游离于信用体系之外；二是一个家庭中的农户可能会拆分成两个家庭，对于新成立家庭的农户信息采集较为困难；三是绝大部分农户对涉及自身隐私（如家庭资产、收支和健康状况等）的指标较为敏感，不愿填报或少填报，信用、工商、保险等信息难以获取；四是个别未贷款或无贷款需求的农户不愿意透露其相关信息，非存量客户信息无法采集；五是信息采集人员素质存在差异，部分工作人员对农户信息采集工作重视程度不够、敷衍了事，甚至存在主观臆测等情况，使部分关键信息项缺失或失真，严重影响信息的质量。

2. 农户信用信息维护难。一方面，根据农村信用体系建设要求，农户信用信息须按年进行年检、更新和维护，由于农户数量较多，农户信息的采集和录入工作需要耗费较大的人力、物力，在实践中难以操作，农户相关信息不能及时进行更新，农户信用评级结果出现偏差。另一方面，一个农户可能会在多个金融机构进行贷款，而目前有些金融机构尚未参与农村信用体系建设，导致部分贷款信息不能及时进行更新。

（二）信息不对称造成风险

信息不对称是指在不完全信息市场的前提下，交易双方对相关信息的掌握程度是不对称分布的，即一方了解或拥有，而另一方则刚好相反。正是由于不完全市场中的信息是不对称的，另一方想要获得信息时需要支付较大的成本，有时成本过大，导致其收益为负，此时另一方会放弃了解交易伙伴的信息，只能根据交易伙伴提供的信息预测对方以后的行为。

1. 客户经理贷前尽职调查不尽职，准入不符合条件的信贷客户。客户经理的贷前尽职调查是指客户经理通过资料收集、沟通交流、现场调研等渠道尽可能地获取、核实、分析研究有关借款人及相关信贷业务、担保等方面的情况，揭示和评估信贷业务可能存在的风险并提出应对措施，为贷款决策提供依据的一系列责任行为。客户经理贷前尽职调查在整个信贷流程中属于最为重要的一环，一个尽职的客户经理在贷前尽职调查时必须要做好以下四个方面：收集相关资料、与客户进行良好沟通、详细开展实地调查、客观撰写调查报告。但是，在日常的工作中，部分客户经理未充分做好以上四点，贷前调查流于形式，信贷资料收集不全，未能全面掌握信贷客户资产负债情况、经营状况、上下游客户群、收入利润情况、借款资金真实用途、抵押物价值是否充足、保证人是否具备保证能力等，致使一些不符合借款条件的客户获取了银行借款，后期陆续出现借款人利息拖欠、本金逾期，从而增加了不良贷款额度，加大了催收难度。

2. 客户经理未充分掌握信贷客户经营风险。2014 年桐城发生了刘克胜信用风险事件，2015 年韩明亮信用风险事件爆发。受两起信用风险事件影响，桐城市信用环境遭受严重破坏。部分借款人直接或间接参与了民间融资，最终导致贷款形成较高不良额。

刘克胜、韩明亮涉嫌非法吸收公众存款事件中，部分借款人对我行隐瞒了真实的借款用途，变相地将贷款资金借给他人使用。由于信息不对称，银行无法及时掌握其真实情况，直至案件发生才知事实，但为时已晚，风险已经暴露，且处置难度增大。

3. 信贷客户诚信意识不强。受经济下行压力及桐城市两起信用风险事件影响，金融环境继续恶化，借款人还款意愿下降，违约贷款大幅增加；部分借款人以民间借贷无法收回、资产无法处置等为由，不采取积极的还款措施，任由贷款欠息、逾期；部分借款人对担保公司保证贷款完全依靠担保公司来代偿，对抵押贷款等待依法处置来偿还债务，甚至采取躲避、转移财产、外出等躲债方式，不主动采取措施，任由其发展。

（三）客户经理自身素质差异等造成操作风险

对桐城农商银行（以下简称我行）大部分客户经理来说，防范操作风险并不是一个新概念。事实上，我行已经建立和制定了相关的管理框架、制度和措施。不过，相对于信用风险、市场风险管理而言，对于大部分客户经理来说，还不懂得怎样去识别、管理操作风险。这是很危险的，因为目前在银行业所有风险中，操作风险所造成的损失已经仅次于信用风险。风险意识不强，常导致主观违规、逆程序、操作失误等现象。

1. 客户经理业务技能不熟练。操作风险是内生风险，主要产生在银行客户经理办理业务的过程中。部分客户经理业务水平不高、态度不认真，在业务办理过程中出现失误，如在业务流程中，利率、期限、金额输入错误，放款账号录入错误；未设定自动扣款导致贷款到期未扣逾期，关联担保合同错误等，都会形成操作风险。在今后的工作过程中，要加强业务学习，提高业务操作水平，以认真的态度操作业务流程，避免在系统操作过程中造成失误。

2. 客户经理法律意识淡薄。部分客户经理未当面签订合同、签订空白合同、随心所欲填制合同，错误太多导致合同无效，易导致信贷资金损失风险。后期我行要加大对客户经理经办业务合法合规性的培训力度，从合同签订和合同填写等基础操作开始，给予系统培训，养成按流程操作的好习惯。对企业的诚信要有清醒的认识，不管是老客户还是新客户，在经办业务时按规章办事，该核对的认真核对，该了解企业情况的详细了解，尽全力为我行规避法律纠纷。

四、相关对策及建议

一是政府支持搭建平台，银行提供精准服务。深圳前海微众银行的成立，标志着银行无网点化新时代的推进，也预示着大数据对于银行业务的重要性；余额宝、阿里小贷、微粒贷的推出，展现了大数据对于银行业务的冲击与挑战。大数据作为长期的社会信息和信用中心，有别于一般数据，其包含大量非机构化数据。在非机构化数据的收集和处理方面，互联网金融具有绝对优势，这也是它们给银行带来挑战的一大利器。

身处大数据时代，银行业的挑战与机遇并存。银行业必须正视来自外部的冲击，通过大数据重塑发展模式，提升经营效率。我行地处县域城市，客户以“三农”为主，客户资源分布、素质、现状都影响着消费习惯，我行想从互联网平台上获取这部分客户的大数据，难度较大，所以我行必须用脚一步步丈量客户信息。对于客户基础信息，如家庭成员信息、土地信息、住房信息等可以从政府统计局、房产局等一线部门的台账中获取，政府部门的支持能够促进我行大数据平台的尽早落成，建设数据银行，一方面将大大降低我行获取信息的成本，根据平台数据分析客户的交易记录，识别中小微企业、个人客户，从而开展精准线上、线下全方位营销以及一站式到家服务；另一方面，我行也可将所获取的信息与政府部门共享，实现共享共赢。

二是加强沟通协调，做好业务宣传。针对“富民惠农”金融工程信息采集困难问题，我行一方面将加大与桐城市各成员单位的沟通力度，让各成员单位充分认识到平台建设的重要意义，确保各项基础数据准确、及时获取；另一方面，加大信用创建和“富民惠农”的政策宣传，通过广播电台、报刊、新媒体、LED 显示屏和印制宣传单等多种方式广泛开展宣传，营造全社会关注信用、支持创建的良好氛围，使“富民惠农”金融工程深入人心，从而提升镇（街道）工作人员信息采集工作的积极性，不断提升个人及小微客户信贷服务的可得性和覆盖面。

三是大力惩戒失信人员，合力共建诚信环境。大数据平台落建后，银行通过系统可以筛选出符合条件的贷款户，完成贷前调查的流水作业后，直接转入审批流程，根据量化指标，确定贷款投放额，贷款随即进入实时监控的状态。但是，在还款环节，缺失了强制还款的措施，以及对于不良贷款户有效的处罚手段，甚至面对诉讼不良案件执行难的困境。桐城市政府部门、司法机关可联动当地金融、交通、旅行教育、医疗等行为主体，推出意见措施，建立失信人员黑名单，针对不同程度失信人员一一拿出不同的惩治举措，例如限制购买火车票、飞机票、宾馆酒店住宿等权利，让人们切身体会到信用是最好的“通行证”，真正体会到知行合一，合力共建诚信环境。

四是加大人员学习力度，提升员工专业素养。为提升个人及小微贷客户的金融服务水平，我行将加强员工内外部培训，通过“走出去”和“请进来”的方式，不断拓宽一线金融服务人员的视野和综合素质，不断满足客户多元化、专业化的金融服务需求。

作为本土银行，支持地方经济发展责无旁贷，我行将紧紧围绕市委、市政府的重大部署，遵从“一马当先”“走在前列”的要求，牢牢把握区域经济社会发展机遇，勇于担当、积极作为，加大信贷投放，当好新时代农村金融的主力军和支持经济发展的助推器。

太湖农商银行开展扶贫小额信贷的实践与思考

安徽太湖农商银行　叶国祥

农村金融扶贫就是借助市场的力量，创造一种新的激励机制和金融机制，让贫困农户能够依靠自身力量，有尊严地脱贫致富。太湖农商银行作为太湖县农村主导金融机构，坚持“服务三农、服务中小微企业和县域经济发展”的市场定位，主动适应辖内农村实际、农村特点、农民需求，从机制建设、流程简化、模式创新三个方面为金融产业扶贫提供精准保障，探索出一条金融扶贫的有效途径，为贫困户早日实现脱贫致富奠定了坚实基础。

一、精准扶贫贷款工作实践

（一）完善机制建设，构建金融扶贫“责任网”

太湖农商银行成立金融产业精准扶贫领导小组，明确精准扶贫工作董事长负总责，行长具体抓，分管副行长专职抓，18 个支行成立了扶贫工作小组、评级授信初评小组，专门负责所属乡镇的沟通协调，贫困农户小额信贷调查、评级、授信等工作，实现与贫困农户一对一的对接；制定出台了《扶贫小额信贷工作实施方案》《扶贫小额贷款评级授信管理办法》等管理制度和办法，明确了各部门、支行的职责分工，开展了信贷客户经理金融产业扶贫专题培训，详细解读了扶贫小额贷款的政策制度、任务目标、具体措施、考核办法，形成了金融扶贫工作的强大合力。

（二）抓好流程简化，加快扶贫贷款投放速度

实行扶贫工作优先研究、扶贫资金优先安排、扶贫贷款优先办理的“三优先”原则，采取贫困户签订结对帮扶协议、评级授信和发放贷款三个环节同步进行，明确了授信标准、流程和工作要求，在村一级醒目位置向农户公示，严格评级授信程序，实行“三会”“三公示”“两审核”的评级授信制度，确保评级授信公开、公平、公正；评级授信后只需凭身份证、扶贫小额信用贷款审批表就可到所属支行办理相应额度的无抵押担保小额信用贷款。

（三）创新信贷模式，加大扶贫贷款投放概率

针对不同贫困户情况，创新信贷模式，实现贷款方式多样化，增加贫困户申贷成功概率。对于有项目、有技术的自主创业贫困户，按照“四有”的工作要求，贷款直接发放给贫困户，评级授信后只需凭身份证、扶贫小额信用贷款审批表就可办理，即自主创业贫困户模式；对有发展能力的贫困农户，依托种养大户、专业大户、家庭农场和农业企业，以“产业大户＋农户”“家庭农场＋农户”“公司＋农户”等形式，使贫困农户直接与优质企业、优势产业对接，帮助其自主创业，实现脱贫；对无经营能力、无项目、难致富的贫困户，鼓励贫困户申请贴息贷款，投资入股优质企业，即贫困户分红就业模式，贫困户可从企业分红、富余劳动力优先到企业务工、土地流转租费等方面增加收入，从而摆脱贫困状态，实现“造血”扶贫，达到脱贫致富的目的。

截至2016年5月末，太湖农商银行已对在册贫困户20451户进行了集中评级授信，对30户贫困户进行了150万元即时用信。

二、扶贫小额信贷存在的问题

当前，虽然太湖县金融扶贫工作取得了一定的成效，但也存在一些问题。

（一）扶贫贷款利率偏低

当前，对扶贫小额贷款实行基准利率，是为了体现扶贫的优惠政策，减轻贫困贷款户的利息负担。但事与愿违，低利率存在难以克服的矛盾：一是低利率不能补偿小额信贷的操作成本。扶贫小额信用贷款额度小、笔数多，管理困难，操作成本较之一般贷款更高，但利率反而比一般贷款低。二是低利率往往导致高违约率。在低利率的情况下，加之财政全额贴息，政府安排专项风险补偿金，容易让借贷者误认为扶贫小额信贷是一种“白送”的礼品，可以不按期归还甚至根本不必归还，或者说可以赖账，从而造成低还贷率。三是低利率往往使贷款难以到达真正的贫困者手里。因为利率低，借贷者有利可图，一些人便积极钻营，设法将贷款转入囊中，从中渔利，结果国家的优惠政策被贫困地区的强势人群霸占，真正的贫困者反倒难以受惠。四是低利率使借款者难以产生精心经营的压力与动力。这是因为，较低的利率将给借贷者一个错觉，即扶贫小额信贷是一种很不严肃的商业交易，既然压力不大，就容易产生松懈情绪，容易造成经营不善。

（二）农村信用环境依然较差

随着农村城镇化进程的加快，农民搬迁和外出打工人员日益增多，大多数农民小农思想根深蒂固，逃废债务、合同违约、商品交易主体之间的失信现象依然屡见不鲜，失信惩戒机制暂不完善，农民失信成本较低，农户诚信意识淡薄，致使农村信用环境普遍较差。同时，信用体系建设虽然有了较大发展，但信用档案建设、信用评级工作、信用结果应用工作等方面的建设与发达地区还有不小的差距。

（三）农业保险推进步伐缓慢

当前，财政专项资金为贫困贷款户购买的扶贫小额信贷人身意外伤害保险，只负责因意外伤害而丧失还款能力的贷款人的贷款赔付，而自然灾害造成农户种植、养殖损失的，就需要农户购买相应的农业保险来化解风险。但是，当前太湖县农业保险推进步伐缓慢：一是农民参保意识较薄弱。农民对农业保险的意义、作用及保险知识了解不够，对农业保险是降低农业风险、维护自身利益的有效途径缺乏认识；二是认识存在差异，保费难以收取。在保费的收取上，不少农民认为，无论受灾程度是否达到理赔标准，都该有所回报，否则就不主动甚至不愿意投保。

三、扶贫小额信贷的对策建议

全社会要在2020年实现全面小康社会的总目标。作为贫困县，作为太湖县农村主导金融机构，我们责任重大。我们要努力克服困难，帮助农民摆脱贫困，实现全面小康。

1. 适当调高扶贫贷款利率，让贫困借款户也负担一部分利息。之所以让贫困户负责部分利息，是要让贫困户意识到贷款并不是无偿的扶贫款，培养贫困户承担责任、定期付息的信贷习惯，较快形成“放得出、有效益、能致富、收得回”的良好局面。

2. 加大征信知识宣传力度，不断完善农村信用体系建设，倡导自觉还款，构建良好的社会信用环境。一是要宣传到位，通过各种媒体宣传征信知识，使广大农户正确理解农户小额信用贷款的含义，培养良好的信用意识和法律意识，避免盲目贷款和恶意贷款行为的发生，确保信用贷款的良性循环。二是要定期评级。每隔两年进行一次信用评级，并严格按照级别发放贷款，确保小额贷款信用等级评定工作的权威性。信用评级前要深入行政村了解情况，对每户的情况做到心中有数。

3. 继续推进政策性农业保险工作。一是鼓励保险机构扩大保险服务网络。增设农业保险服务站，努力实现服务网络全覆盖。二是加大宣传力度。成立农业保险工作领导小组，组织成员单位采取多种形式广泛深入地宣传，增强广大农民群众的保险意识和风险意识。三是规范保险赔付工作。保险公司要严格做好理赔工作，及时勘察，合理定损，快速理赔，足额赔付到位，保障受损农民的权益，使他们及时得到相应的赔偿，让他们体会到保险的好处，继续主动参保，从而拓宽参保范围。

村镇银行开展金融扶贫工作的探索之路

安徽宿松民丰村镇银行　石宏龙　徐　文

2016年以来，党中央多次召开精准扶贫工作会议，扶贫工作已成为当前工作的重点。在我国经济发展进入新常态、金融市场化进程加速的大背景下，广大的县域及农村金融需求快速增长。村镇银行作为新型农村金融机构，目前已初具规模。面对新的形势和任务，村镇银行应勇于承担社会责任，锐意进取、坚守底线，在补齐农村经济短板、帮助贫困地区脱贫中发挥更大的作用。

一、村镇银行开展金融扶贫工作的优势

村镇银行具备独立的法人地位，拥有管理半径小、决策路径短、服务效率高等特点，能够有效满足县域小微企业和“三农”客户多样化、个性化的金融需求。村镇银行作为新型县域金融机构，较好地促进了其他银行办事效率的提高、办事氛围的改变，逐步成为服务“三农”、小微企业和金融精准扶贫的生力军。

一是提高了县域及农村地区的金融机构覆盖率。截至2015年末，全国共组建村镇银行1377家，其中开业1311家，筹建66家；村镇银行覆盖全国31个省（自治区、直辖市）的1232个县，覆盖率达到65.9%。

二是显著增加了对农村地区信贷的资金投放。截至2015年末，村镇银行资产规模破万亿元，其中各项贷款达5880亿元，较2014年增加20.9%。

三是较大程度地促进了普惠金融的发展。截至 2015 年末，村镇银行发放农户及小微企业的贷款余额合计 5067 亿元，占比为 93%；村镇银行累计向 241 万农户和小微企业发放贷款 2.2 万亿元，占比为 83%。

实践证明，村镇银行在构建多层次、广覆盖、可持续的农村普惠金融体系中发挥了重大作用，村镇银行坚持本土化银行发展目标和定位，吸收的存款资金主要用于支持当地经济的发展，在增强和改善县域金融服务、实现资源配置等方面取得了显著成效。

二、村镇银行开展扶贫工作坚守两个底线

村镇银行是新型农村金融机构，实现做小、做优，实现自身可持续发展，是村镇银行完成金融精准扶贫的前提，因此守住信用风险和道德风险是两条关键底线。

（一）坚守信用风险底线

村镇银行资本金规模小，抗风险能力弱，只有控制好自身的风险，才能持续经营。村镇银行控制风险的关键是市场定位、信贷管理和贷后管理三个环节。

一是坚持“支农、支小”的市场定位不动摇，以“小额、分散”的服务方式赢得客户的信赖，分散银行的风险。2015 年末，全国村镇银行发放农户及小微企业贷款余额合计 5067 亿元，占比为 93%。

二是加强银行内部控制管理。村镇银行成立时间晚，制度建设相对不完善，难以做到有章就循、有责就追，尽快形成完善的内部控制制度。村镇银行根据自身经营状况，需不断完善内部控制制度，及时补充和修改不合理的制度。

三是狠抓贷后检查及不良清收。一方面，做实贷后管理。定期到贷款客户家或者经营地点核实借款人的财务状况、经营状况、家庭情况及抵押物情况、担保人情况，做到早发现、早处理、早预防，降低风险。另一方面，加大不良贷款清收力度。村镇银行应采取多种措施清收不良，制定清

收方案，一户一策，清收责任落实到人，定期汇报清收进度。

（二）坚守道德底线

当前，村镇银行快速发展，机构网点不断下沉，人才队伍建设在贫困地区面临较大的挑战，防范道德风险成为决定村镇银行发展的基础。

一是完善组织框架，建立岗位制约机制，达到科学决策。村镇银行作为独立公司法人，应健全董事会、股东大会、监事会、高级管理层“三会一层”相互制约、相互监督机制。

二是强化第二、第三防线建设。一方面，建立独立的合规部，定期或不定期地对全行业务进行检查，对检查出来的问题进行通报并整改到位。另一方面，建立审计部门，每年定期开展对村镇银行业务的全面审计，就审计发现的问题追究相关责任人的责任，并落实整改到位，从而有效提高村镇银行的内控能力及水平。

三、村镇银行开展金融扶贫工作的思路

1. 开展产品服务创新。村镇银行根据当地经济发展状况，结合国家政策及当地经济特色，因地制宜地开发不同的扶贫贷款产品，提升自己的品牌效益及市场竞争力。通过信贷支持家庭农场、专业合作社、种养大户、农业产业化龙头企业等特色经营主体，带动周边农户入股经营，同时让农户学习各种技术，获得赖以生存的本领，从根本上带动农户脱贫致富。

2. 开展“村镇银行＋互联网金融”创新。村镇银行尽快补足自身结算渠道短板，提供银行卡、网上银行、手机银行、POS 机等便捷结算渠道，下沉布设自助设备，给广大金融群体带来便利。

3. 开展贫困户技术培训，带动贫困户脱贫。村镇银行对帮扶的贫困户，根据其自身情况及意愿，组织贫困户到企业学习相关的技术，如油茶种植、菊花种植、鸡鸭鹅等牲畜养殖、蜜蜂养殖等技术，然后通过信贷支持贫困户，用于入股企业合伙经营，既降低了贫困户的投资风险，使贫困

户摆脱了贫困，又减少了银行贷款风险。

四、村镇银行开展扶贫工作的政策建议

（一）加大倾斜性政策支持力度，降低金融扶贫成本

一是政府要加大贫困地区的财政投入，从重点项目入手，解决好贫困地区饮水、行路、用电等与群众生活密切相关的基础设施建设问题，满足金融机构向贫困地区延伸的基本硬件条件。

二是地方政府扶贫部门要加强与金融机构的合作，积极探索扶贫资金与信贷资金有机结合的新模式，通过财政贴息、风险分担的方式来撬动信贷资金，转移金融机构贷款风险。

三是完善金融机构差异化监管政策，监管部门在存款偏离度、流动性管理、拨贷比和拨备覆盖率等方面，适当调整监管指标要求，激发金融机构开展金融扶贫工作的积极性。

四是放开村镇银行合意贷款规模控制。建议对村镇银行等涉农贷款机构放开合意贷款规模限制，调动其积极性，并调整支农再贷款政策，根据村镇银行的经营情况适当降低支农再贷款申请条件，在担保方式、贷款额度、贷款期限方面给予村镇银行一定的优惠，最大限度地促进村镇银行再贷款用于支农、支小。

（二）建立多维立体化风险防范分担机制，确保金融扶贫可持续发展

一是各级政府要推动建立多层次信用担保体系。在财政扶贫资金支出中按比例提取启动资金，建立县和乡镇两级信用担保体系，设立由政府牵头出资的担保基金。

二是加快组建县、乡镇产权交易中心。加快农村土地承包经营权、集体林地承包经营权、水域滩涂养殖权和农民住房财产权确权办证，开展物权交易等相关业务，最大限度地盘活贫困地区农村生产资料。

三是加快推进信用村、信用户的信用等级评定工作，为金融机构对贫困地区的信贷支持创造条件。村镇银行指定信用村，对信用户开展信用等

级评级工作，一方面有利于农村信用体系的逐渐建立，另一方面有利于增强农户的信用意识，改善农村信用环境，提高农村金融服务水平，为信贷支持贫困地区奠定基础。

（三）完善扶贫项目金融服务管理机制

扶贫管理部门、财政部门、人民银行联合推进扶贫项目金融服务管理机制建设。扶贫管理部门建立扶贫企业和项目认定机制，为贫困户建档立卡，明确扶贫项目管理流程；财政部门根据扶贫项目实际需求，合理确定财政扶贫贷款贴息资金规模、具体贴息额度和贴息期限；人民银行通过再贷款、再贴现方式的运用，引导金融机构优化扶贫贴息贷款流程，加大扶贫贴息贷款投放力度，降低扶贫贴息贷款利率。

从“龙成贷”看宿松农商银行产业扶贫贷款实践

安徽宿松农商银行　黄啸林　程世甲　高　勤　张　岸

2014年3月6日，中国人民银行、财政部等七部门联合印发《关于全面做好扶贫开发金融服务工作的指导意见》，开启了银行业金融扶贫工作的新篇章。金融扶贫最直接、最有效的方法是扶贫贷款。当前，扶贫贷款有两种主要模式：一种是直接向贫困户发放的小额扶贫贷款，具有点对点的直观优势；另一种是向龙头企业发放的产业扶贫贷款，以“公司+贫困户”的模式解决大批贫困户脱贫问题。

安徽宿松农商银行作为宿松县规模最大的地方法人银行，积极发挥县域金融主力军作用，践行服务“三农”的历史使命，主动参与金融扶贫工作，积极对接金融扶贫项目。截至2016年5月末，该行已发放各类扶贫贷款4183万元，其中产业扶贫贷款3800万元。

一、宿松县金融扶贫背景介绍

宿松县位于安徽西南部，邻接湖北、江西两省，105国道、沪蓉高速、合九铁路、合安九高铁以及63公里长江黄金水道穿境而过，独特的地理位置决定了其在皖江城市带承接产业转移示范区建设中具有得天独厚的优势。该县是全国优质水产品基地县，宜渔淡水面积居全国第二、安徽省第一，境内地势由西北向东南逐渐降低，山地、丘陵、湖泊、平原依次排列，自然差异明显，其中西北部为山区，为松杉竹茶主要产区；中部为丘陵，面积为854平方公里，为该县面积最大的自然类型区，为粮油主产区，中南部有龙感湖、黄湖、大官湖和泊湖四大湖泊，总面积达104万亩，为优质水产基地；南部为冲积平原，是优质商品棉集中产区。

宿松县同样是国家扶贫工作重点县。该县2014年末贫困户数达到38221户，贫困人口数达到118846人，占全县人口的14.2%。扶贫工作任务十分艰巨。

从贫困人口分布结构来看，宿松县全县共有22个乡镇、207个自然村（社区），其中贫困村70个。贫困村最为集中的是山区5个乡镇，受交通不便利、资源利用不足等影响，其辖内45个自然村全部为贫困村。

二、“龙成贷”的背景介绍

“龙成贷”是宿松农商银行根据当地精准扶贫工作实际，按照《宿松农商银行产业扶贫贷款管理办法》的规定，为安徽省龙成生态农业有限公司发放的产业扶贫贷款，以带动公司吸纳贫困户入股、就业等，发展“公司+贫困户”经营模式，帮助贫困户脱贫。

安徽省龙成生态农业有限公司注册成立于2013年10月10日，原名为“宿松县龙成生态林业发展有限公司”，注册资金为3000万元人民币；2016年6月上旬，公司因拓展业务范围需要，注册更名为“安徽省龙成生态农业有限公司”，并增加注册资金至9000万元人民币。

该公司采用油茶种植、油茶籽加工、油茶旅游一条龙开发，“长线开发，三产联动”的经营模式。在宿松县、黄梅县等地流转荒山10.4万亩，栽培油茶10万亩，营造防护林2000亩，建筑蓄水塘（池）500口，约占地2000亩（部分蓄水塘从农户手中租用），统一栽培国家指定的油茶苗培植基地培育的丰产苗长林系列，盛果期年产油茶鲜果15万吨；科学打造交通运输、水土保持、防旱抗旱、套种套养、旅游休闲五大体系，旅游业投产后，年接待游客20万人次。与宿松县人民政府签订协议，政府在宿松经济开发区有偿提供土地200亩，建设油茶籽加工厂，年产优质有机油茶籽油5000吨、高蛋白饲料5000吨、茶皂素150吨，年产值达10亿元，创造税收 2000 万元以上。

三、“龙成贷”各环节扶贫模式简介

安徽省龙成生态农业有限公司在扶贫模式上主要通过土地流转、吸纳就业、承包管理、超产分成等具体方式来增加贫困户收入。该公司将此方式统称为“五金”法。

1. 土地流转租金。承租期 30 年，分为 6 期，前 2 期每亩每年 80 元，后 4 期每亩每年 100 元。每期第一年一次性付清 5 年租金 400（500）元。10 万亩荒山 30 年租金共计 2.8 亿元。截至目前，已经支付给农户土地流转租金约 1200 万元，其中支付给贫困户土地流转租金 192 万元，户均 4000 元，最多的近万元。

2. 进园务工薪金。农民进园务工，日薪 100 元，农户在不耽误自家农活的前提下，年务工 150 天，可得薪金 1.5 万元。农民喜称为“打工不离家，拿工资不丢农活”。二郎镇界岭村贫困户汤火祥、朱人和，2015 年在公司油茶种植基地分别务工 125 天、101 天，分别年增收 12500 元、10100 元，家庭生活水平有较大的提高；柳坪乡大地村农民吴建民在公司机耕队任挖机驾驶员，初始月薪为 6000 元，目前提高到 6500 元，近 3 年（计 34 个月）收入 20 余万元，原来住土坯房，现在在公路边建起了两间三层的小楼房。

3. 承包管理酬金。挂果油茶园反向承包给农户管理，每亩 200 ~ 300 元，1 户承包 50 亩，一年可得承包管理酬金 1 万 ~1.5 万元。

4. 超产分成奖金。制定基础产量标准，按基础产量标准下调 5% 作为产量考核标准，按考核标准考核，超产三七分成，农户享受超产经济效益的七成。

5. 订单种植售金。发动农户利用房前屋后等空地栽培油茶，公司提供油茶苗，提供技术保障，保价收购油茶果。如市场价低于保底价，按保底价收购；如市场价高于保底价，按市场价溢价 5% 收购。农户栽培 200 株油茶，盛果期每年可增收 1.2 万元以上。在油茶基地覆盖地域及辐射地域，不少农户利用院前屋后栽培油茶，油茶长势良好。

四、宿松农商银行“龙成贷”投放情况

安徽省龙成生态农业有限公司成立于2013年10月，公司建设初期以自有资金维持业务发展。2015年2月，因基地发展迅速，需要扩大油茶种植的面积，向宿松农商银行申请2000万元流动资金贷款。2015年2月16日，该公司获得综合授信2000万元，其中1650万元为抵押贷款，350万元为保证贷款。随着这两笔贷款的投放，该公司陆续将位于二郎镇、凉亭镇、河塌乡的近3万亩林地全部用于种植油茶，加上施肥及人工费用，该项总投资达到近5000万元，直接带动二郎镇、凉亭镇、河塌乡近200户贫困户参与到“龙成贷”产业扶贫模式中。

2016年5月，该公司在基地建设方面再次投入资金，宿松农商银行为其增加600万元授信，加快了该公司基地建设进度，使其带动的贫困户更快、更多地得到了回报。

五、宿松农商银行产业扶贫工作主要做法

（一）金融创新夯实产业扶贫基础

近年来，农村地区产业发展缺乏资金支持，而金融支持农村产业发展又遭遇抵押物等授信条件门槛的制约，导致金融产业扶贫缺乏基础支持，阻碍了农业产业化的发展。针对上述困难，宿松农商银行不断创新金融产品、金融服务和金融机制，因地制宜地提升当地经济活力，先后推出了水面承包经营权抵押贷款、土地承包经营权抵押贷款、仓单质押贷款、港口经营权质押贷款、林权质押贷款等创新信贷产品，活化了农村地区的自然资源，使农业企业融资困难的情况得到了有效的缓解。

（二）支持新型农村经营主体促进农民就业

随着中央政策的支持，家庭农场、农民专业合作社等新型农村经营主

体日益兴起，新型农村经营主体是农村经济发展的新动力，也是带动农村地区就业脱贫的主力军，但由于农业企业前期投入大，收益较不稳定，面临很大的资金困境，发展普遍较慢。宿松农商银行因农而生、因农而兴，积极支持新型农村经营主体在农村产业扶贫中发挥作用，对新型农村经营主体实施政策倾斜，促进了当地农业产业化，带动了农民就业，取得了很好的效果。

（三）扶持“公司＋贫困户”模式发挥产业扶贫最大效应

宿松县各项自然资源丰富，但缺乏主导产业和特色产业，首先是因为资金缺乏，农业企业无法做大做强，农业前期投入大，资金回收慢，许多企业无法承受前期较大的投入，只能维持小规模经营；其次，缺乏技术支持，农业要形成产业化，需要科技的支持，需要促进生产向集约型、产业化发展，而当前农村地区农技站等部门资源有限，无法提供企业必需的科技支持；最后，缺乏整体产业链，导致产品销售困难，受市场影响较大。

宿松农商银行通过签订信贷融资协议加强对这类农业企业的支持，积极支持该类企业发展，助力当地农业产业化，从而带动当地农民脱贫致富。与龙成公司一样，安徽绿蒂农业开发有限公司也是“公司＋贫困户”信贷模式的受益者。在宿松农商银行800万元产业扶贫贷款的扶持下，该公司对接建档立卡贫困户110户，覆盖企业所在地宿松县佐坝乡和邻近乡镇的多个村组。

六、当前金融产业扶贫面临的瓶颈及其改进思考

产业扶贫是一项系统工程，需要多个部门的配合与积极探索。金融产业扶贫作为产业扶贫重要的一环，目前存在资金成本高、政策不配套、基础设施不完善等诸多障碍，亟须采取有针对性措施加以改进。

（一）政银密切合作

金融产业扶贫是一项系统工程，需要由各级政府的扶贫部门和银行共

同配合、密切合作，共同为企业和农民提供政策、技术服务和资金支持，要心往一处想、劲往一处使。政府扶贫部门和银行要不断加强合作，定期或不定期地召开座谈会，建立沟通机制，及时分析解决扶贫工作中出现的新情况和新问题；对日常工作中涉及扶贫工作的相关文件和材料等也相互抄送，保证扶贫工作信息互通；在金融产业扶贫的困境面前，双方共同探索新途径，大胆进行试点。良好的政银合作关系是金融产业扶贫的必要保证。

（二）因地制宜地发展特色产业

农业产业化发展需要结合当地实际，因地制宜地发展特色产业。违背当地实际、脱离市场规律的企业不会有太大的发展。金融产业扶贫的扶持对象也只能针对符合市场规律、符合当地实际的企业。政府应严格控制企业准入，对不符合当地实际、不符合市场规律的企业应严格限制，鼓励企业发展当地特色，促进当地形成特色产业，发挥当地优势，从而保证金融扶贫工作更科学、更有效率。

（三）加强技术支持，完善相关市场机制和风险分散手段

应加大对相关企业的技术支持力度，加强与农科所、农业技术机构的联系，促进农业建立相关机制；农业产业化首先需要依靠科技，促进农业由粗放型向密集型发展；要促进农村地区形成相关市场机制，积极完善风险分散机制，为金融产业扶贫提供条件和基础。

发展普惠金融实施金融精准扶贫机制初探

——基于安庆市4个国家级贫困县金融普惠状况考察

中国人民银行安庆市中心支行　杨东晓　操基平　储润六

近年来，贫困地区信贷服务有所改善，但总体而言，基础性核心金融资源、金融机构资源和金融产品资源依然处于短缺状态。金融是具有数量（货币和资本）累积和功能累积的、特殊的、内在于经济的社会资源，其配置总量、配置效率直接决定了经济发展水平。因此，构建一个使农村贫困地区有机会获取金融资源的普惠性金融机制，是实现金融精准扶贫的关键因素，也是农村金融改革亟待解决的重要问题。本文选取安庆市潜山、岳西、太湖和宿松4个国家级贫困县的50个乡（镇），从农村金融配置金融资源功能的视角对农村普惠金融状况进行了考察，期望探索将普惠性金融的内在功效转换成实际的操作，推动改善贫困地区弱势群体的金融资源配置。

一、农村地区金融资源普惠现状

调查发现，近年来，弱势群体信贷服务有所改善，但基础性核心金融资源、金融机构资源和金融产品资源都处于短缺状态。

（一）安庆市4个国家级贫困县金融资源普惠现状

一是基础性金融资源配置不足。基础性金融资源即广义的货币资本或资金是金融资源的最基本的层次。统计资料表明，金融资源总量配置较少。截至2015年12月末，安庆市4个国家级贫困县贷款余额为298.51亿元，比2000年的40.4亿元增长了6.39倍；而同期的存款却达627.04亿元，比2000年的37.95亿元增长了15.5倍。同期存贷比由2000年的106.45%降到2013年的47.6%，资金从净流入2.45亿元变成净流出245.7亿元。

调查还显示，农户的贷款需求无法满足。选定的50个乡镇中的100户弱势企业中，75%的受访者希望向金融机构融资（含贷款、票据贴现）；其中，60%的受访者由于担保、抵押无法落实而得不到信贷支持。在得到贷款的企业中，66%的受访者认为贷款审批时间长、手续烦琐，35%的受访者认为贷款品种较少，37%的受访者认为贷款费用偏高，68%的受访者认为利率水平过高，32%的受访者则认为乡村企业发展最需要较大额度的信贷服务。受访的200位村镇居民都渴望得到资金扶持，其中只有43%的受访者得到过信贷，59%的受访者认为小额信用贷款金额偏小，40%的受访者认为小额信用贷款期限过短。

二是金融机构资源少。截至2014年末，安庆市4个贫困县包括77个乡（镇）和711个行政村，面积达8517.53平方公里，共有各类金融机构网点289个，平均每29.47平方公里才有一家金融网点。但是，面积大、人口多的非贫困县以下乡村地区却只有农业银行、农村信用社和邮政储蓄银行的289个网点，而且网点多设在乡镇政府所在地，辐射面小。住得最远的村民离金融机构营业网点八九十公里，乡村地区的企业和居民办理简单的存取款业务，就要往返百公里路程，且携带现金风险较大，给乡村地区的企业和居民带来诸多不便，难以提供高质量的金融服务。

三是农村金融产品资源种类少。目前，农村信贷产品主要是农村小额信用贷款和农村联户担保贷款，贷款额度、期限及利率等方面难以适应不同农户、不同经济主体在不同经济发展阶段的需求。如农村信用社小额信用贷款曾经是解决农户信贷需求的重要方式，但是随着农村信用社改制为农商银行，小额信用贷款陆续被取消；农村联户担保贷款联保户中的借款人员必须错开借款时间，而且借款额度、贷款的期限也不符合生产经营周期需要；一般商业性贷款因为没有符合金融机构抵押要求的担保物而无法获得。

乡镇地区提供的非信贷金融服务更少。在乡镇地区，由于金融服务体系不完善，主要由农村信用社和邮储银行提供金融服务，农村信用社受硬件设备差、人员素质低、网络建设迟缓、结算渠道不畅等因素的制约，也难以向乡村经济发展提供便捷结算、信息咨询、财务顾问等金融服务。

（二）弱势群体金融服务的总体状况

根据有关金融统计数据推测，安庆市4个国家级贫困县金融服务处于较低的均衡水平反映的是安徽省乃至全国都比较普遍的问题。从农村正规金融服务覆盖面、农业贷款和乡镇企业贷款数量及农村资金外流等方面来看，农村正规金融服务失衡严重。

首先，获得贷款农户的比例偏低。国务院发展研究中心农村部调查发现，只有20%左右的农户能从正规金融机构贷款，25%左右的农户能够从农村信用社获得贷款且均为小额短期贷款，难以满足农户发展规模经营和中长期投资的需要。根据中国银监会网站公布的《中国银行业农村金融服务分布图集》，2008年银行业金融机构的贷款支持农户数为70458914户，占农户总数的28%。

其次，金融机构网点的分布少。根据中国银监会网站公布的《中国银行业农村金融服务分布图集》，农村地区银行业金融机构网点数量普遍偏低。截至2008年末，在县及县以下农村地区，银行业金融机构网点共有106953个，占全国机构网点总量的56%，平均每个县（市、旗）分布银行业金融机构网点53个，平均每个镇（乡）分布银行业金融机构网点3.51个，每5.97个行政村才分布1个；每万名农村人口只拥有1.5个，拥有银行业金融服务人员16.7个。

最后，农业贷款维持在较低水平。从全国的情况来看，2013年全国农业贷款余额为3.04万亿元，比1999年的0.48万亿元增长5.33倍，而同期2013年末全国总贷款余额为76.63万亿元，比1999年的9.37万亿元增长7.18倍。农业贷款增速只有同期总贷款增速的77.38%。从结构方面来看，2013年农业贷款占总贷款的4%，比1999年的5.12%低1.12个百分点。乡镇企业贷款余额近几年稳定在一个较低水平，乡镇企业贷款规模的增长速度明显偏低。

二、贫困地区金融资源配置失衡的解释

功能主义理论认为，金融中介具有资金动员、资金配置和分散风险三个方面的主要功能，其中资金配置功能最重要。现有农村金融机构在现行农村金融管理体系和农村经济状况中，超越了自身的功能界限，不能在时间和空间上有效转移农村金融资源，主要承担资金动员而不是资金配置的功能，然后把大量的资金输送到城市，导致农村金融服务缺失。

（一）农村金融资源失衡的宏观政策分析

我国政府长期以来一直是农村正规金融组织的实际控制者，并且一直拥有最终的剩余索取权，将农村和城市的所有金融资源牢牢掌握在国家手中，动员包括资金在内的一切可能的资源为国家工业化服务，形成了一种城市偏向性的金融安排①。1978 年以后，国家实行“让一部分人、部分地区先富起来，先富带动后富，最终实现共同富裕”的非均衡发展战略，启动中国经济体制改革，助推中国经济连续 30 多年实现年均 9% 以上的增速。然而，非均衡发展机制强化了农村金融机构为工业化和城市化动员储蓄的功能。

在这种制度安排下，农村资金自然就成为金融机构动员的主要对象，金融机构在农村的主要任务就是集聚农村资金，提供给城市部门和工商业。为了防止非正规金融的竞争，最大限度地保证正规金融机构在农村的储蓄动员能力，国家采取了压抑民间非正规金融组织发展的一系列政策措施，以确保农村正规金融组织储蓄动员功能的发挥。所以，在资金短缺形势下，正规金融部门动员的农村储蓄大部分流出了农村，而非正规金融遭到打压，不能发挥作用，农村金融体系出现了市场失灵和政府失灵并存的

① 周立，周向阳．中国农村金融体系的形成与发展逻辑［J］．经济学家，2009（8）．

现象，带来农村正规金融服务缺失困境。

（二）农村金融资源配置失衡的经济因素

经济决定金融，金融发展与经济发展之间是相互影响、相互促进的关系，经济发展水平高会促进金融发展，金融发展又进一步促进经济发展；但经济发展水平低将制约金融的发展，金融发展的滞后又进一步阻碍经济的发展，二者之间呈现相互制约的交替上升或下降的关系。因此，农村金融服务必然要受农村经济发展水平的影响。目前，我国农业和农村经济增长缓慢，在远离城市和经济活动中心的农村地区，缺乏有利可图的私营活动和其他非工资性创收活动的机会，抑制了农民的信贷需求，形成了农村金融和农村经济发展相互制约的局面。1999 年第一产业增加值占全国 GDP 总量的 16.47%，2013 年也只有 10.01%，农村经济总量小，在全国经济总量中的占比太低。农业属于典型的弱势产业，产业利润率低，生产周期长，对自然条件的依赖性强，抗御灾力弱，依靠正规金融机构向其贷款势必会出现脱农现象。农户即使能够接近金融资源，真要获得一定的金融服务如贷款，也仍然必须满足农村金融机构的一些硬性条件，缺乏抵押担保物的农户则往往难以获得金融服务，从而形成条件排斥。

农村经济发展水平较低的另一个重要方面是农村居民收入低，城乡居民收入水平差距大。1999 年农村居民人均纯收入为 2210.3 元，是同期城镇居民可支配收入（8895.9 元）的 24.85%；2013 年农村居民人均纯收入为 5854 元，是城镇居民可支配收入（26955.1 元）的 21.72%，差距进一步拉大。如果考虑到农民收入中的实物部分，实际收入差距可能更大。农民收入绝对水平低，导致其储蓄能力低下，造成农村资金短缺，如果没有外部资金的注入，农村金融发展就会受到金融资源不足的制约，农村金融自身难以发展，自然不能提供优质的农村金融服务。城乡居民收入差距大，农民收入相对水平低，必然导致农村金融服务的规模和效益都小于城市，造成农村金融资源外流和金融服务缺失。

（三）农村金融机构资源配置失衡的行为机理分析

根据博弈论的观点，农村金融机构和农户的借贷行为其实是一个理性经济人的动态博弈过程，如果考虑到贷款博弈过程中贫困农户和银行不对等的地位、商业银行及其各级高管和客户经理之间的多层次委托代理关系，博弈过程将更加复杂，但结果会得到进一步强化。因为不向贫困农户贷款对商业银行本身及其各级高管几乎没有影响，而贷款则可能有损失，经营人员就会受到严厉的责任追究。因此，博弈的结果必然是银行选择不贷款。结果是农户的贷款需求得不到实现，失去良好的发展机会，银行的资金资源于是离开农村进入城市，久而久之就出现了农村信贷资源失衡的状况。

三、建设贫困农村普惠金融机制对策

解决农村金融供需缺口，需要具有能恢复农村金融体系资源配置功能的金融机构。具体而言，就是要在优化现有金融体系的基础上，一面构建普惠性金融管理体系，一面引进民间金融以增加贷款主体，同时加快完善强有力的信用担保系统，使借贷博弈实现帕累托意义上的均衡。

（一）创新农村金融监管，构建普惠金融体系

农村金融监管创新要基于功能视角，以有效监管为目标，优化监管成本收益结构，切实提高我国农村金融的监管效率。基于功能视角的农村金融监管要建立一个既能有效配置农业资本资源，又能保持运行稳定的农村金融组织体系。

建立普惠性的金融市场准入制度，必须设定公开透明的市场准入标准，对各类投资主体同等对待，不对民间资本设置附加条件。要使民间资本真正进入金融市场，需要从以下几个方面寻求突破。

第一，明确民间资本设立金融机构的审批标准。目前，金融机构高额的注册资本使民间资本进入金融领域几乎不可能，即使是小额贷款公司，

门槛也很高。若想进一步鼓励民间资本进入金融行业，更大限度地调动民间资本的积极性，需要适度调低小额贷款公司等新型金融机构的注册资本额，降低进入门槛。

第二，构建差异化金融宏观调控制度。在制定金融宏观调控政策时，需要充分考虑城乡二元经济的差异，采取差异化的金融调控方式，改善目前看似平等而实际上并不平等的金融发展外部条件。实践中，一是在同一货币政策框架下加大对落后地区的政策扶持力度，如差异化存款准备金政策。扶贫贴息贷款、退耕还林（还湖、还草）贷款、支农贷款等在促进区域经济协调发展上发挥了积极的作用，但总体而言，这些政策的效果有限，建议进一步完善差异化利率政策，一方面提高落后地区商业银行的存款利率，以吸收更多的社会闲置资金，在提高存款利率的同时还可以防止中西部地区的资金过度外流；另一方面，在落后地区设置一定的贷款优惠利率，降低企业的融资成本，高存低贷之间的损失可以考虑由国家给予这些地区的商业银行税收优惠或国家财政补贴来弥补。二是差异化的再贴现政策，中央银行可以适度放宽落后地区可贴现票据的种类，降低来自农村地区的票据的再贴现率，以增加农村地区商业银行进行票据再贴现的积极性。三是差异化的再贷款政策，人民银行可以适当扩大欠发达地区、落后地区的再贷款数量，增加再贷款品种，降低再贷款率，适当延长再贷款期限，以此优化金融资源的区域配置。

第三，完善保护弱势群体信贷权的相关政策。中国人民银行、中国银监会于2010年9月联合制定出台了《关于鼓励县域法人金融机构将新增存款一定比例用于当地贷款的考核办法（试行）》（以下简称《考核办法（试行）》），鼓励县域法人金融机构将新增存款主要用于当地发放贷款，增加县域信贷资金投入，有益于当地金融资源的积累与留存，是我国纠正金融资源配置严重失衡的有益尝试。但是，《考核办法（试行）》还处于探索阶段，无论是形式还是内容都有待进一步完善。如可以考虑扩大再投资义务的主体范围，将适用范围从县域法人金融机构扩大到县域金融机构，并可考虑根据金融机构的规模不同，实行不同的考核标准，还可以考虑引入公众参与，对不遵守《考核办法（试行）》的机构进行惩戒，增强对未达标金融机构的约束力。

（二）创新农村金融组织的组织形式，重塑功能适应的机构

农村金融组织体系应该在市场机制和政策扶持下决定农村金融机构如何履行金融功能问题。

一是明确现有农村金融组织体系的功能与定位。农业发展银行的功能定位应该是根据国民经济发展战略目标，贯彻国家宏观调控政策、农业产业和区域发展政策，以国家信用为基础，筹集支农信贷资金，承担国家规定的农业政策性金融业务，代理财政支农资金的拨付，支持农村发展和生态环境建设，扶持贫困地区发展生产，帮助农民脱贫致富。农业银行等农村商业性金融组织的功能与定位是聚集农村闲散资金，支持农业生产和国家经济建设，为农村发展提供社会化服务，为建设社会主义新农村服务；农村合作金融组织的功能与定位是为广大农户和集体经济组织提供融资服务。

二是创新农村金融组织的组织形式。随着制度成本、政策成本、监管成本和风险增加，根据我国农村金融实际，借鉴发达市场经济国家农村金融制度安排的成功经验，引进社区银行，发挥社区银行定位差异、人缘地缘、集中经营、风险识别和灵活便捷等优势，恢复农村金融资源配置的功能。一般来说，社区银行对当地情况十分熟悉，也可通过多种渠道，收集当地客户的真实信息用于风险判断，因此对有关资信材料要求和担保条件可以适当放宽，手续适当简化，在更好地方便客户、最大限度地提高顾客满意度的同时，大大减少信贷成本。另外，由于社区内彼此熟悉，信贷等业务的管理和监督比较容易，客户也会因具有道德约束而守约，所以管理和监督成本较低。因此，社区银行能以较低的成本将吸收的本地资金投入当地，改善乡村的金融资源配置。

三是运用现代信息技术解决乡村金融服务不足。目前，我国农村金融机构网点还远远不能满足日益增长的农村金融需求，即使引进发展社区银行，也难以完全解决广大乡村地区的金融服务问题。因此，应开展基于信息技术的无分支银行金融服务，充分利用手机银行等科技手段，一方面改

善社区银行等小银行的支付结算基础环境，便利边远乡村居民的金融交易；另一方面，降低金融机构和农户双方的交易成本，有效地解决农户等弱势群体的金融服务问题。

（三）创新农村社会信用体系建设，增加信用能力

有些农户的亲戚朋友有担保贷款能力，或者贷款农户的家庭可以通过固定住所、财产抵押、家庭连带责任制或联保等多种形式提供担保。但在现实中，许多贫困农户的家庭和亲友是没有担保能力的，一年的总收入非常微薄，即使把家庭财产作为贷款抵押，其折现金额也不足。在这种情况下，国家应该对贷款农村金融机构给予特殊的政府补贴，鼓励其向农户发放贷款，但这只能解决眼前的困难，根本方法是建立区域范围内的农村个人信用系统。建立农户个人信用系统后，如果农户不归还贷款，就会被记录在案，个人信用在网上公布。如果农户不偿还贷款，将导致个人信用低下，各个农村金融机构不再为其受理任何业务。这样一来，那些不想还贷款的农户将不得不还，因为不还贷款给他们造成的信用上的损失比那笔贷款要大得多。所以，贷款农户的最优选择是偿还贷款。由此，农村金融机构提高对农户还款的预期，也就增加了向农户发放贷款的积极性。在这样的策略组合下，博弈的路径就是发放贷款和偿还贷款，实现了双赢。

桐城市金融支持乡村振兴战略发展的思考与建议

中国人民银行桐城市支行　金旺青　朱　青
胡必奎　高　红　李红恩

一、当前桐城市金融支持“三农”发展的情况

桐城市位于安徽省中部，北依合肥，南接长江，是皖西南农副产品的重要集散地，是一个传统的农业大市，辖15个镇街、198个行政村，全市总人口约27万户、75.8万人，其中农业户籍人口约23万户、66.5万人，贫困村26个，建档立卡贫困户2.3万户，贫困人口6.3万人，农村居民人均可支配年收入为13918元，农村居民人均住房建筑面积为45.67平方米，新农合医疗参保人数为62.7万人，参合率为98.9%。桐城市国土面积为1571平方公里，耕地面积为379.4平方公里，拥有“省农业产业化示范县（市）”“省农产品加工业示范基地县”等多项殊荣。截至2017年末，全市各类新型农业经营主体达2100多个，其中种养大户1500余户、家庭农场216家、农民专业合作社356家，拥有各级农业龙头企业192家，其中国家级3家、省级22家；农产品加工企业近百家，一大批农产品或其加工制品通过了国家的各级各类认证。土地流转面积达42万亩，流转率达69%，主要农作物耕、种、收综合机械化率达80%左右，2017年全市实现生产总值273亿元，其中农林牧渔业完成总产值50.8亿元，占比为18.6%，同比增长5%。近年来，桐城市委、市政府高度重视“三

农”发展，以科学发展观为指导，不断深化农村改革，发展农村经济，促进农民职业化发展。与此同时，人民银行桐城市支行在上级行的坚强领导下，认真贯彻执行中央“三农”经济金融政策，以创新的思路和务实的举措（“六注重”模式）深入推进辖区金融改革和普惠金融发展。

（一）注重农民金融服务需求，深化农村支付体系建设

坚持商业可持续原则，风险与收益相匹配，“金融支持 + 财政扶持”相结合，兼顾金融服务普惠性导向，政府大力“引”、人民银行有效“推”、金融机构积极“领”，大力推进辖区标准化惠农金融服务室建设，解决农村银行网点少、金融服务缺位、农民金融知识匮乏、融资难、资金使用效率低、收益小、农民理财能力不足等现实问题。截至 2017 年 12 月末，已在全市设置 288 个助农服务点和 206 个惠农金融服务室，实现 15 个镇街、197 个行政村金融服务设施全覆盖，年办理手机银行 200031 户、交易 79.4 亿元，有效满足了农村地区各项金融服务需求。

（二）注重农村信用体系完善，促进经济金融良性互动

人民银行桐城市支行在信用体系建设过程中注重机制完善和评价结果运用，持续深化农村信用体系建设。以推进农村金融改革为主线，以信用信息服务为基础，以安徽省农村信用信息共享服务平台为抓手，以信用村创建、信用户评定为切实举措，大力推进辖区农村信用体系建设，着力构建了农户和农村经济主体信用信息收集、评价、应用和共享四大体系，初步实现了金融服务惠及“三农”、信贷资源优化配置、金融生态环境优良的三大突破，促进了辖区信用与经济良性互动、经济与金融协调发展。一是依托安徽省农村信用信息共享服务平台和金融机构客户管理系统，建立了信用培育评价机制，实现辖区 90% 以上农户信用信息的建档。二是依托“诚信宣传教育基地”、“诚信兴商”专题讲座、“6·14 信用记录关爱日”、征信知识进校园、金融知识普及月等多种载体形式强化了征信教育宣传长效机制。三是依托金融守信企业、信用镇、信用村、信用户评定促进信用评价结果的直接运用。自 2011 年以

来，已累计评定金融守信企业2301家、信用村5家，累计向星级农村青年信用示范户发放贷款逾1.4亿元。

（三）注重涉农金融产品创新，强化财税杠杆撬动作用

辖区银行业金融机构结合财税政策创新金融产品与服务方式，着力解决农民合作社、家庭农场等新型农业经营主体无担保、无抵押、弱担保、弱抵押、贷款难、贷款贵问题，加大信贷资源支农供给力度。创新推出一系列支农金融产品，如“银政保、劝耕贷、金担通、皖林邮贷通、徽农贷、富农贷、农易贷、林权抵押担保贷款、创业担保贷款”等。2017年，累计向71家农业产业化龙头企业发放涉农贷款3.85亿元，向212户家庭农场、农民专业合作社、专业大户发放涉农贷款1.06亿元，促进了新型农业经营主体健康、持续、稳定发展。自2012年以来，邮储银行桐城市支行向1650名下岗失业人员累计发放创业担保贷款1859笔、金额15857万元，在促进创业、带动就业、发展经济等方面发挥了重大作用。

（四）注重金融支持农村设施建设，改善农村人居环境

因地制宜地结合美丽乡村特色小镇建设要求，充分挖掘农村地区基础设施信贷需求，重点支持农业开发和农村基础设施建设，提高农村土地利用效率，改善农村交通状况和生态环境，提高农村居民的生活质量。紧紧围绕“四好农村路”、退宅还耕、高标准基本农田建设、小型农田水利设施达标提质、棚户区改造、乡村公共服务设施、生态环境建设与保护等方面优化金融产品、创新信贷模式、拓宽融资渠道，加大信贷支持力度，助力农业农村发展。截至2017年末，全市累计投放农业农村基础设施建设中长期贷款23.05亿元，有效支持了农村土地整治项目2个、农村饮用水工程项目1个、大沙河水利建设项目1个、农民住房安居工程建设项目4个、农村路网建设项目3个、东部新城整体城镇化建设项目1个。一系列农村重大基础设施项目的建设有效支持了桐城市新农村建设和城镇化发展，截至2017年末，全市建成雨污分流管道108公里，建成太阳能微动力污水处理设施15座、大型沼气污水处理设施9处，完成村庄绿化28.5万平方

米，村庄绿化率达43%，道路、河渠绿化率超过94%，33个村被评为省级森林村庄或省级生态村，两度获评全省美丽乡村建设先进县（市）。

（五）注重金融助推特色产业发展，带动农民就业、增收致富

1. 金融支持产业集群做大、做强、做优。塑料包装、制刷、羽绒制品行业是桐城产业集群在区域经济贡献度最高的三大产业，产业集聚效应明显，产品覆盖面广，带动就业作用强，拉动经济发展效应大。三大产业年产值近百亿元，吸收农民就业人员10.2万人。历年来，桐城市金融部门高度重视三大产业发展，切实有效提供信贷供给，维护银企合作关系，实现双赢。

一是金融支持塑料包装产业转型升级。2007年我国实施限塑令，社会各界对环保日益关注，消费者需求层次不断提升，低端产品和高污染产品加快淘汰。在限塑令与供给侧结构性改革两大背景下，转型升级是塑料包装产业的必经之路。截至2017年末，桐城市辖内塑料包装企业达1600多家，占全市民营企业总数的1/5以上，从业人员达7万人，其中规模以上企业174家，占规模企业总数的46%，全行业完成工业产值46亿元，实现利税6.2亿元。全市塑料包装产业贷款余额为15.68亿元，2013—2017年全市塑料包装企业（含个体工商户）贷款余额翻了近一番，信贷支持力度不断增强，有效促进了整个产业引进先进设备，吸收先进工艺，推进塑料包装产品升级换代进程。

二是金融支持制刷业规模发展。截至2017年末，全市制刷行业拥有企业600多家（含个体户），从业人数达2万人，年产各类刷子约3.5亿把，2009年中国轻工业联合会授予范岗镇“中国刷业城”称号。桐城刷业存在规模小、分散等特点，2017年制刷行业贷款为0.4亿元，金融支持刷业力度有待进一步增强。

三是金融助推羽绒产业优化发展。全市现有家纺服装各类企业100余家，主导产品有羽绒系列产品、各种服装及服装面料，全行业拥有高速电动缝纫机4500多台（套），从业人员约1.2万人，其中工程技术人员达200多人。产业龙头主要是鸿润集团、霞珍集团、兴达集团等9家公司。

生产的羽绒系列产品在全国具有一定的市场竞争力，连续多年居全国第一位，出口创汇额连续5年在全省生产企业中排名前列。2012年，中国羽绒工业协会授予桐城市“中国羽绒家纺名城”的称号。对于桐城市的支柱性产业，近年来，金融支持力度持续加大，连续多年保持高位增长，截至2017年末，全产业贷款余额达8.58亿元，同比增长81.02%。金融有效支持了桐城市羽绒产业园羽绒企业的发展，提高了产业的核心竞争力。

2. 金融支持桐城文化旅游业发展。桐城市以桐城派文化为主要特征的旅游资源十分丰富，旅游资源点达近百处，其中人文类旅游资源占72.5%，自然资源占27.5%。桐城旅游资源主要分布在“一带三区”。“一带”是指以市区文化景观为主题、以龙眠山人文山水区和孔城古镇民俗区为重点的桐城文化旅游带，“三区”是指嬉子湖湿地生态旅游区、三道岩幽谷飞瀑旅游区、古洞岩古战场遗址旅游区。市区主要有桐城文庙、六尺巷、博物馆、桐城派陈列馆、名人故居、桐城老街、龙眠河、仙龙湖等。桐城市年接待游客约110万人次，旅游收入约9亿元。桐城市旅游资源类型丰富，品质较高，具备了良好的资源条件，特别是“桐城文化”具有很高的知名度，市场潜力很大。截至2017年末，桐城市文化旅游产业发展贷款余额为6.6亿元，金融支持促进了桐城市旅游资源的开发，带动了周边农民增收致富。

（六）注重金融脱贫攻坚成效，发挥信贷资源扶微济弱的作用

一是扶贫小额信贷“强基”。截至2018年5月末，扶贫小额贷款余额达5.6亿元，其中产业扶贫0.6亿元，有效带动2180名贫困户就业，实现增收1526万元。

二是小额农贷“安居”。桐城农商银行与该市危房改造领导小组、城建局、担保公司合作，以小额农贷的方式向每户建（购）房发放贷款2万元，截至2017年末，已累计向394户农户发放危房改造贷款787.9万元。

三是专项贷款“解忧”。桐城市辖内“十三五”期间实施易地扶贫搬迁，涉及5个乡镇、153户建档立卡贫困户、478人。2016年、2017年累

计下拨易地扶贫搬迁专项建设基金 239 万元、专项贷款 1673 万元。

四是助学贷款“扶智”。2016 年，为桐城市 551 名学生办理助学贷款手续，发放助学贷款 427 万元。

五是产业扶贫贷款“造血”。中国银行、建设银行、农商银行重点加大对农业产业化和林权企业信贷支持力度，累计发放林权抵押贷款 1.49 亿元，带动农户约 51 人就业。建设银行向国家级残疾人培训基地——安徽旺润制衣有限公司发放贷款 950 万元，解决 30 多名残疾人就业问题。农业银行向嬉子湖生态旅游公司发放贷款 1000 万元，支持公司发展，直接解决就业 10 余人，带动 21 户贫困户就业。农商银行创新推出了“公司 + 种粮大户 + 建档立卡户”产业扶贫新模式，2017 年春耕以来，累计向 17 个种粮大户发放贷款 820 万元，有效地带动了 50 户 71 人就业。

六是电子商务“便民”。工商银行紧紧抓住国家“互联网 +”战略契机，利用其自身强大的网络优势，通过金融机构自身强大的网络优势，如“融 e 联”“e 生活”“融 e 购”电子平台，发挥电子商务对农业发展和农民增收的促进作用，鼓励和引导有技术、有意向的农村贫困户进行电商创业，帮助有条件的贫困户开办网店、销售农产品，鼓励农村经纪人、种养大户、农业合作组织加盟知名电商平台销售农产品或自建农产品电子商务平台开展网上交易。

二、金融支持乡村振兴战略存在的问题

1. “三农”贷款相对于其他贷款金额小、笔数多、成本高、收益低。“三农”贷款相对于工业企业贷款来说服务对象特殊，经营成本高、收益低，“三农”贷款客户以农户、个体工商户和小企业为主，客户特点可以归纳为“小、弱、分散”，其经营层次低，收入渠道单一，抵御自然灾害和市场风险的能力弱，决定了涉农贷款成本高、风险大、收益低，尤其是在经济下行压力较大的情况下，一些农业经营主体的市场竞争力和抗风险能力不强，经营仍较困难。一些企业盲目投资、高息融资，账务不规范，信息不透明，加大了经营风险和财务风险。

2. 农业天然的高风险弱势与金融市场化运行法则形成鲜明的矛盾。农业是一个相对弱势行业，由于其自身的特点，与工业相比，其前期投入大，中间时期少或无附产品及中间品产出，故前期所有投出在一段时间内都无法形成安全、稳定、有效的合格资产，其主要资产集中沉淀在后期最终农产品、畜牧品或水产品中，该行业受自然灾害影响较大，其市场利润回报率低。农业自身的特点制约了合格抵质押物资产的形成，且该行业的弱势地位和市场、政策环境综合导致其原始基础资产土地的使用权难以被银行认可。在市场经济条件下获得资源配置的机会先天不足，要求金融支持农业供给侧结构性改革，就必须鼓励涉农商业银行积极探索、创新推广可持续的涉农企业贷款、农户贷款以及对新型农业经营主体重点扶持的信贷模式和产品，不断扩大贷款覆盖面，满足农村经济主体的信贷需求。

3. 县级金融机构支持“三农”发展用力不均，商业银行金融产品创新缺乏积极性和主动性。接近农村市场的县域非法人金融机构没有贷款审批权限，失去了金融产品创新的能力，也鲜有主动作为，而县域法人金融机构参与农村金融产品和服务方式创新的动力明显不足，积极性和力度相对较弱，金融产品创新基本处于基础产品层面，大多是围绕抵押贷款方式展开的，并没有太多有效防范风险的组合产品。金融产品创新的不足严重制约了农业经营主体信贷资金的可获得性，阻碍了农业组织化和产业化水平的提高。

4. 农村金融生态环境脆弱，影响区域经济金融安全稳定运行。相对于城市中的征信体系而言，零散农户和农村中小企业构成的农村信用体系建设显然不够完善，主要表现为农村信用中介体系缺乏、综合信用管理机构缺位、农村信用体系的基础不牢靠、农村信用服务体系落后等。桐城受刘克胜非法集资事件影响，投融资环境受到一定程度的破坏，影响了经济金融发展。

5. 金融支持“三农”发展的激励约束机制不健全。出台农村信贷支持“三农”激励和约束政策，对商业银行既要有正向激励，也要有硬性约束。当前国家层面并无硬性要求，也未出台相关系统性考核文件，仅金融系统内部存在部分正向引导鼓励措施，如“三农事业部”“新增存款用于当地定向降准”“涉农小微评估”等。

6. 农业融资担保体系尚未建立。农业融资难、融资贵，是制约现代农业发展的重要瓶颈，其中一个重要原因就是农业没有建立有效的融资担保体系。现行的融资担保机构担保门槛较高，主要为非涉农企业提供担保。2015 年，财政部、农业部、银监会发布《关于财政支持建立农业信贷担保体系的指导意见》（财农〔2015〕121 号），明确提出力争用3 年时间建立健全具有中国特色、覆盖全国的农业信贷担保体系框架。建立政策性农业担保体系，是培育新型农业经营主体、转变农业发展方式的客观需要，是完善农业补贴政策、健全农业支持保护体系的重要途径，也是创新财政支农方式、探索建立财政金融协同支农新机制的创新之举。

7. 地方法人机构不良贷款率居高不下，影响对乡村振兴的持续有效投入。地方法人机构不良贷款率过高一方面不符合中央银行 MPA 要求，另一方面影响金融机构稳健运营甚至信贷投放信心，最终导致金融机构有限的金融资源不能投向乡村振兴领域薄弱环节和重点项目。

三、金融支持乡村振兴的着力点和方式方法

（一）金融壮大农业特色产业，推动农业供给侧结构性改革

1. 加大金融支持质量兴农力度，稳步提升农业结构层次。因地制宜地发展当地优势特色产业，大力推进“一村一品、一村一特”建设，金融紧密支持桐城粮油、畜牧、水产三大农业主导产业和茶叶、棉茧、园林三大特色农业产业，助推农业绿色化、优质化、特色化、品牌化，督促金融机构重点加强对无公害、绿色有机食品、农产品地理标志等符合高质量发展导向的农产品生产经营的金融支持，发挥金融对农业结构性调整的关键作用，推动农业供给侧结构性改革，助力农村新动能转换。

2. 创新金融产品和服务模式，加强对农业集约化、适度规模化发展的金融支持。一是促进优势特色农业产业加快实现块状分布、链式发展。以打造优势农业产业集群、特色农业基地化发展为导向，支持推动金融机构精准加大对农业产业化企业、农民合作社、家庭农场、种养大户等新型

农业经营主体的支持力度。鼓励金融机构采取信贷、类信贷和提供直接融资配套服务等方式，多渠道满足新型农业经营主体的融资需求。二是开展金融支持重点农业特色产业示范区建设，着力实现重点农业特色产业金融支持增量扩面。

3. 做好乡村地区产业发展基础设施金融服务，夯实产业发展基础。一是持续扩大政策性金融供给。争取省级金融机构的授信资源倾斜，发挥农发行、国开行等政策性、开发性金融机构在支持“四好农村路”、灌区重大水利工程、小型农田水利设施达标提质、高标准基本农田建设、农业土地整治等乡村基础设施建设上的助推作用。二是更加突出商业性金融机构支持产业平台、产业配套服务等方面的作用。督促商业性金融机构采取中长期项目贷款、短期流动资金贷款、专项金融债等多种方式，重点加大对现代农业示范区、农业产业园、农业产业化联合体发展，农机装备产供销一体化，农产品物流园建设，农村电子商务基础设施及农产品销售公共服务平台建设，低温储藏、代收代烘等农业社会化服务组织完善等方面的融资支持。

（二）立足生态宜居，精准做好配套金融服务

一是要依托乡村地区自然条件、区位优势，积极推动现代“无烟产业”发展。各金融机构要重点围绕乡村旅游、休闲农业、健康养老基地、田园综合体、电子商务等现代服务产业的发展，加大金融需求培育和金融资源供给力度，创造条件促进乡村资源优势加快向经济优势转变。二是各金融机构对各级政府相关部门认定的绿色产业项目，要在商业可持续前提下优先予以支持。三是加强同当地环保部门的沟通协作，进一步做实“银环联动”机制，限制乡村地区环境违法、环保不达标企业新增融资。四是继续明确再贴现政策工作导向，优先将绿色企业贴现票据纳入再贴现业务办理范畴。

（三）围绕生活富裕，扎实推进金融精准扶贫和普惠金融工作

1. 创新实施金融支持产业扶贫示范项目。以产业扶贫为核心，以项

目载体带动贫困户户数、拟新增贷款额为要点，组织全市金融机构申报领办一定数量的金融支持产业扶贫示范项目，推动金融机构按照金融支持“示范项目＋贫困户”联动发展的思路，抓好示范项目的实施。同时，进一步加强过程管理，配套建立季度进展和成效通报制度。

2. 大力推进乡村地区普惠金融发展。一是督促引导金融机构借助普惠金融组织架构、考核体系、地方财税支持体系建立健全契机，切实加大普惠金融产品研发、引进和运用力度，有效增加普惠金融领域信贷投入。二是突出体系支撑，持续推进惠农金融服务室“精品工程”、银行卡受理市场、非现金支付、国库服务电子化、涉农资金代理发放等软硬件普惠金融基础设施建设，进一步提高普惠金融服务覆盖面和服务深度。三是注重专项支持，继续加大特种民生金融业务拓展力度。结合乡村地区实际需求，积极稳妥地推进扶贫小额信贷、助学贷款、创业担保贷款等民生金融业务的开展，不断提高乡村弱势群体的有效信贷需求满足率。

四、金融支持乡村振兴需要出台的配套政策及注意的问题

（一）建立健全农业融资担保及风险补偿机制

一是发挥信贷资金和财政资金的杠杆风险缓释作用。通过财政担保补助解决农业贷款难问题；通过财政贴息贷款解决贷款贵问题；通过财政对农业保险补贴，解决农业信贷高风险问题；通过财税政策对农发行等涉农金融机构发放农业信贷产生的成本予以费用奖补，解决不愿贷问题。全面推进财政涉农资金统筹整合，按金融机构支农贷款贡献，配套使用财政奖补资金，分配财政存款资源，提高农发行等涉农金融机构资金自给率，增加支农资金来源。二是探索银行、保险、担保合作分担风险的服务模式。与保险公司合作，同时提供贷款人责任保险，当贷款人在保险责任内因自然灾害或意外事件无法偿还贷款时，由保险公司代为偿还。同时，对贷款形成的资产，由贷款人购买以银行为第一受益人的财产险。按照政府主导、企业参与的原则，建立地方融资担保基金，推进融资性担保机构、金融机构、担保基金、企业开展风险分担，并将银担风险分担机制与银行、

担保机构考核激励挂钩。

（二）出台金融支持乡村振兴领域更加优惠的税收政策

在落实现行农业税收优惠政策的基础上，进一步拓展“三农”税收优惠范围，减轻税收负担，进一步研究制定鼓励龙头企业研发新产品、新技术、新工艺的税收政策，制定乡村振兴领域经济主体产业活动的税收优惠政策。

（三）制定金融机构服务乡村振兴考核评估实施办法

根据《乡村振兴战略规划（2018—2022 年）》的内在要求，建立健全金融机构服务乡村振兴战略长效机制，出台金融机构服务乡村振兴考核评估实施办法，针对金融机构切实举措，按年进行评估，正向激励、财政奖励、反向约束。

（四）金融监管部门制定出台对金融支持乡村振兴的优惠政策

金融监管部门适当提高对支持“三农”发展而产生不良贷款的容忍度，鼓励引导大型商业银行在县域设立分支机构，丰富金融组织，完善农村金融服务体系和服务机制，增加服务内容，改进服务方式，创新服务手段，提高对乡村振兴的贡献度。

（五）金融支持需选准方向，合理区分财政资金与信贷资金支持的边界

金融支持乡村振兴发展过程中，要定好方向、选好项目，严格区分资金性质，确定是财政公益性的还是负债性质的。加强财政性资金和县内银行业金融机构信贷资金的相互配合。规范地方政府举债融资行为，积极探索市场化融资模式，重点推广 PPP、公司自营融资模式。建议对现有平台公司进行改造，增加净资产和现金流，使之成为按现代公司治理、自主经营、自主融资、自负盈亏的市场主体。

（六）金融支持要坚持商业可持续原则，坚决防范大面积不良贷款产生

按照“商业可持续原则、资源配置先行、风险防控到位”的思路，金融支持乡村振兴战略发展，为国家重大战略实施提供长期、稳定、可持续、风险可控的金融支持。坚决避免过度行政干预、左右贷款投向、集中产生不良贷款，影响金融机构稳健经营。

（七）注意不同性质金融机构之间的合理分工，做到优势互补

加大农业银行、邮储银行等传统金融机构“三农”金融事业部对乡村振兴的支持力度。明确国家开发银行、中国农业发展银行在乡村振兴中的职责定位，强化金融服务方式创新，加大对乡村振兴的中长期信贷支持力度。提出推动农村信用社省联社改革，保持农村信用社县域法人地位和数量总体稳定，完善村镇银行准入条件，地方法人金融机构要服务好乡村振兴。

岳西农商银行服务乡村振兴实践

安徽岳西农商银行　姚　刚　韩燎原

农业、农村、农民问题始终是关系国计民生的根本性问题，解决好“三农”问题是新时代全党工作的重中之重。党的十九大报告明确提出实施乡村振兴战略，为新时代“三农”发展注入了强大动力，开创了城乡融合发展的新局面。作为生在基层、长在农村、同农村共生、与百姓共荣的农村中小金融机构，岳西农商银行始终不忘服务“三农”、服务小微、服务县域经济的初心，坚守支农定位不动摇，回归本源、专注主业，咬定“农”字不放松，扎根乡村不动摇，坚守支农支小战略定力。充分发挥农村金融主力军的作用，及时调整信贷投向，坚持把信贷资金投放到带动农户脱贫致富的产业上，确保贷款资金精准投放，助力乡村振兴战略责无旁贷。

一、落实金融扶贫助力乡村振兴

岳西县位于安徽省西南腹地，是一个人口众多的农业大县，全县共有182个行政村，是安徽省贫困面积最大、贫困程度最深的县之一。作为争取全省率先脱贫的贫困县，岳西县精准扶贫、精准脱贫任务异常艰巨。岳西农商银行认真贯彻落实省、市、县关于扶贫开发的决策部署，牢记职责使命，当好主人翁、打好主动仗，积极探索脱贫致富新路径，精心研究创业增收好方法，以实际行动充当了县域支农主力军。

1. 创新信贷服务机制，确保“贷得准”。一是构建信贷服务网络，架起“连心桥”。充分发挥与县、乡、村的整合力量，实行“三级联动、政银融合”。构建形成全县 1 个小额信贷服务中心、24 个乡镇服务站、186 个村级服务点，织密信贷服务保障网，架起党群服务“连心桥”，激活脱贫攻坚动力源。二是构建信用评价体系，晒出“等级榜”。根据《岳西县创新发展扶贫小额信贷实施意见》，全面开展对全县建档立卡贫困户的评级授信工作，组织全行信贷人员在乡镇村干部的支持配合下，经贫困户申请，信贷员、村干上门调查，建立包括贫困户家庭基本情况、金融需求、信用评级、授信额度等内容的精准扶贫金融服务档案，按照“三好三强”（遵纪守法好、家庭和睦好、邻里团结好，责任意识强、信用观念强、履约保障强）、“三有三无”（有劳动能力，有致富愿望，有致富项目；无赌博、吸毒等不良习气，无拖欠贷款本息、被列入贷款黑名单记录，无游手好闲、好吃懒做行为）的定性指标对贫困户进行公平公正评级授信，建立贫困户信用信息档案。完成了全县 3.4 万户贫困户的评级、授信工作，授信 2.8 万户，授信金额达 10.3 亿元。三是创新信贷产品，兑现“三日清”。实行“快调查、快审批、快发放”的“三快”原则，保障扶贫贷款按时足额发放到位。符合条件的贫困户从贷款申请到受理发放，一般不超过 3 个工作日。设立专门扶贫贷款服务窗口，实行专人负责、专人管理、专人服务，提升办贷效率。严格兑现“三日清”办理程序，有效解决贫困户贷款耗时长、跑路多等问题。截至 2018 年 6 月末，累计发放扶贫小额贷款 19719 笔、金额 52328.2 万元，扶贫贷款余额占全县扶贫贷款的 93.02%。

2. 创新金融扶贫机制，确保“用得好”。一是实施产业扶贫，精准对接特色产业发展金融需求。根据岳西县地方特色产业和发展规划，对辖内贫困户发展特色种养业、农产品加工业、休闲农业、乡村旅游等特色优势产业及时给予信贷支持。二是实行项目扶贫，精准支持光伏发电扶贫。针对无劳动能力、无收入的农村最困难群体，岳西农商银行在原有的帮扶贷款外，推出了光伏扶贫小额贷款，解决了贫困户无项目启动资金的难题，通过与县政府合作，大胆创新，探索金融扶贫的新模式。对辖内自主创业能力差、发展光伏电站项目的贫困户，优先进行评级、授信，优先给予信贷支持。三是实施民生保障扶贫，精准对接特殊群体的金融需求。一方面，积极实施助学圆梦工程，自2008年以来，累计发放助学贷款9478笔、金额5577.22万元，帮助3567贫困户子女圆了大学梦。另一方面，积极开展道德模范授信工程，对具有经营能力、需要资金支持的道德模范和中国好人榜好人，提供及时便捷的金融授信服务，改善他们的生活，帮助他们走上致富的道路。截至2018年6月末，累计发放“道德贷”1160.03万元。四是创新支持模式，落实双轮驱动。对于无劳动能力、无资源、无稳定收入的贫困户，岳西农商银行和当地政府帮助联系县内优质企业、种植大户、家庭农场、专业合作社等，以产业和项目带动贫困户脱贫增收，实行分贷统还，即贫困户以扶贫小额信用贷款资金入股，企业以入股分红方式向贫困户返还收益，贷款到期由企业统一归还，实现了收益共享。五是创新金融产品，精准对接“美丽岳西”建设。为有效支持易地扶贫搬迁项目和“美丽岳西”新农村基础设施建设项目，岳西农商银行在省联社的指导下，积极与监管部门沟通，通过与安徽国厚投资管理有限公司合作，认购岳西县城投公司发行的“美丽岳西应收账款收益权凭证”3亿元，有效支持了岳西县易地扶贫搬迁项目和“美丽岳西”建设项目。

3. 创新风险防控机制，确保“还得上”。一是建立“四关”把控机制。首先，严把诚信关。贫困户、新型农业经营主体和企业必须符合征信要求，无不良记录。其次，严把规模关，户贷户用的不超过5万元，带资入股企业原则上不超过200万元，超过200万元的银行授信报县政府审批。再次，严把责任关，要求信贷人员做实贷前调查，据实测算产业项目资金需求，合理确定贷款额度。带资入股企业法人、法定代表人及配偶和直系亲属承担无限责任。最后，严把监督关，监督扶贫小额信贷资金使用，把握资金流向，强化贷后跟踪管理，定期回访监督，避免挤占和挪用。二是建立了风险补偿机制。落实贷款风险补偿制度，建立风险补偿基金，专门用于政府应承担的扶贫小额贷款风险补偿。三是建立了风险分担机制。对建档立卡贫困户的贷后风险，由政府承担70%、银行承担30%的贷后风险。对农业经营主体和企业的贷后风险，签订四方协议，形成四位一体的风险共担机制。同时，为每户贷款户购买人身意外伤害保险，有效缓释了金融风险。

二、优化贷款模式，助力乡村振兴

小微企业贷款具有“短、小、频、急”等特点，岳西农商银行充分利用座谈会、下乡考察的机会广泛收集农村小微企业、农户的贷款需求，及时跟进，创新研究贷款新品种，有效解决融资难、融资贵问题。一是优化部门设置。2018 年，该行对前台营销部门设置进行优化，确立零售银行转型思路，坚持做小做优，找准差异化、特色化转型方向。零售银行部现有客户经理 20 余名，全县 24 个乡镇均安排客户经理驻点，确保了客户第一时间申请、第一时间受理、第一时间办结。二是强化科技支撑。引入微贷技术，依托信息科技助推业务转型。为提升客户经理的业务理论知识和实务水平，系统化安排了基于德国 IPC 交叉检验技术的微贷课程，打造了一支专业、精干的微贷团队。三是采取网上审贷，无纸化流程方便快捷。现如今，申请小微贷款只需一个电话就能轻松搞定，无纸化办公，一个电话、一次上门收集资料、一次办结贷款，大大简化了办贷手续，提高了申贷效率，缩短了服务半径。想客户之所想，忧客户之所忧，真正做到了“以客户为中心”。四是服务群体广泛，受众面大。微小贷款主要的对象是农村种养户、小型加工户、运输户、农产品流通户、个体经营户、小微企业、专业合作社、家庭农场等。所有微小贷款倡导发行“金农易贷·福农卡”，推广“一次授信、随用随贷、自助办理、循环使用”的贷款新模式，经过授信的持卡客户可直接通过互联网、电话、手机、多媒体自助终端、ATM 及营业网点自助办理贷款，资金瞬息到账，为其生产、经营、生活带来了极大便利。

三、践行普惠金融，助力乡村振兴

岳西农商银行始终坚持为民实干，着力构建“基础金融不出村、综合金融不出镇”的服务体系。依托当地实际，主动承担起普惠金融发展使命，不断完善金融服务网络，致力于打造集物理网点、自助设备、农村金融服务室、移动终端、互联网金融平台于一体的金融服务网络。通过打造金融服务室、金融惠民宝、金农信 e 家、手机银行、社区 e 银行、金农信 e 付为一体的电子服务体系，真正实现把银行办到了百姓的家门口。

一是大力优化物理网点渠道。加大县域网点建设投入力度，加快县域网点改造进度，打造靓丽、亲民的营业环境。通过改建、迁建、扩建网点，不断优化县域网点布局，县域网点的服务能力和辐射范围不断增强。

二是不断加大电子服务渠道建设力度。通过在乡镇布放 ATM 和 CRS 机、布设 POS 机、转账电话、电话银行、手机银行、网上银行等电子服务渠道，着力完善乡镇、村一级地区的支付结算网络。截至 2017 年末，建设金农信 e 家 4 个，设立具有存取款、转账、查询等功能的自助金融服务室 9 个、惠农金融服务室 80 个，在乡镇布设 ATM 48 台、POS 机 733 台、金农便民宝 161 台，横向到边、纵向到底的金融服务体系已初步建成，基本实现了农户足不出村就可办理金融业务。

三是积极推广“拎包银行”。针对农村偏远地区，该行积极推广“拎包银行”服务模式，定时、定点为农户提供零距离金融服务，为地域偏僻、行动不便的农村客户提供贴身贴心的普惠服务，打通农村金融“最后一步路”。

四是不断推进银村共建工作。截至 2017 年度，累计完成信用村创建 18 个，推行“银村通”贷款，开辟一条信用村农户融资的绿色通道，为信用村农户发展生产项目提供免抵押担保、利率优惠的信用贷款。2018 年 6 月末，对信用村累计发放“银村通”贷款 6432.09 万元。

四、优化金融服务助力乡村振兴

党的十九大提出，增强金融服务实体经济能力，实施乡村振兴战略。这为农商银行加强金融服务提供了广阔的发展空间，但农商银行加强金融服务也绝不是轻轻松松下发几个文件就能实现的，需要找准切入点、聚焦着力点、抢占制高点，真正发挥农村金融主力军作用，从而推动自身健康发展。近年来，岳西农商银行牢牢把握“三好银行”的创建要求，不断优化金融服务，在实现乡村振兴的道路上写下了浓墨重彩的一笔。

一是强化硬件建设。不断夯实基层标准网点建设，以客户需求为主导，按年改建或重建基层网点。便利的交通条件、敞亮的营业大厅、齐全的服务设施、贴心的金融服务，处处彰显着岳西农商银行的品牌魅力，体现着岳西农商银行“与农相伴，融民融情”的美好愿景。

二是构建企业文化。通过聘请咨询公司，初步将该行的文化特色拟定为“乐融文化”。乐融文化具有亲民的文化内涵，寓意着岳西农商银行将与岳西人民靠得更近，也将进一步提升服务水平，带给岳西县老区人民更方便、更贴心的享受，将快乐传递给每一个人，将企业使命完美地传承发扬，根植地方、服务地方、助力地方发展，表达出岳西农商银行致力于将快乐传递八方、其乐融融，并与地方人民相伴相成、共创无限美好的远景。

三是加强人才队伍建设，构建良好企业形象。坚持以人为本，围绕该行工作实际，加强企业核心价值体系建设，形成统一的理想信念，凝聚团队力量，展现团队风采，激发全行员工的积极性和创造性。同时，积极承担社会责任，通过对外宣传，树立良好的社会形象，进一步增强与地方政府和客户企业的沟通互信，建立起良好的银政、银企合作关系。

新的时代，新的起点，新的征程。党的十九大描绘了乡村振兴战略的宏伟篇章，振兴乡村、扶助“三农”需要持续用力、久久为功。岳西农商银行在省联社的坚强领导下，定当矢志不渝、砥砺奋进，始终坚持服务“三农”、服务小微、服务县域经济的市场定位，聚焦服务实体经济，做好乡村振兴农金文章，为乡村振兴浇灌更多的金融活水。

农商银行服务实体经济发展的调查

安徽桐城农商银行　胡祖越　伊　睿　张玉红

面对复杂多变的经济金融形势，桐城农商银行贯彻银行支持实体经济的发展理念，保持服务“三农”、服务小微、服务社区、支持实体的战略定力，加大金融资源有效供给，有效地降低成本、提高效率，更好地服务于小微企业和实体经济。

一、加大信贷投放，有效服务实体经济

2016 年以来，桐城农商银行积极依托自身贴近农村市场的优势，回归支农支小战略定位，积极深耕细作农区、园区、商区、社区，围绕地方经济转型、产业结构调整和农村市场变化，信贷资源不断向实体经济倾斜，截至 2017 年 5 月末，各项贷款余额达 100.75 亿元，较年初增加 8.39 亿元，增长 9.08%，贷款总额占桐城市金融机构总存款份额的 40.45%。

1. 重点加大支农支小信贷投放。发展普惠金融，加强对小微企业和“三农”发展的金融支持，推动信贷资源继续向小微企业、“三农”倾斜。截至 2017 年 5 月末，小微贷款余额为 77.02 亿元，较年初增长 4.73 亿元，小微企业户数、申贷获得率均同比上升，涉农贷款余额达 66.6 亿元，使 6000 户个体工商户 、1000 余户小微企业、13887 户农户获得了信贷支持。

2. 持续支持地方重点项目。紧紧围绕市委、市政府“工业立市、人文兴市、城乡统筹、创新推动”的战略部署和“重返十强、重塑形象”的发展目标，该行持续加大对盛运集团、白兔湖、中科自动化、金田集

团、兰氏木业等一批龙头工业企业，天红中环银座、天紫酒店、维也纳国际城、梧桐国际广场等一批重点项目的信贷投放，及时为当地规模以上企业、农业产业化龙头企业、上市企业提供资金支持，有力促进了实体经济的发展。

3. 切实推进精准扶贫。桐城农商银行紧跟国家“三去一降一补”重点工作，积极践行支持实体和服务“三农”的政治责任，大力支持精准扶贫，发放“道德贷”。截至 2017 年 5 月末，该行共发放扶贫小额贷款 8080.5 万元，较上年末增加 7004.7 万元；根据市文明办提供的 62 户道德模范和身边好人名单（有效户数为 41 户），已建档 13 户，授信 7 户、100 万元，发放“道德贷”59 万元。

4. 调整优化信贷结构。从当地经济结构和产业结构调整的实际出发，在稳定业务增长、满足实体经济合理资金需求的基础上，坚持供给侧结构性改革，将信贷政策和各项金融服务与产业政策紧密结合，重点加大对传统产业改造、战略性新兴产业、绿色环保及新能源产业、新兴服务业等有重大影响和示范引导作用的行业的支持力度，对“两高一剩”行业和落后产能的客户严禁增量贷款进入。不断优化信贷结构，提升资源配置质效，助力实体经济转型发展。在业务板块上，首先从零售银行、个人银行、小微银行开始调整，自 2016 年 3 月开始确立业务转型以来，通过加强业务培训、统一营销话术、积极外拓、提升奖励、加大考核等方式推动全行小微贷业务营销。截至 2017 年 5 月末，个人类贷款为 26.37 亿元（不含信用卡），较上年末增加 8.3 亿元；占比为 26.17%，较上年末增加 7.1 个百分点。

二、坚持差异化、特色化转型，着力提高服务实体经济效率

2016 年初，桐城农商银行以服务“三农”、服务地方经济发展为立足点，坚持差异化、特色化转型，从规模扩张向提质增效转变，从同质化经营向差异化经营、特色化服务转变，从传统纯粹的“吃利差”向“轻型

银行”转型，从传统渠道向智慧银行及线上、线下融合转变，坚持以易贷卡、手机银行、社区 e 银行等作为抓手，发展零售金融、小微金融，驱动转型。

1. 加强产品创新，满足客户多元化融资需求。该行通过举办银企对接会、产品推介会等活动，加强与中小微企业的沟通联系，加强交流合作，了解企业动态，捕捉金融需求。在此基础上，该行紧密结合当地实际和经济发展特点，大力推进符合实体经济发展需要的金融产品创新，加大与政策性担保公司的合作力度，落实“4321”风险分担机制，开展“两权”抵押贷款试点。截至 2017 年 5 月末，该行税融通贷款达 9160 万元，新兴银政担贷款达 5 亿元，林权抵押贷款达 4734 万元。为满足居民多元化信贷需求，在省联社的领导和支持下，该行相继推出了“金农 · 扶贫贷”“金农 · 助学贷”“金农 · 道德贷”等产品。

2. 加快服务创新，破解融资难题。该行在恪守金融基本规则的前提下变革思维，不断丰富和优化支持实体经济的方式。一是持续简化服务环节，做到随用随贷。该行大力发展“金农易贷 · 福农卡”，推广“一次授信、随用随贷、自助办理、循环使用”的贷款新模式。截至 2017 年 5 月末，“金农易贷 · 福农卡”贷款余额达 19.3 亿元。该行改进担保方式，有效解决贷款难问题。二是围绕新技术的发展，加快服务模式的变革创新。积极把脉移动支付趋势，着力打造移动银行。该行持续创新普惠金融服务模式，丰富普惠金融服务内涵，努力寻求场景拓展与业务合规之间的平衡点。在支付场景的挖掘和丰富方面，以客户需求及偏好为核心，将手机银行、社区 e 银行、易贷卡、杜鹃信用卡等产品作为切入点，探索电子支付运营模式，大力推广手机银行、网上银行、网上支付等新兴结算业务；全方位整合资源，优化客户体验，实现线上、线下服务无缝连接和闭环运行，激发二者协同互动的潜能和效应。

3. 加快推进“暖企行动”，降低实体经济融资成本。坚持把履行社会责任融入企业发展使命，主动开展“你守信 · 我让利”暖企活动，2016 年以来，共对 645 户工商企业贷款让利近 2500 万元，对 91 户农业企业贷款让利近 500 万元，对 1500 户个人让利近 100 万元，为 1630 位客户减少抵押登记等费用支出800万元。

4. 主动下沉服务重心，打通金融服务“最后一公里”。一是大力推进“整村推进”工程。为解决农村地区金融服务比较薄弱的问题，满足村民日益丰富的金融需求，2017年全行启动了“整村推进”工程，以易贷卡的批量授信为抓手，带动存款、电子银行、中间业务全面发展。二是服务渠道继续下沉。持续推进惠农金融服务室建设，累计建设惠农金融服务室54家；推动“村村通”及自助设备向村级延伸，累计布放自助设备77台，布放POS机1408台，开通助农取款点167个，推进“拎包银行”建设，累计布放“金农e助手”25台，促进农商银行从“坐商”向“行商”转变。三是开展“拎包银行”服务。针对偏远地区和部分行动不便的客户，该行开展了“拎包银行”服务模式，定时、定点为农户提供零距离金融服务，不仅现场为他们办理金融业务，而且还手把手地教会他们使用现代金融工具，掌握防范金融诈骗常识。截至2017年5月末，通过移动终端开展流动服务，上门为特殊客户群体办理社保卡激活、粮补存折挂失等业务千余次，赢得了百姓的真诚赞誉，真正打通了群众享受金融服务的“最后一公里”。

三、坚持规范化的业务经营，更好地支持实体经济发展

规范化的业务经营是支持实体经济的保障，也是农商银行可持续发展的基础。一是坚持支持实体经济与防控金融风险并重，坚守风险底线。结合省联社推进的内控好、服务好、效益好“三好银行”创建工作，该行以全面风险管理机制建设为总抓手，为转型升级打牢内控基础，为支持实体经济保驾护航。二是进一步提高同业业务管理水平，坚持同业业务的可持续发展与支持实体经济发展及经营机构的风险控制水平和能力相匹配。该行通过对同业业务经营进行分类管理，持续盘活存量信贷资产，缓解业务发展与资本制约的矛盾，强化并有针对性地防范各类风险，有效服务实体经济。

农商银行服务农业供给侧结构性改革调查

中国人民银行安庆市中心支行　储润六　祝群芳

2017 年中央一号文件明确提出，要在创新、协调、绿色、开放、共享的发展理念下，加强农业供给侧结构性改革，提高农业供给体系质量和效率，使农产品供给数量充足、品种和质量契合消费者需要，真正形成结构合理、保障有力的农产品有效供给。农业供给侧结构性改革给金融机构特别是作为农村金融支柱的农商银行系统提出了多个方面的需求，也为农商银行的发展提供了历史机遇。我们对此进行了专题调查，探索农商银行如何在服务农业供给侧结构性改革的导向下，积极适应新形势，应用新技术，以新理念、新工具、新模式不断提升服务能力和水平。

一、安庆市农商银行经营情况

经过多年的改革实践，省联社体制取得了巨大成效，我国农村信用社改革取得了重要进展和阶段性成果，大部分农村信用社资本实力大幅增强，经营状况明显改善，治理结构初步建立，“花钱买机制”的政策效应初步显现。

（一）辖区农业供给侧结构性改革情况

2016 年，安庆市以农业供给侧结构优化为目标，做强现代农业，加快农业产业化步伐，实施农业“5211”工程，取得了明显成效。

一是优化产业结构。2016年，全市新增农业产业化规模以上企业36家，总数达到623家，两项数据均名列全省第一。淘汰国家级农业产业化龙头企业1家、省级10家，增补国家级1家、省级11家。全市国家级龙头企业总数为6家，居全省第二；省级龙头企业为97家，居全省第一。全市农产品加工值有望再破千亿元大关，稳居全省前二。电子商务全年农产品网上销售额达10.5亿元，比上年增加近1亿元。

二是加强产业示范。深圳市农产品集团股份有限公司投资20亿元的安庆海吉星农产品产业园项目正式签约，安庆海吉星农产品物流园有限公司注册成立；北京新发地集团投资7.5亿元的宿松新发地农产品物流园项目落地；中国供销农产品批发市场控股有限公司投资6亿元的中国供销太湖农产品物流园正式开放。望江打造了20万亩环武昌湖绿色水稻、45万亩沿江优质油菜、10万亩丘岗区优质杂粮、千万只番鸭养殖基地，打造了全国优质农产品供应基地。实施双稻季高产栽培示范150亩，与农科院棉花研究所合作建设棉花优质高产栽培示范地500亩、夏棉直播机械化示范地100亩，推进农科院棉花研究所长江科研中心建设。

三是推进绿色可持续发展。先后实施197个基地项目，这些项目大部分已建成投产。全市建成无公害、绿色和有机农产品基地214万亩，占农产品基地面积的1/4。如怀宁县建成全省最大的蓝莓基地，面积达7000亩，年产值近10亿元。宿松县龙成集团在多个乡镇流转林地2万多亩，新发展油茶基地8000多亩。如望江县建立核心示范片2000亩，实现无人机统防统治8000亩；实施化肥零增长和耕地质量提升行动，建成水稻增施有机肥示范片10个，对该县禁养区内23家畜禽养殖场逐步完成关闭搬迁工作。

四是创建绿色食品品牌。通过实行绿色模式和订单生产、化肥农药零增长等举措，一批知名品牌在全省、全国打响。创建农产品中国驰名商标19件、国家地理标志商标9件，太湖六白猪入选国家畜禽保护遗传品种名录。望江建设专用品牌水稻生产基地12万亩，打造具有区域影响力的专用粮食品牌，着力培育绿色食品加工产业集群，目前已发展绿色食品加工企业7家。

五是实施了产业脱贫攻坚“三大行动”。全市有 422 家农业企业、农民合作社和家庭农场与 375 个贫困村结成了对子，通过“公司 + 基地 + 农户”的方式，帮助贫困农民发展特色种养业，实现稳定脱贫。农村常住居民人均可支配收入首次突破 1 万元。

安庆市围绕省“调转促”和供给侧结构性改革的部署要求，实施农业产业化提升工程，加快产业结构和产品结构调整，大力发展农产品精深加工，优化区域布局。深化农村综合改革，完善农村承包土地“三权”分置办法，推进承包土地经营权流转，发展适度规模经营。加大帮扶力度，深入开展产业脱贫攻坚，促进农业增效和农民增收。

（二）农商银行经营基本情况

截至 2017 年 5 月末，安庆市六县一市农村信用社全部改制成农商银行，8 家农商银行总资产达 613.74 亿元，总负债达 561.76 亿元。人民币各项贷款余额达 433.79 亿元，占安庆市金融机构贷款余额的 28.23%；人民币各项存款余额达 698.39 亿元，占安庆市金融机构存款余额的 22.1%，实现利润 2 亿元。其中，桐城农商银行规模最大，贷款余额达 94.57 亿元，存款余额达 145.88 亿元，分支机构分布在安庆市、桐城、枞阳、舒城等地。

（三）安庆市农商银行系统资产业务开展情况

截至 2017 年 5 月末，安庆市 8 家农商银行资管资产余额达 254.9 亿元。调查分析发现，安庆农商银行资管业务呈现出以下特点。

一是资管业务增长速度大大超过了信贷增长速度。调查分析显示，2013 年以来，资管业务从无到有，快速增长，资产余额从 2014 年末的 123.5 亿元增长至 2016 年末的 254.9 亿元，年均增长 27.3%，比贷款年均增速高 20.9 个百分点；规模也快速扩大，2016 年末资管余额占其各项贷款余额的 61%，占资产总额的 31.4%。

二是资管业务从同业存款为主向跨机构产品发展。当前，安庆市农商银行资管业务主要包括存放同业定期款项、债券投资、购买理财和资金信托、资管产品及股权投资等。其中，存放同业定期款项为151.4亿元，占资管资产余额的59.4%，处于主导地位。债券资产、理财、资金信托投资和券商资管产品分别为29.4亿元、41.4亿元、7.3亿元和19.5亿元，分别占资管资产余额的11.53%、16.24%、2.86%和7.65%，但是这些非信贷资产呈现爆发式增长态势。

三是资管业务渠道由银行系统向证券信托发展。2017年5月末，安庆市农商银行97.23%的资管业务渠道集中在银行系统。其中，存放同业款以固定期限和利率的形式存放于其他农商银行、股份制银行和城商行，分别达91.5亿元、42.5亿元和11.1亿元，分别占安庆农商银行资管资产的35.9%、2.13%和4.35%；同业理财产品余额为41.5亿元，占同业资产的16.28%；主要是以参股村镇银行和省内其他农商银行股权投资4.9亿元，占同业资产的1.92%。

四是资管资产收益低于贷款基准利率。调查表明，资管业务收益分布在1年期贷款基准利率附近。如表1所示，同业存款加权利率为3.83%，低于4.35%的1年期贷款基准利率；同业理财加权平均收益率为4.05%，多数同业理财产品收益率介于4.0%~4.3%，低于1年期贷款基准利率，但高于同业存款加权平均收益率0.22个百分点；信托平均收益率相对较高，72.6%的信托产品收益率达4.2%以上，加权平均收益率为4.25%，高于同业理财加权平均收益率0.2个百分点；债券投资加权平均收益率为3.88%，其中企业债券（全部为城投债）加权平均收益相对较高，但比重较小；券商资管计划收益最高，加权平均收益率为4.63%，高于同业理财和资金信托加权平均收益率。

表1　安庆市农商银行同业投资情况统计

产品项目	余额（亿元）	加权平均收益率（%）	加权平均期限（天）
同业存款	151.4	3.83	180~365
同业理财	41.5	4.05	292
资金信托	7.3	4.25	190
券商资管计划	19.5	4.63	486

续表

产品项目	余额（亿元）	加权平均收益率（%）	加权平均期限（天）
证券投资基金	0.9	5.5	195
国家债券	20	3.18	2995
金融债券	6.2	4.03	3347
企业债券	3.2	6.19	1868

五是资管业务期限结构灵活多样。资管计划期限结构比较灵活，除债券投资外，主要集中在1年以内。1年内的资管资产余额达166.1亿元，占总资管资产的65.17%；同业存款以180～365天为主，其中180天以内的同业存款占18.28%，180～365天的同业存款占41.14%；同业理财期限超过360天的占10.38%；券商资管计划期限在1年以上的约5.41%。债券投资以国债、金融债券为主，相对较长。

（四）“三农”支持情况

随着农村金融改革的深化，安庆市的农村信用社全部改制成农商银行，经营管理日趋商业银行化。总体来看，在近年来不断加强的金融支持县域经济发展的大背景下，安庆市农商银行支持县域“三农”经济呈上升趋势。如表2所示，安庆市8家农商银行2017年5月涉农贷款合计325.89亿元，是涉农贷款制度之初的2008年的3.76倍。各家农商银行都实现了大幅增加，有力地支持了当地“三农”的发展。

表2　安庆辖区农商银行涉农贷款余额

单位：亿元

时间	安庆市	怀宁县	潜山	太湖	桐城	望江	宿松	岳西	合计
2008年	9.49	15.82	9.69	7.84	17.93	8.35	10.33	7.31	86.76
2009年	9.06	18.36	11.46	9.70	22.20	9.55	12.73	8.62	101.68
2010年	12.34	22.05	14.72	10.95	27.93	11.52	15.33	10.54	125.38
2011年	14.45	28.23	17.95	13.98	37.29	13.64	20.13	12.57	158.24
2012年	19.70	33.21	22.37	18.16	47.50	17.98	24.17	17.54	200.63

续表

时间	安庆市	怀宁县	潜山	太湖	桐城	望江	宿松	岳西	合计
2013 年	25.11	40.52	26.97	22.36	57.71	22.31	29.10	23.27	247.35
2014 年	30.70	48.86	31.68	28.07	67.96	27.77	37.69	28.38	301.11
2015 年	35.88	49.60	32.35	29.30	71.85	26.91	42.70	28.74	317.33
2016 年	39.79	52.33	32.56	29.64	63.94	28.23	44.79	30.32	321.60
2017 年 5 月	38.88	52.53	32.91	28.58	66.60	29.80	44.86	31.73	325.89

但是，从增长速度的角度来分析，在可贷资金增加的同时，贷款增速和贷款占比小幅下降。以安庆市六县一市为例，如表 3 所示，2017 年 5 月，安庆市 8 家农商银行涉农贷款增速是有统计以来的最低水平，其中怀宁、潜山和宿松农商银行基本是零增长，安庆和太湖农商银行涉农贷款负增长。

表 3　安庆辖区农商银行涉农贷款增速

单位：%

时间	安庆市	怀宁县	潜山	太湖	桐城	望江	宿松	岳西
2008 年	56.84	23.61	7.14	22	—	22.32	19.69	21.11
2009 年	-4.48	16.07	18.27	45	23.82	14.28	23.25	15.2
2010 年	36.22	20.12	28.44	13	25.81	20.64	20.41	18.25
2011 年	17.07	28.01	21.96	28	33.49	18.47	31.27	16.17
2012 年	36.32	17.63	24.6	30	27.39	31.77	20.09	28.31
2013 年	27.47	22.02	20.56	23	21.50	24.08	20.4	24.63
2014 年	22.25	20.58	17.48	26	17.75	24.48	29.54	18.01
2015 年	16.89	1.52	2.1	5	5.73	-3.09	13.31	1.25
2016 年	10.88	5.5	0.63	1	-11.01	4.90	4.89	5.2
2017 年 5 月	-2.53	0.37	1.1	-3.57	4.15	5.56	0.16	4.46

与此相对应，涉农贷款占总贷款的比重也呈现下降趋势，如表 4 所

示，安庆市8家农商银行2008年涉农贷款占比最低的是安庆农商银行，为64.72%，最高的达100%；而到了2017年5月，最低的是安庆农商银行，只有50.06%，最高的怀宁农商银行也仅90.29%；从趋势上看，各家农商银行都呈下降趋势。

表4　安庆辖区农商银行涉农贷款占比

单位：%

时间	安庆市	怀宁县	潜山	太湖	桐城	望江	宿松	岳西
2008年	64.72	93.17	86.61	90	93.74	96.59	100	100
2009年	45.92	89.15	86.73	90	87.71	91.50	100	100
2010年	42.65	91.79	95.25	91	89	92.36	100	100
2011年	49.93	92.03	94.67	85	89.35	94.40	100	97.19
2012年	50.11	92.24	93.53	90	89.45	96.31	100	98.21
2013年	50.12	92.49	91.16	91	89.59	97.37	100	99.27
2014年	50.61	92.55	91.35	91	91.22	97.48	100	99.59
2015年	50.69	92.74	91.38	91	90.94	92.35	100	88.38
2016年	50.71	92.78	83.89	78	69.23	87.80	89.89	89.83
2017年5月	50.06	90.29	82.19	71	66.1	89.05	85.01	90.16

（五）各类资产质量真实情况

调查发现，各类资产中，只有贷款产生不良资产。如表5所示，截至2017年第一季度末，全市农商银行不良贷款余额（含票据）达13.03亿元，较年初增加1.005亿元，同比上升15.7%。不良贷款率达3%，比上年末下降0.13个百分点。其中，票据融资不良余额达10.14亿元，不良率达1.38%，比上年末上升0.18个百分点。

表 5　安庆农商银行不良资产调查

时间	贷款					债券投资				
	各项贷款			票据融资		国债（亿元）	金融债（亿元）	企业债		全部增速（%）
	余额（亿元）	增速（%）	不良率（%）	余额（亿元）	不良率（%）			余额（亿元）	不良余额（亿元）	
2014 年	348.5	—	2.7	10.08	2.25	7.78	1.21	0	0	—
2015 年	375.4	7.7	2.50	11.62	2.17	8.28	2.19	0.5	0	22.02
2016 年	419.6	11.78	2.87	11.45	1.2	19.99	6.21	1.7	0	154.33
2017 年第一季度末	429.6	—	3.00	10.14	1.38	19.99	10.31	1.7	0	98.57

（六）MPA 对农商银行的影响

MPA 从资本和杠杆情况、资产负债情况、流动性、定价行为、资产质量、跨境融资风险、信贷政策执行情况等七个方面共 14 个指标对银行业金融机构进行评估。MPA 的七个方面与银行资产配置都有一定的关联，如资本充足情况中，资本充足率涉及风险加权资产，资产负债情况涉及各项贷款、债券投资等，流动性情况涉及计提资产减值损失，信贷政策情况涉及小微企业贷款。因此，MPA 的评估对农商银行的影响重大。

一是“三农”、小微信贷考核压力加大。农商银行功能定位于“三农”和小微企业，但是近年来，农商银行贷款在总资产中的比重下降，有“脱农”的苗头。为了强化农商银行坚守服务“三农”、小微企业的定位，银监部门和人民银行对农商银行“三农”、小微信贷进行考核，如银监部门的“三个不低于”、人民银行的信贷政策导向评估。农商银行涉农贷款、小微企业贷款被纳入信贷政策情况，作为 MPA 的一个方面，MPA 将进一步促使农商银行在信贷投放时加大对涉农、小微企业的信贷投放力度。

二是遏制不良贷款率上升的压力增加。MPA 实施之前，对于农商银行而言，只要不良贷款率不超过银监部门5%的红线、4%的不良贷款率与2%的不良贷款率，面临的监管压力是相同的。MPA规定，不良贷款率即使不高于5%，但只要超过全省同类型机构的不良贷款率，就会对评估结果产生负面影响。MPA将促使农商银行在日常经营管理中更加注重风险管控，遏制不良贷款率上升。

三是资金业务发展面临约束。MPA要求各项贷款接受广义信贷指标的约束，限制了同业业务、债券投资、股权投资、买入返售及存放非存款类金融机构款项等发展较为迅速的资金业务规模的无序扩张和野蛮生长，这对法人金融机构的资产配置将带来实质性的挑战。

二、当前农商银行经营过程中存在的问题

在经济新常态下，随着利率市场化改革的不断深入，利润最大化目标显然难以确保农商银行稳健、持续发展，农商银行面临越来越大的压力。

一是过分追求规模，忽视质量。近年来，安庆辖内农商银行资产规模、负债规模始终保持稳步较快增长的态势。与2010年相比，资产负债规模增长了2倍以上，年均增速保持在20%左右。农商银行资产主要分布于贷款、存放同业资产和中央银行准备金，其中贷款占各项资产的比重多年来保持在50%以上，资产配置过于集中，而且“贷大、贷集中”现象突出。农商银行作为地方的小银行，出于成本和能力的约束，贷款投放决策倾向于“搭便车”，这导致其贷款投放呈现明显的“贷大、贷集中”现象，主要表现为单一客户贷款集中度较高。2017年3月末，全市8家农商银行中有7家单一客户贷款集中度在7%以上。[①]“贷大、贷集中”的另一种表现形式为农商银行通过银团贷款的形式对单个企业给予资金支持。

① 单一客户贷款集中度的监管标准是不高于10%。考虑到数据的一致性和连贯性，银行家数统计含枞阳农商银行。

二是利润增长缺乏后劲。在规模不断扩大的同时，质量并没有得到应有的提升。一方面是资产管理效率并不理想。2010—2016 年，安庆辖内农商银行的资产周转率仅为 0.05 左右。在对权益净利率的相对影响方面，资产管理效率负面影响较大，正面影响微乎其微。其直接表现就是农商银行利息差缩窄，2010—2016 年净利息收入比在 60% ~75% 的区间内运行，盈利能力对息差空间的依赖度非常大。中间业务收入微乎其微，2016 年中间业务收入比仅为 0.49%，自 2012 年以来呈现逐年下降态势。

三是经营重心上移。为保证粗放式经营模式的有效实施，农商银行组织结构设计基本为扁平型，即中高层数量较少，基层人员数量众多，决策链短，分权管理。这种组织结构有利于农商银行组织存款、营销贷款。换个角度来看，扁平化的组织架构就是农商银行粗放式经营模式的一种体现。

四是不良资产高。为了追求利润最大化，农商银行对风险的管控重视程度不够、投入不足，效果不佳。在经济步入新常态后，这种弊端暴露得非常明显。2013 年以后，随着经济增长放缓的延续，问题企业不断增多，风险暴露加快，农商银行贷款质量下迁明显。不良贷款率逐渐触底反弹，关注类贷款率急剧上升。以安庆辖内农商银行为例①，自 2010 年以来，农商银行所创造的大量利润已经被不良贷款侵蚀。截至 2017 年 3 月末，农商银行累计实现净利润 3.78 亿元，同比下降 25.1%；资产减值损失累计 23.8 亿元，较 2010 年末新增 13.6 亿元，增幅高达 133.3%。

五是股东权益成本高。在改制过程中，安庆辖内农商银行都进行了增资扩股，资本实力不断增强。2017 年 3 月末，农商银行资本充足率达到了 14%，但是资本补充的成本较高。调查发现，除个别农商银行外，安庆辖内农商银行每年都需要对股东进行分红，股东要求的投资回报率为 8% ~10%。高回报要求和每年的分红给农商银行带来了较大压力。

① 本文所涉及的银行数据均为安庆辖内农商银行数据。

三、金融在推进农业供给侧结构性改革中的主要着力点

一是推动以提高农业供给效率为目标的农村服务业金融发展。加大力度推进农村产业融合发展，开发农业多种功能，推进农业与旅游、教育、文化、健康养老等产业深度融合等方面的金融服务，以金融服务带动农业内部增产增收。积极发展大田托管、农产品加工、仓储物流等市场化金融服务。加大对乡村旅游休闲基础设施建设的信贷投入，支持建设特色旅游村镇、发展新型乡村旅游休闲产品、发展智慧乡村游，增强营销能力，提高服务质量，从金融角度激发农村经济活力。

二是切实提高以促进农业创新创业、培育农业增长新动力为主要切入点的农村金融支持力度。推动农业供给侧改革，不应该是简单的农业生产导向性的发展，而应该培育农业新的增长点，寻找农业发展的新动力，因此需要促进资本、技术和劳动力的新组合，需要农业经营制度、经营方式的创新，培育农业新型业态。在“互联网+现代农业”行动中，探寻农业发展新机制，特别是要关注对于农业新型经营主体如家庭农场、农民合作社等的金融支持，提高农业创业成功率。

三是探索建立农业供应链金融体系。农业是一个由生产资料的生产和销售、农产品收储和加工、农产品销售等环节构成的一个产业链。在农业产业链内，维系产业链运作的各个主体之间，例如农资公司、农户、合作社、农产品收储和加工企业、农产品贸易公司等之间在产品和劳务等的交换过程中，形成了物流服务流和资金流的双向循环，并形成了农业供应链，供应链各环节的资金需求就是农业供应链金融产生的前提。农业产业融合为农业供应链金融的发展提供了新的机遇。

四是创新农村金融服务方式。要顺应创新驱动发展战略新要求和农业科技发展新需要，从全球农业科技发展的高度，促进农业科技创新驱动发展战略的实施，充分发挥农业科技金融在支持现代种业体系培育中的作用。推动金融服务创新的引领性、金融支持创新的系统性和金融创新的整体性，统筹农业科技优势资源，推动区域性、行业性科技协同发展，助推

绿色农产品增产增效。

五是强化对农业产业化龙头企业的金融支持效果。推动农村产业交叉融合，是促进农业现代化与新型城镇化相衔接，推进农业增效、农民增收和农村繁荣的重要举措，而促进农村产业融合政策的重点应该在于扶持农业产业化龙头企业，发挥农业产业化龙头企业的带头作用。农业产业化龙头企业以农产品加工或流通为主，通过各种利益联结机制与农户相联系，带动农户进入市场，可以更好地使农产品生产、加工、销售有机结合、相互促进，推动粮经饲统筹、农林牧渔结合、种养加一体化发展。

六是建立基于移动互联的“农村电商+信贷”金融服务模式。农村电商、农产品定制等“互联网+”新业态将在农村领域逐渐发展起来，国家也陆续出台了多项扶持农村电商的政策，农村电商必将成为连接农户和市场的重要通道和平台。通过这些平台积累数据和信息，有助于金融部门探讨“农村电商+信贷”服务新模式。因此，金融部门支持农村电商发展的过程，就是寻找自己的蓝海市场的过程。

四、金融支持农业供给侧改革的相关建议

农商银行经营行为的转变既需要自主推进深化改革，也需要金融管理部门的监督、引导，更离不开地方政府的大力支持。本文从以上三个层面，为促进农商银行经营行为成功转变提出建议。

农商银行层面，农商银行应当提高主动改革的意识，增加敢于改革的勇气，培育善于改革的能力。在供给侧结构性改革的问题上，要从发展战略的高度予以重视，深入分析所面临的机遇与挑战、优势与不足，从经营目标、发展方式、风险管理三个维度切实推进经营行为的转变。在具体推进中，可参照宏观审慎管理的要求，进一步明确市场定位，合理确定规模扩张速度，积极调整信贷结构，努力提升定价水平、资产管理效率和金融服务水平。

地方政府层面，农商银行作为地方性小银行，在为地方经济发展提供金融支持的同时，其经营发展也离不开地方政府的有力支持，特别是在推

动供给侧结构性改革的特殊时期，地方政府应适度考虑农商银行经营所面临的困难，积极予以财税政策扶持。此外，在推动化解不良贷款、净化地方金融生态环境方面，政府需要更加有所作为。

金融管理部门层面，人民银行应做好货币政策及相关工具①的宣传工作，引导农商银行合理利用相关工具加大对涉农、小微企业的支持力度，推动金融扶贫工作深入开展；同时，在利率市场化改革深入推进的过程中，加强利率定价指导②，维护金融市场平稳运行。金融监管部门应进一步加强微观行为监管，促进农商银行规范经营。

① 如支农支小再贷款、扶贫再贷款、常备借贷便利、宏观审慎评估体系等。

② 防止金融机构恶意价格竞争。

金融扶贫如何更好地支持乡村振兴战略

中国农业发展银行安庆市分行　周庆林

党的十八大以来，脱贫攻坚是全社会极为关注的民心工程、民生工程，各级政府凝聚力量，聚焦脱贫攻坚，逐步形成了“扶起来、富起来”的良好局面。脱贫攻坚涵盖经济因素、社会因素、政策因素、心理因素等诸多方面，将金融扶贫与脱贫攻坚结合起来，合理有效地解决脱贫攻坚中的“硬骨头”，不仅有利于国家的长治久安，还可以更好地带动社会和谐发展，能够较大程度地推动农村发展和经济较好较快发展。安庆市作为皖西南大市，地处大别山区，脱贫攻坚任务繁重，以安庆市作为蓝本研究金融扶贫与乡村振兴之间的紧密关系具有较强的代表性。金融扶贫的出发点就是促进脱贫攻坚和乡村振兴更好地发展，提高群众的经济收入和生活水平，将脱贫攻坚与金融支持相结合，具有深刻的理论意义和实践意义，为相关政策制定提供参考。

一、服务乡村振兴的重大意义

（一）服务乡村振兴，是金融业崇高使命

习近平总书记指出，实施乡村振兴战略，是党的十九大作出的重大决策部署，是决胜全面建成小康社会、全面建设社会主义现代化国家的重大历史任务，是新时代做好“三农”工作的总抓手。金融是经济的核心，承担着服务国家战略、服务脱贫攻坚、服务社会发展的崇高使命。全力支持乡村振兴战略在农村落地生根、开花结果，是党中央、国务院赋予金融

机构的崇高使命。

（二）服务乡村振兴，是金融业职责所在

当前，中国脱贫攻坚关键在农村，难点也在农村。乡村振兴战略瞄准“三农”，以“农业强不强、农村美不美、农民富不富”作为衡量全面建成小康社会的成果和社会主义现代化质量的重要标志与尺度。服务“三农”事业发展，服务产业发展，本身也是各金融机构的职责所在，因此全方位服务乡村振兴战略，同样是金融业义不容辞的责任。

（三）服务乡村振兴，是全社会对金融业的期许

金融机构以实际行动，动员全部力量，以金融扶贫为抓手，为脱贫攻坚伟业贡献青春、挥洒汗水，为脱贫攻坚提供了强大的信贷资金支持。脱贫攻坚是乡村振兴的前提，脱贫攻坚与乡村振兴也高度契合。一直以来，各金融机构的信贷政策受到了全社会的高度关注，也得到了全社会的高度赞扬。出台更多满足乡村振兴融资需求的信贷产品，为乡村振兴提供全方位金融支持，也是全社会对金融机构的期许。

二、安庆市金融扶贫存在的问题

金融助推脱贫攻坚是精准脱贫工作的重要组成部分，通过对贫困地区、贫困农户和脱贫项目等广泛、大量、持续的资金支持，激发贫困地区和农户的内生发展动力，实现精准脱贫、稳定脱贫和可持续发展。全市金融机构形成了金融扶贫的常态化机制，均形成了金融支持脱贫攻坚和乡村振兴的领导小组，各级领导亲自包片协调，以项目扶贫和产业扶贫为抓手，充分发挥信贷优势，大力推进扶贫小额贷款，为脱贫攻坚引入金融活水。我们也应看到，当前金融扶贫支持脱贫攻坚和乡村振兴过程中依然存在一些尚待解决的问题。

（一）金融扶贫精准性问题

金融精准扶贫难就难在“精准”二字，由于扶贫对象众多，各种任

务和考核千头万绪，在具体实施过程中，难免存在扶贫对象不精准的问题。当前，要加大对扶贫对象的识别力度，把有限的资金真正用到扶贫对象上，确定扶贫对象就是首要任务之一。

（二）金融扶贫有效性问题

在实际工作中我们发现，很多贫困户所处的环境、资源、致贫原因等因素均存在差别，有的是因病致贫，有的是缺乏技术致贫，有的是因伤致贫。致贫原因多种多样，针对不同的致贫原因，就必须有针对性地采取扶贫措施，粗放式的“批批条子、放放款子”难以做到有效扶贫，在实施金融扶贫过程中应当结合贫困户的具体问题，有针对性地运用好金融扶贫政策，这样才能提高金融扶贫的有效性。

（三）金融扶贫风险性问题

由于众多客观因素，当前金融扶贫风险补偿机制或风险分担机制落实力度有待加强，部分扶贫信贷政策并未真正落实风险分担机制，部分贫困户对银行推出的扶贫信贷产品认识不清楚，片面地认为扶贫贷款是国家拨付的无偿救济资金，可还可不还。另外，贫困户所经营的产业大多为风险抵御能力较差的产业，容易受到天气、气候等影响，收入稳定性得不到保证，还款来源得不到保证，导致银行金融机构扶贫类贷款风险频发。因此，各金融机构在投放扶贫信贷产品时必须加强风险防范，切实向广大贫困户宣传产品，提高贫困户对扶贫产品的认知能力，要结合信用体系建设，宣传按期还款的必要性，多措并举，有力防范金融扶贫中的各种风险。

三、政策对金融扶贫的影响

经济社会快速发展，对国家政策提出了更高要求，政策必须紧紧跟随经济社会发展的步伐，唯有如此，才能真正实现政策的防风险和调控作用。就金融扶贫而言，笔者认为当前国家政策依然存在四个“没有变”：

一是国家全力服务脱贫攻坚的初心没有变，二是坚决打赢脱贫攻坚战的决心没有变，三是大力推进金融扶贫的路径没有变，四是金融支持贫困村出列和贫困户脱贫的感情没有变。

贫困地区基础设施薄弱，投资需求大，而这些项目大多具有公益性或准公益性，自身收益较少。如何创新信贷支持模式、持续加大对精准扶贫的信贷投入，是我们面临的一大课题。从政策影响来看，一方面为金融机构业务发展带来了挑战，另一方面也为金融机构业务发展带来了新的机遇。机遇与挑战并存，机遇远大于挑战。此外，在防控金融风险不断加强的今天，外部监管日趋严格，外部检查力度不断提升，对风险防控提出了更高的要求，乡村振兴战略的出台进一步要求各金融机构强化服务，面对新形势和新要求，创新信贷产品，在风险可控、符合监管要求的前提下，不断提升服务乡村振兴的水平，拓展服务乡村振兴的范围，塑造服务乡村振兴的良好形象。

四、政策建议

一是进一步提升政治站位，深刻认识服务乡村振兴的必要性。各金融机构要牢固树立使命意识和责任意识，将服务乡村振兴责任扛在肩上、记在脑中、印在心里。要充分认识党中央、国务院这一战略安排的时代意义和政治意义，全力完成好党中央、国务院赋予的任务，不断加大金融支持乡村振兴的力度。

二是进一步创新信贷产品，充分发挥服务乡村振兴的能动性。社会正发生深刻变革，社会的发展对金融信贷产品提出了更高的要求，这就要求广大金融机构不断创新信贷产品，更好地适应社会需求，更契合贫困地区的脱贫攻坚和乡村振兴需求。要进一步优化信贷产品，对不能完全满足现实需要的产品要素和申贷程序进行优化，既要提高办贷效率，减少重复劳动，又要提升客户体验，尽量减少客户重复提供申贷资料。要进一步研究乡村振兴需求，研发出更有针对性、更能契合乡村发展的信贷产品，提升金融支持乡村振兴的可操作性。

三是进一步优化支持模式，全力确保服务乡村振兴的合规性。各金融机构要积极探索不同模式在乡村振兴领域的运用，实现“多个龙头进水，一个龙头放水”。当前，要结合国家融资政策不断探索新产品、新途径、新措施，在项目扶贫和产业扶贫上下功夫，要做到办贷合法合规，加强顶层设计，从顶层逐步优化现有支持模式，形成合力，拧紧一根绳，不断推进金融扶贫业务合规发展。

四是进一步加强动态识别，不断提升服务乡村振兴的准确性。各金融机构要以较低成本对贫困户进行识别与动态跟踪，充分利用征信体系建设，对不同困难程度的贫困户予以精准识别。各金融机构要大力开展信用体系建设，共同搭建平台，加强信息沟通共享，充分掌握贫困户的经济收入状况和信用状况，在金融扶贫道路上“绝不落下一个人”，要全力提升对象的精准性，要打通金融扶贫的“最后一公里”，使对贫困农户的帮扶工作更加精准。

五是进一步完善考核机制，有效提升服务乡村振兴的精气神。脱贫攻坚是重大政治任务，也是民生任务，更是民心任务。各种考核较多，政府及外部监管部门对金融机构服务脱贫攻坚工作会开展综合绩效评价，也有一套较为健全的考核机制，但在实践中，应对现有考核机制进一步完善，根据服务乡村振兴的实际情况，科学、合理地设置指标体系，对服务乡村振兴成效运用“定性＋定量”综合评价，使考核更具有针对性、科学性、合理性。通过考核机制的优化，不断释放服务乡村振兴活力，不断提升服务乡村振兴的精气神。

农村社区银行服务美好乡村机制浅析

——基于安庆市85个重点示范村的调查

中国人民银行安庆市中心支行　操基平　祝群芳

党的十八大报告提出，要努力建设美丽中国，实现中华民族永续发展。2013年中央一号文件首次提出建设“美丽乡村”的奋斗目标。安庆市创造性落实中央部署，开展了以“生态宜居村庄美、兴业富民生活美、文明和谐乡风美”为主要内容的美好乡村建设。随着美好乡村建设向产业方面的纵深推进，金融服务约束逐渐凸显。为此，我们选择安庆市宿松、怀宁、潜山、望江、岳西、太湖和桐城8个县50个乡（镇）的左坝、江塘、桃园等85个中心村进行了专项调查。调查表明，美好乡村建设不仅加强了生态建设、环境保护和综合整治，也较好地推进了乡村产业发展和农民致富增收，有效金融服务需求逐渐增加，亟须契合需求的信贷供应加以解决。

一、安庆美好乡村建设取得的成效

2012年以来，安庆市通过财政安排专项资金、整合各类涉农项目资金及群众筹资等渠道，投入20多亿元，完善污水处理、道路、路灯、水系等基础设施建设，发展“一村一品”特色农业产业，建设了85个重点示范村，形成了一批各具特色的美好乡村示范典型，不仅给老百姓带来了实实在在的好处，而且提高了新的有效金融需求。

一是农村基础设施有了很大改善，奠定了金融服务基础。乡村固定资产年均增幅达 20%，完成了 85 个中心村的垃圾处理、污水处理、道路、路灯、水系等基础设施建设。新建污水处理设施 92 座，改造农村危房 3 万户，新修村级道路 1280 公里，疏浚清理河沟 450 公里。潜山成为国家美好乡村综合标准化示范县，宿松洲头乡入选全国美丽乡村创建试点，岳西通过了创建国家级生态县评估，太湖县寺前镇等 3 个乡镇成为国家级生态乡镇。

二是乡村特色产业有了较大发展，明确了金融服务方向。实施“一村一品”工程，形成了一批生态资源型、人文资源型、产业资源型村庄。岳西县梯岭村等 5 个村（社区）获评省级以上“一村一品”示范村，桐城市樟枫村等 20 个村获评省级生态村，宜秀区黄梅村等 9 个村（镇）获评省级特色景观旅游名村（镇）。2013 年全市 85 个重点示范村实现集体收入超过 10 万元的占 70% 以上，农民人均纯收入高于当地平均水平 10 个百分点。

三是新型农业经营主体蓬勃发展，明确了金融服务对象。示范村中新型农业经营主体发展十分迅速，截至 2013 年末，共有 1180 家农业产业化龙头企业，其中省级龙头企业 107 家，年营销收入超亿元的龙头企业逾 100 家；建成各类农民专业合作社 4071 家，入社农户超过 18 万户，辐射带动农户达 40 多万户，占农户总数的 1/3；家庭农场总数共 1072 个，农产品销售额达 4.7 亿元；专业种植大户规模化水平不断提高。新型农业经营主体新增无公害农产品 44 个、绿色食品 12 个、有机食品 22 个。农户就业逐步进入农村新兴行业，2010—2013 年从业人员比例由 31.4% 上升到 50.2%。

四是乡村社会治理得到了加强，改善了金融服务环境。安庆市在美好乡村实施了以“百村示范、千村拓展、万名美好乡村建设人才培养”为主要内容的“百千万”行动计划，选调 50 名村党组织书记到先发地区村挂职锻炼，选定 128 名干部和 120 名大学生“村官”到美好乡村工作，提高了乡村管理人员素质，优化了乡村治理机制。

二、美好乡村建设中的金融供求状况

随着乡村产业经济和农户生产、生活的变化，乡村金融需求大幅增长，而且呈现出一系列新的特点，与现行的农村金融服务出现明显的不适应性。

（一）乡村金融需求的特点分析

一是信贷需求多样化。一方面是信贷产品需求多元化。乡村新型农业经营主体融资需求贯穿其生命周期的各个阶段及生产经营流程的各个环节。在不同的发展阶段，针对不同的资金用途，新型农业经营主体对信贷产品的要求并不相同。另一方面是对产业链金融服务需求多元化。随着新型农业经营主体的发展，传统的以龙头企业带动的产业链模式将向多元化方向发展，比如核心的多元化、环节的变异、经营联合体的发展等。

二是信贷需求长期化与季节性并存。乡村新型农业经营主体对信贷资金的需求已超出传统农户小额信用贷款的范围，大额、中长期信贷需求显著增加。一方面，新型农业经营主体在农田基础设施建设、水利建设、大型农机具购置、农资及产品仓储等固定资产投入方面对中长期贷款的需求迅速增长；另一方面，农业生产经营的季节性特征，也决定了新型农业经营主体在融资需求方面同时呈现季节性特点。

三是金融服务需求向多样化转变。随着农业生产经营形式的转变，产业化的农户经济结构和收入结构使金融需求相对复杂，金融需求已经由过去的存款、贷款需求转变为结算、汇兑、咨询、保险、信托、租赁、投资理财、信用卡、有价证券买卖等多样化的金融需求。

四是普遍缺乏有效担保抵押。乡村农业经营主体拥有的资产是流转土地经营权、农房和农机具、种养动植物等动产。目前，土地流转经营权、农房抵押还存在法律障碍；农机具等动产抵押由于管理和变现难度大、难以取得他项权证等，在大多数地区均无法实现；面向乡村的担保体系几乎是空白，除少数农业产业化龙头企业外，商业担保机构对其他乡村经营主体提供的担保很少。

（二）乡村金融供给的适应性分析

近年来，农村金融组织体系发展较快，有力地促进了农村经济的发展，但是因为受制于资本规模、监管政策、风险控制、信用环境等，与新兴的乡村金融需求存在较大的不适应。

一是信贷总量不能适应乡村农业经营主体的需要。近年来，各涉农金融机构都加大了对“三农”领域的投入，但是现有涉农金融机构特有的信贷资金配置制度，如农业银行的商业化经营、农村信用社的商业化改革，都决定了信贷投入明显的去农业化和进城市化，对农户贷款发放量少，根本不能满足农村专业化经营特别是农产品基地的融资需要，农村信贷市场出现巨大的供需缺口。

二是信贷供应不适应乡村配套资金需要。“三农”经营与各种市场要素的联系紧密，生产资料市场、农产品及其加工产品的专业批发市场、仓储设施、农田水利等基础设施建设都直接关系到农业产业的稳定，这些相关产业所需金融服务却没有相应的供应渠道。

三是贷款方式不能适应乡村企业发展需要。一方面，担保贷款普遍缺乏有效抵押品和信用担保。大多数乡村小企业特别是农产品加工企业的土地多以租赁形式取得承租权，无法提供有效抵押品，一般不具备金融机构贷款支持的资质条件，导致涉农企业贷款难问题无法破解。同时，贷款期限结构不合理，乡村企业的经营特点是季节性强、流动资金需求量大且占用时间长，而农村金融机构出于对自身风险管理的考虑，往往更愿意提供短期贷款，造成信贷投放期限与乡村企业生产周期不匹配。

四是金融服务不能适应乡村需要。一方面，结算和网点服务不到位，农户的汇兑、资金结算、信用卡、委托收付款等金融服务需求难以得到满足。另一方面，非信贷金融产品少。现代农业企业所需要的资信评估、理财咨询、承兑汇票、贴现等各类代理特殊服务较少，农产品期货市场还无法和本地农产品对接，特别是一些农业龙头企业由于在大银行贷款困难，不得不在信用社开户，不仅承受较高的利息负担，而且无法享用优质的金融业务服务。

三、乡村金融供求不适应的成因分析

功能主义理论认为，金融中介具有资金动员、资金配置和分散风险三个方面的主要功能，其中资金配置功能最重要（林毅夫，2003）。当前的农村金融体系主要发挥资金动员而不是资金配置的功能，农村地区金融机构把大量的资金输送到城市，而对农村经济的资金供给相对较少，农村金融困境从宏观上而言主要在于其资源配置功能的缺位。资源配置功能缺失，主要原因在于资源配置的成本过高，金融机构进行资源配置时的成本由信息收集费用、管理和监督费用和违约损失预期费用三个部分组成。在现有的正规金融体系下，这三项费用均较高，决定了金融机构在农村进行资源配置的成本较高。

一是信息收集费用过高。由于农户和农村企业财务制度不健全，信息透明度低，加上农村缺少资信评级机构和资产评估机构，金融机构与农户之间的信息严重不对称，大大增加了信息收集费用。

二是管理和监督费用过高。地理上的不便和乡村经济主体财务制度等制度的不健全，增加了金融机构的管理和监督工作难度，再加上农村的金融需求往往频率高、金额小，作业量大且零碎，使这部分费用变得相当昂贵。

三是违约损失预期费用过高。农户和农村企业自生能力差、经济规模很小、经营状况不稳定，加上自然风险与市场风险大，从而导致较高的违约损失预期费用。

由此可以看出，现有金融体系在较高的资源配置成本约束下，经营利润偏低甚至为零，严重地削弱了金融机构提供金融服务的动力，从而限制了其资源配置功能的正常发挥。

四、构建乡村社区银行制度，服务美好乡村

根据上文的分析，在目前的农村金融供需结构下，解决农村金融供需缺口，需要建立能够降低金融体系资源配置的成本、恢复农村金融体系资源配置功能的金融机构。由民间资本组成的、产权明晰、能适应需求特点、勤于与客户良性互动的社区银行具有明显的比较优势，无疑是一个良好的选择。

（一）乡村社区银行服务乡村经济的比较优势

传统的社区银行与地区经济、生活融为一体，形成了一个银行与农户、农村企业互惠金融共生体系，因而具有显著的内生性特点，较之其他大银行具有定位差异、人缘地缘、集中经营、风险识别和灵活便捷等优势，具有更高的服务效率，能够较好地满足乡村的金融需要。

首先，社区银行的内生性使其能够与本地区的经济主体进行积极互动，实现与本地区经济的良性循环。世界银行（1989）认为，在过去的40多年里，很多国家和地区的政府努力通过引进正规金融机构向民间（包括农村地区）提供信贷，但效果很不理想，正式的金融安排往往无法满足民间部门的要求。从外部引入金融制度，而不是内生于本地区，是这种努力失败的最重要的原因。社区银行的内生性也意味着其与本地经济的适应关系是动态的、持久的，从而为农村地区的发展提供了持久而有力的金融支持。

其次，社区银行能够满足农村的金融需要。社区银行的规模较小，以特定农村农户和中小企业为对象，能够较好地了解客户的特点和金融需求，不仅能够进行相应的金融创新，提供相应的个性化服务，较好地缓解农村资金外流的现象，将农村地区的资金用于支持农村经济的发展，而且可以提高农村金融供给种类的多样化程度，满足小企业的金融咨询、租赁等需求。对于金融需求日益多样化和复杂化的现代乡村而言，社区银行是金融机构发展的一种很好的选择。

最后，社区银行能够恢复农村金融资源配置的功能。社区银行一般而言对当地情况比较熟悉，也可通过多种渠道收集当地客户的真实信息进行风险判断，因此对有关资信材料要求和担保条件可以适当放宽，手续能够适当简化，在更好地方便客户、最大限度地提高顾客满意度的同时，也大大减少了信贷的成本。另外，由于社区内彼此熟悉，信贷等业务的管理和监督比较容易，客户也会因具有道德约束而守约，所以管理和监督成本也较低。因此，社区银行能以较低的成本将吸收的本地资金投入当地，改善乡村的金融资源配置。

（二）促进农村社区银行健康发展的建议

社区银行比较优势的发挥有赖于激励相容的管理制度，需要包括法律制度、监管制度、信用环境等多个方面的政策支撑。

一是应建立规范的社区银行准入和退出制度。社区银行在经营中不仅面临单一农户和中小企业的风险，而且面临农业和中小企业行业的系统性风险，容易因经营不善而遭市场淘汰，影响整个金融体系的安全，因此应采取比一般商业银行更严格的监管方式，对资本金等市场准入条件的要求应更加严格，对风险救助、市场退出和事后处置制定明确可行的操作程序，在日常监管中严格限制单户贷款最高限额、股东贷款比例和关联企业贷款，维护金融市场的理性竞争秩序。

二是应制定有益于社区银行发展的金融监管制度和政策。由于社区银行规模较小、实力较弱，其服务对象小企业的发展和居民消费又对国家经济发展贡献巨大，国外普遍对社区银行实行政策倾斜，我们可以借鉴国外做法，一方面对社区银行提供政策倾斜，例如在存贷准备金政策、贷款贴息政策和税收政策等方面给予优惠支持；另一方面制定相应的监管标准，规范监管规则，为社区银行的发展创造一个清晰、公平的竞争环境。同时，应健全金融风险预警、防范、处理与补救机制。

三是应加强社会信用基础和信用制度。目前，我国农村征信系统还有待完善，社会信用服务的市场化程度较低，这些都不利于农村信贷资金的有效投放。因此，通过制度安排来规范和约束信用活动是维护经济和金融秩序、防范信用风险的重要保证。应将各种信用活动纳入具有约束力和制衡力的信用规则下运行，加大失信惩罚力度，在全社会营造诚实守信的氛围。

绿色金融服务乡村产业兴旺路径分析

——基于安庆市85个重点示范村的调查

中国人民银行安庆市中心支行　管玉贵　操基平

党的十九大提出了乡村振兴战略。中央乡村工作会议指出，实施乡村振兴战略，要坚持绿色生态导向。绿色导向的乡村振兴战略必然产生巨大的绿色金融需求，也为绿色金融提供了广阔的发展空间和机遇。建设农村绿色金融，发挥绿色金融整合资源功能，助力乡村振兴战略的实施，成为自然的选择。我们就此选择安庆市桐城、怀宁、潜山、望江、岳西、太湖和宿松7县50个乡（镇）的85个中心村进行了专项调查，希望作出有意义的探索。调查分析表明，在打好防范风险、精准扶贫和污染防止三大攻坚战背景下，乡村振兴战略衍生出巨大的绿色金融需求，但是绿色金融的供给存在明显瓶颈，亟须采取有效措施，推动农村绿色金融与乡村振兴和谐相生。

一、安庆市乡村产业发展现状

近年来，随着社会经济的发展，国家对“三农”的支持保护力度不断加大，农村基础设施和公共服务逐步改善，安庆市乡村产业呈现出良好的发展趋势，但也面临许多问题。

（一）安庆市乡村产业取得的成效及其不足

近年来，安庆市各县区乡镇发挥比较优势，大力发展“一村一品”

“一乡一业”，积极推进专业化、特色化、集约化生产，逐步形成了各具特色的产业布局。2017年，全市规模以上农产品加工产业实现产值880.3亿元，同比增长10.9%，总量居全省第二。规模以上企业共674家，居全省第一位，拥有国家级、省级农业产业化龙头企业数量分别居全省第二位和第一位。第一产业基本建成以怀宁、桐城、望江、宿松为重点的百万亩优质粮油基地，以怀宁、潜山等为重点的百万亩高效园艺基地，以桐城、太湖为重点的百万头（千万羽）有机畜禽基地，以宿松、望江为重点的百万亩特色水产基地，以宿松、岳西为重点的百万亩高效林业基地等五个百万基地。第二产业初步形成了以桐城新渡镇和潜山源潭镇为代表的特色产业积聚，其中新渡镇的塑包产业集聚了860多家上下游企业，2017年完成规模以上工业产值86.83亿元，全国市场覆盖率达25%～30%，形成了集原料供给、塑料加工及研发、包装、印刷、物流为一体的产业集群。潜山源潭镇制刷集聚了3535家企业，2017年制刷业产值达55.7亿元，环卫刷、工业刷分别覆盖国内市场的90%和70%以上，民用刷占全国市场的1/4。第三产业基本形成以环花亭湖、天柱山周边、大别山腹地、宜秀区龙山风水等区域为重点的乡村旅游产业和遍布全市乡村、网点全覆盖的农村电商产业。

从总体上看，安庆市乡村产业发展处于初级阶段，产业层次低，产业经营主体实力弱，要素的吸纳环境差，扶贫脱贫任务艰巨，经济发展不平衡、不充分问题十分突出。

一是产业层次不高。第一产业大而不强，优质农产品较少，缺乏有规模、有竞争力的拳头产品，更没有在全国叫得响的品牌。2017年水稻种植面积达430万亩，占粮食总面积的74%；养殖业生猪出栏260万头，家禽出栏6900万只，牛、羊分别为6.7万头、9.4万只，特色养殖品种少；水产养殖面积为180万亩，占全省的1/4，水产品产量为31万吨，“四大家鱼”占70%以上，蟹、虾、鳅、鳝等名特优品种不到30%，低于全省平均值3个百分点。第一产业占地区生产总值的11.3%，分别比合肥、芜湖、马鞍山高6个、5.2个和5.1个百分点。县域不平衡性突出，桐城、怀宁第一产业占12%以下，潜山、岳西第一产业占比分别为14.4%、

18.2%，望江、宿松和太湖三县第一产业占比在21%以上，不少乡镇村还基本维持传统农业生产现状。第二产业实力偏弱。农产品加工业技术水平低，创新能力弱，初级产品多，大米、油脂初加工生产能力过剩，深加工比重不足40%。乡村工业规模小、效益差，对县域经济的贡献不大。第三产业活力不够。乡村旅游多以餐饮、住宿、农产品采摘为主，同质化倾向突出，经营形式简单雷同，乡情乡韵、文旅融合等高端项目较少。乡村三大产业关联度低，融合度低，产业链不完整、不配套，产品附加值低，综合效益不高，缺少带动力强的三大产业融合大项目和产业园。

二是乡村产业经营主体实力不强。2017年，安庆市农业产业化龙头企业有4家进入500强，但排在200位以后。产值在50亿元以上的企业仅申洲纺织1家，且两头在外。6家国家级农业产业化重点龙头企业分别为鸿润、霞珍、天馨等羽绒及被服企业和稼仙、联河、绿福等粮食生产加工企业，大多数产品附加值不高，上下游产业关联性弱，总体效益不高。相对规范的省级、市级示范农民专业合作社分别有85家、417家，分别仅占总数的1.3%、6.6%，多数合作社业务停留在技术信息服务和初级农产品生产销售的合作上，服务内容以生产、技术服务为主，服务区域局限于邻村，盈利水平普遍较低，难以使社员从中获得更多的收益。很多家庭农场和大户经营规模小、技术层次低，抵御市场风险、自然灾害的能力较弱。

三是产业条件不优。部分偏远乡村的基础设施联通衔接不足，乡间道路、农田水利、供水供电等条件较差。有的地方卫生环保、网络通信、仓储物流等设施不发达，难以适应融合发展需要。有的中心村短期工程建设投入较多，但后期长效管护跟不上，脏乱差现象时有反弹。集镇建设是短板，特别是一些现代农业示范区、旅游景点周边的集镇，产业集散设施匮乏、承载功能不强，集镇风貌与美丽乡村不相称，抑制了产业升级和消费需求释放。

四是农业生态环境亟待优化。农业资源过度开发、农业投入品过量使用、农业内外源污染相互叠加等因素使农业可持续发展面临重大挑战。如环境污染问题突出，畜禽粪污等农业废弃物无害处理不力；生态系统退化明显，特别是土壤污染不容忽视。根据安徽省第一次土壤污染状况调查结果，安庆市轻微污染 26.1 万亩，轻中度污染 5.2 万亩，重度污染 0.5 万亩，且呈进一步恶化趋势。

（二）安庆市乡村产业兴旺之路

基于乡村产业发展的现实状况，安庆市乡村产业发展应依托现有基础，发展适应农村特点和市场需求、符合农村资源禀赋优势的多元产业产品，坚持发展绿色农产品加工业、休闲农业、乡村旅游、劳动密集型加工制造业、各种生产性和生活性服务业产业，为城乡居民提供优质的产品和服务，满足市场需求。

一是发展绿色生态农业，优化农业结构。坚持以市场为导向，调整农业结构，扩大优质农产品供给，实施种植业提质增效和养殖业转型升级。一方面，推广绿色循环生产模式。总结望江等地经验，推广稻渔（虾）综合种养，发展休闲渔业。巩固湖泊“三网”拆除成果，坚持湖泊水生生物资源保护和渔业合理利用并重，发展“以渔养水、以渔净水”人放天养的增值渔业。另一方面，推进农业废弃物资源化利用。以桐城市秸秆产业示范园建设为重点，发展秸秆制气、秸秆饲料、秸秆基料食用菌种植和高效有机肥产业。

二是加快乡村工业积聚转型升级。立足现有基础，一方面，加快转型升级，推动纺织服装、塑料包装印刷、装备制造、新材料、电子信息等产业上规模、上档次、上水平。加快推动桐城羽绒、岳西特色家纺产业集约化发展，发挥桐城市“中国包装印刷产业基地”、潜山县源潭镇“中国刷业基地”品牌优势，推动塑料包装印刷及制刷产业集群化发展。推进桐城节能环保装备、怀宁新材料与高端装备、潜山安全防护设备、太湖功能膜材料等产业转型发展、创新发展、高端发展。另一方面，依托安庆市绿水青山、田园风光、乡土文化等资源，开发休闲农庄、乡村酒店、特色民宿、自驾营地、户外运动、森林氧吧等乡村休闲度假产品和健康养生养老产业，探索发展农田艺术、创意盆栽、个性化定制服务等创意农业产品，培育康养目的地，促进休闲农业和乡村旅游的多样化、个性化发展。

三是着力三大产业融合，促进产业升级。乡村产业兴旺，需要三大产业融合、全面发展。一方面，发展农产品产地初加工。扶持新型农业经营主体引进贮藏、保鲜、烘干、清选分级、包装、运销等技术装备和第三方服务，减少农产品产后损失，提升入市品级。同时，提升农产品精深加工水平。培育主食加工产业集群，扩大生产营养、安全、美味、健康的多元化主食产品。加强与健康、养生、养老、旅游等产业的融合对接，开发功能性及特殊人群膳食产品，努力提高农产品附加值和农业整体效益。

四是采用先进适用的环保技术，降低对环境的负外部性。大力发展乡村环保产业，促使其在资源回收利用、污染治理等方面发挥积极作用。贯彻落实农药、化肥使用量“零增长行动”，以减量控害为抓手，以统防统治和绿色防控为重点，大幅提高全市主要农作物绿色防控技术覆盖率和专业化统防统治覆盖率。提升耕地质量，综合运用工程、农艺、生物等措施，建立耕地轮作轮休制度，推广农牧结合、粮经轮作、间作套种、水旱轮作等，改善田园自然生态系统。

二、乡村产业转型衍生的金融需求及其特点

根据上述发展思路，根据农业部、国家发展改革委等八部委关于印发《全国农业可持续发展规划（2015—2030 年）》的精神，农村比以往任何时候都需要绿色金融。

（一）乡村产业转型衍生的金融需求

首先是农业生产环境治理方面的金融需求。一是乡村人居环境改善需要建设大量污水处理设施、垃圾处理设施。二是急需推广高效、低毒、低残留农药、生物农药和先进施药机械，推进病虫害统防统治和绿色防控需要资金投入。三是需要推进水产养殖池塘标准化改造和生态修复、规模化畜禽养殖场（小区）标准化改造和建设，控制畜禽养殖污染排放，完善污染治理设施建设，综合治理养殖污染及农田污染。

其次是农业生态保护、修复与建设，提升生态功能的金融需求。包括

水土流失综合治理、灾害防控，退耕还林还草，通过湿地保护、河湖生态系统功能的有效修复、增强与综合治理，恢复水生生态系统和修复水产养殖生态系统，加强畜禽遗传资源和农业野生植物资源保护，促进和保护生物多样性，修复农业生态。

再次是促进耕地资源保护和农田永续利用的金融需求，包括推进实施数量与质量并重的耕地占补平衡措施，通过深耕深松、保护性耕作、秸秆还田、增施有机肥和种植绿肥等土壤改良方式提升耕地质量，增强农业综合生产能力和防灾减灾能力等。

最后是乡村产业绿色转型升级方面的资金需求。通过推广节肥、节水、节药等节约型农业技术，培育林下经济（林下种植和林下养殖）、"猪沼果"、"稻鱼共生" 等生态循环农业模式，促进农业资源循环利用，实现农业废弃物趋向零排放。

（二）乡村产业兴旺的金融需求的适应性

近年来，特别是党的十九大以来，人民银行通过持续的调研式督导、定期的金融分析提示等创新式的窗口指导、考核评价、定向降准、扶贫再贷款等政策支持激励以及规划引领，极大地改善了农村金融服务。2018年4月末，安庆市涉农贷款余额达888.37亿元，较年初增加37.86亿元，较大地改善了农村金融需求。根据上文的需求分析，乡村振兴衍生的金融需求具有多样化、总量和单项金额大、期限长而且总体收益低的典型的绿色金融特点，这对以提供简单、小额、短期和高利率为主的传统农村金融形成了强烈的冲击。

一是知识上的不适应。县城以下乡村金融网点少，拉大了乡村信贷服务供求双方的物理距离，加剧了信息不对称，增加了信贷的申请、审批和管理成本。金融机构从业人员很少拥有循环农业和绿色农业方面的知识，既不能很好地了解客户需求并进行客户行为分析，也不能科学地评估乡村经营主体的经营活动，从而提供符合需求的绿色信贷产品。

二是信贷供应条件不适应。乡村金融机构出于自身风险管理的考虑，往往只供应短期贷款，这与长期需求不匹配，而且金融机构普遍依赖抵押担保作为风险保障，而75%的乡村经营主体无法提供银行认可的抵押或担保。

三是综合性需求的不适应。乡村产业兴旺需要与各种市场要素联系，如农产品及其加工产品的专业批发市场、仓储设施、农田水利等基础设施建设等都直接关系到农业产业链的稳定。这些相关产业都需要金融尤其是政策性金融的支持，而现有的乡村金融机构基本没有相应的服务。

四是多样化需求的不适应性。农村金融仍然是传统的存、贷、汇，中间业务局限于代理保险、代收代付等简单的业务，企业所需要的汇兑、资金结算、委托收付款等信贷服务难以得到满足，保险发展滞后，成为制约乡村产业兴旺的瓶颈。

三、农村绿色金融支持乡村振兴的路径分析

乡村振兴金融需求具有多样化、总量和单项金额大、期限长而且总体收益低的典型特点，为绿色金融提供了历史发展机遇。

（一）农村绿色信贷政策体系基本形成

运用金融工具促进环境保护，是我国的基本国策。近年来，有关部门出台了一系列的相关政策措施，推进绿色金融发展。如2004年国家发展改革委、中国人民银行 、中国银监会出台了《关于进一步加强产业政策和信贷政策协调配合　控制信贷风险有关问题的通知》，2007年国家环保总局、中国人民银行、中国银监会出台《关于落实环保政策法规　防范信贷风险的意见》，中国银监会于2012年出台了《绿色信贷指引》，中国银监会、国家发展改革委于2015年出台了《能效信贷指引》，中国人民银行于2015年出台了《关于在银行间债券市场发行绿色金融债券有关事宜的公告》，特别是中国人民银行等七部委于2016年出台的《关于构建绿色金融体系的指导意见》，标志着我国绿色金融体系的基本建成。

上述一系列政策中都包含了农村金融政策要素，体现了支持农村绿色金融和绿色信贷的明显政策含义。一是金融部门把农业资源环境保护作为

基本国策，通过金融业务的运作来体现“农业可持续发展”战略，从而促进农业环境资源保护和农村经济协调发展，并以此来实现农村金融可持续发展；二是促进金融业在农村信贷政策、信贷对象、信贷条件、放款种类和放款方式上，重点扶持绿色农业，在信贷投量、利率等方面给予倾斜；三是开启绿色保险、绿色证券业务。

（二）绿色金融服务乡村绿色转型的优势

一是农村绿色金融高度契合低碳农业技术经济要求。乡村绿色发展主要聚焦农业绿色发展，而农业绿色发展又是建立在绿色技术基础之上的，农业是弱质产业，而且绿色技术的正外溢性很强，农业绿色技术研发似乎将更加依赖政府及其所属科研机构。在绿色农产品市场不断标准化和规模化、我国农村土地制度深入改革及其他生产要素市场不断发展的趋势下，在政府的绿色支持政策的配合下，绿色农业经营将完全能够满足商业利益需要，绿色技术研发应用也将由此成为绿色农业经营主体的内在需求和理性选择，这便为农村绿色金融发展提供了必要的微观基础。农村绿色发展是农业循环经济技术应用普及过程，贯穿了“农业生产要素的投入、农产品的产出和农业废弃物的资源化的全过程”①，“农业污染不能仅从技术层面去解决，还必须上升到政策层面去研究分析”②。应“采取财政激励措施引导农民运用环境友好型化肥施用技术”③，尤其应考虑通过运用金融机制来激励农业循环技术的运用，要求农村绿色金融尽快“破茧而出”，否则一系列规制政策将无法有效实施。

二是农村绿色金融可以更好地适应农业循环经济与技术发展。农业循环经济是一种较为成熟的经济与技术形态，是农业生产组织形式的高级形态，农村绿色金融的功能就在于尽量促成该协同创新体系的形成与有效运

---

① 李富田，等．循环经济视角下的农业面源污染治理机制建构［J］．农村经济，2016（11）．

② 朱立志，章力建，李红康．农业污染防治的财政与市场补偿机制［J］．财贸研究，2007（4）．

③ 叶初升，惠利．农业生产污染对经济增长绩效的影响程度研究——基于环境全要素生产率的分析［J］．中国人口·资源与环境，2016（4）．

转；同时，该协同创新体系所开展的有组织、有序的研发创新行动也能合理配置稀缺的研创要素，降低研发技术方案选择的盲目性，提升技术成果应用转化水平，这样便基本符合资本金规模较小、市场竞争实力较弱的农村绿色金融体系（主要是农村银行信贷机构）风险定价的数据信息需要和承担不可预期损失的经济资本总量不足的实际状况。

三是农村绿色金融有利于积极参与农村资源环境协同治理。从深层次来看，金融参与农村资源环境治理是符合商业原则的利益行动和理性选择。一方面，乡村振兴发展所面临的资源环境约束已日益明显，参与资源环境治理、支持绿色发展应成为农村金融的主动选择和未来战略导向，绿色金融市场的开拓必将开启农村绿色金融市场的竞争与合作，绿色金融完全有望成为我国农村金融发展的新机会与新增长点。另一方面，目前农村资源环境治理中属于事后管理的工程技术以及农村循环经济技术等事前、事中治理技术已渐趋成熟，关键是技术的先进性能否转化为经济的合理性，而金融可在技术与经济的有效结合上发挥特殊的作用。

四、农村绿色金融服务乡村振兴的路径

绿色金融切入乡村振兴战略，就是指金融机构在农村金融发展过程中，从农业资源环境保护性利用出发，通过金融业务的运作来推动农业可持续发展战略的实施。应定位于解决具有一定商业价值潜力但财政资金覆盖不到或者投入不足的乡村绿色发展项目，特别是发挥绿色金融在金融资源、平台、专业等方面的优势，实现绿色金融对社会资本的引导作用和放大效应，从而解决制约乡村绿色发展的资金瓶颈问题。

（一）绿色金融服务乡村振兴战略的着力点分析

绿色金融支持乡村振兴战略的基本思路可总结如下：根据乡村振兴战略整体部署，通过政策和财政资金的引导，以市场化方式为乡村绿色发展提供信贷、债券、基金等多元化的绿色金融产品供给，重点解决绿色金融体系各组成部分运转相对独立、缺乏有效衔接的问题，形成以绿色信贷为

基础、绿色债券和绿色基金为新动能的良性运行机制，各绿色金融工具彼此之间相互联动、协同发展，共同促进乡村绿色发展。

一是绿色信贷助推乡村传统产业改造升级。金融机构对乡村传统产业骨干企业的技术改造、研发能力提升、循环经济发展等方面给予信贷支持，有助于其提高技术水平和进行节能减排，促进其向高端、先进、绿色方向发展。同时，对于技术落后、产能过剩、环保不达标的产业项目和企业限制信贷，将加快过剩、落后产能的淘汰，促进低端行业和低端企业的整合、转移和退出。

二是绿色证券助推乡村产业调整和整合。绿色证券为乡村企业的发展开辟了新的融资渠道，而且降低了融资成本，有助于支持该类企业发展中长期项目和开展兼并重组，对乡村产业升级起到推动作用。同时，绿色证券在发行过程中的环保审查、信息披露、环保监管等机制将激励乡村企业关注绿色绩效，加快绿色升级发展步伐。

三是绿色保险助推乡村产业转型。绿色保险是指与环境风险管理有关的各种保险计划，其中环境污染责任保险最具代表性。由于保费费率与环境污染风险挂钩，而且保险公司对投保企业有持续的监控和督导，因此环境污染责任险有利于促使乡村企业加强环境风险管理，加强节能减排治污。将绿色信贷和环境污染责任险联动，将乡村企业是否投保环境污染责任保险与其获取信贷的资质挂钩，将有助于进一步便利乡村企业融资。另外，其他与环保技术和产业相关的保险，比如低碳环保类产品质量安全责任保险、再生能源项目保险等，有助于促进新兴乡村产业的发展。

四是绿色产业基金支持乡村产业技术和新兴产业发展。绿色产业基金的股权融资方式是促进绿色企业和绿色项目发展的一条重要途径，特别是对于具有绿色环保性和较高科技含量的农业资源综合利用项目来说，由于前期的研发创新需要投入而未来的收益和发展不确定性较大，急需绿色创业投资和风险投资的介入。政府可通过设立专项的绿色产业基金或投入一定资金作为种子基金，撬动多倍的社会资金投入农业循环产业，促进农业新技术和新业态发展。

五是碳金融市场为循环农业发展搭建交易平台。碳金融交易机制具有温室气体排放价格发现的功能，企业的环境成本能够清晰计算，企业在成本压力下将提高技术水平和生产效率，降低污染或向低污染、高利润行业转型。同时，碳金融市场通过碳排放权的金融衍生品交易、低碳技术和项目融资等机制和活动为农业循环企业的发展和创新提供了新的融资平台，并通过与绿色金融、绿色证券等融合创新，进一步推动循环农业的发展。

（二）推进农村绿色金融路径

由于我国农村各类经营主体发展水平有限、资源环境意识不强，我国农村绿色金融发展面临需求侧的瓶颈，农村绿色金融服务供给明显不足，农村绿色金融的力量仍主要停留在政府层面，农村金融机构、中小金融机构和市场主体资金规模小，人员素质与金融技术创新能力较低，参与能力薄弱，社会资金缺乏进入农村绿色产业的合适渠道，不能提供更多资金，不能培育和开发更多的农村绿色金融工具，农村绿色金融发展面临严峻的供给侧压力，亟须从培育绿色金融消费和供给主体、强化政府在农村绿色金融中的作用等方面采取有效措施。

一是培育农村绿色金融服务需求主体。广泛开展绿色金融教育，培育和提高农村企业和居民的绿色金融消费意愿。同时，完善绿色农产品认证机制和定价机制、市场流通体系、绿色农产品检测和消费识别机制，保证绿色农产品市场价值的实现。

二是构建农村绿色金融服务供给机制 。农村金融机构一方面要构建和完善金融机构绿色金融发展的内部激励约束机制和外部监督机制，强化农村资源环境、生态保护和社会责任意识，将绿色金融理念融入具体业务，通过控量、限贷和提价等手段，实施“环保一票否决”的信贷审批制度，优先支持节能减排技术创新、技术改造、污水处理等项目企业。另一方面，制定农村金融机构发展绿色金融的战略目标和发展规划，并为绿色金融的有效开展提供组织保障、企业文化（包括信贷文化）、人才、政策等保障。

三是完善农村绿色金融发展的支持体系。首先，要强化农村绿色金融政策指引。出台农村绿色信贷扶持政策，制定农村绿色信贷目录指引和农业项目环保标准、农村环境风险评级标准，并实施差别信贷政策、差别存款准备金政策，放宽商业银行农村绿色信贷的规模控制，引导商业银行开展农村绿色金融业务。

其次，发挥政策金融在农村绿色金融发展中的作用。借鉴德国政府推动农村绿色金融的经验，一方面不断开发农村绿色金融产品，支持有利于农村资源环境和生态保护的项目，支持有机农业、生态农业的发展；另一方面，对经过环保部门认证的农业农村绿色项目予以较长期限的持续性贴息，有些绿色农业项目贴息期限甚至长达 15 ~ 20 年。环保部门的参与，可以确保贴息政策精准地支持绿色农业项目的发展。

最后，建立和完善环保机构环保信息披露机制、风险分担转移机制及风险补偿机制，促进环保机构与金融机构之间的信息对称，降低商业银行绿色信贷业务风险管理成本。

绿色金融视角下商业银行可持续发展分析

——以兴业银行为例

兴业银行安庆分行　占宝中　朱清秀

2016年8月31日，中国人民银行等七部委发布了《关于构建绿色金融体系的指导意见》，明确了绿色金融发展的目标和任务。发展绿色金融不仅有助于加强对环保企业的信贷支持，促进企业绿色转型，而且可以有效防范金融行业的环境风险，促进商业银行可持续发展，因此具有非常现实的意义。

一、国内外商业银行发展绿色金融实践经验

绿色金融的核心在于如何平衡金融业与可持续发展的关系，从而为生态、环保及绿色产业领域提供资金融通，构建绿色金融体系。国外商业银行绿色金融发展远远领先于国内商业银行，在金融实践及绿色金融制度建设方面拥有丰富的成功经验，如花旗银行、汇丰银行、德国复兴信贷银行等一批各具特色的国外商业银行。国内的绿色经济转型尚处于初期阶段，吸取国外商业银行绿色金融发展的成功经验，对于国内商业银行建立一套适合中国国情的绿色金融生态体系具有重大意义。

（一）国外银行业绿色金融实践经验

花旗银行为致力于环境保护及社会发展并重，始终遵循可持续发展原则，积极响应绿色信贷方针，拒绝为污染企业和对环境带来严重负面效应

的企业提供信贷。

汇丰银行在发展绿色金融业务时，主要关注两大领域：一是融资，通过为可再生能源和高效交通运输等绿色行业提供资金支持，协助客户向绿色经济转型；二是社区，与主要慈善机构合作，支持社区项目，尤其是有关教育和环境的项目。

德国复兴信贷银行是国家控制的政策性金融机构，但不受政府控制，对中小型企业，尤其是环保领域的中小企业在资金融通方面处于决策性的地位。复兴信贷银行还推出了“环境贷款项目”“KFW 能源基金转移计划”等项目，由联邦政府提供贷款折扣。

（二）国内银行业绿色金融实践经验

与国外银行相比较而言，国内商业银行绿色金融实践起步较晚，经验不足，近几年才开始迅猛发展，如兴业银行、工商银行、建设银行、中国银行、农业银行等。

兴业银行自 2005 年就联手其合作伙伴国际金融公司（ IFC），计划设计绿色融资产品，探讨国内能效融资的创新模式，2008 年公开承诺采纳赤道原则，成为全球第 63 家、中国目前唯一的一家赤道银行；同时，自 2010 年以来，兴业银行每年都加入全球“地球一小时”的活动行列。在开展活动之前，兴业银行总行就已经通过其内部平台向全行员工发出倡议，通过微信和微博等平台多渠道推送有关“地球一小时”的宣传图片、音频及视频内容，号召银行员工和广大客户通过熄灯一小时的活动形式来关注环境问题。在引入绿色金融理念、践行绿色金融业务方面，兴业银行已成为金融领域开展绿色金融业务的领跑者。

工商银行制定了《关于加强绿色信贷建设工作的意见》等政策，交通银行制定了有关 31 个具体行业的绿色信贷管理和操作要求，浦发银行提出了对节能减排的明确信贷支持，招商银行专门推出了《绿色发展营销指引》。这些举措必然将促进我国银行业绿色金融的发展。

二、绿色金融发展现状及存在的问题

我国上市商业银行的绿色金融业务发展迅速，已形成以绿色信贷为主，绿色债券、绿色基金、绿色融资租赁等为辅的多元绿色金融业务体系，但在发展过程中也存在一定的问题，如各银行发展不均衡、产品单一、人才缺乏等。

（一）我国商业银行绿色金融发展现状

1. 绿色金融市场逐步形成，绿色金融体系稳步构建。在经济结构面临调整及供给侧改革推行的关键时期，绿色金融需求量较大。据中国人民大学绿色金融团队测算，2015—2030 年的绿色融资需求为 123 万亿元。在巨大的融资需求推动下，各商业银行也开始大力推进绿色金融业务。2013 年 11 月，29 家银行业金融机构签署《中国银行业绿色信贷共同承诺》；2014 年银行业金融机构共同发起设立中国银行业协会绿色信贷业务专业委员会。同时，各银行大都制定了相应的绿色信贷政策、指引或意见，也进行了一系列的金融产品及机制创新，绿色金融体系正在逐步构建。

2. 碳交易市场日趋成熟，碳金融逐步发展。2008 年，国家发展改革委决定成立碳交易所。不久，北京、上海环境能源交易所和天津碳排放权交易所相继成立。目前，北京、天津、上海、重庆、湖北、广东及深圳已经相继启动碳排放权交易试点，共纳入控排企业和单位 2000 余家，年覆盖碳排放配额 12 亿吨，累计交易量超过 5000 万吨。随着碳交易市场的日趋成熟，碳金融也正逐步发展。

3. 积极推进国际化合作，提升绿色金融水平。目前，我国已有多家企业和金融机构在海外市场发行了离岸绿色债券，市场反响较好。未来，政府还将加快推动开展绿色金融国际合作。一是通过“一带一路”倡议、上海合作组织、中国—东盟等区域合作机制和南南合作，以及亚投行和金砖国家开发银行撬动民间绿色投资的作用，推动区域性绿色金融国际合作；二是积极稳妥地推动绿色证券市场双向开放；三是推动对外绿色投资水平，鼓励和支持我国金融机构、非金融企业和我国参与的对外投资项目加强环境风险管理、提高环境信息披露水平、使用绿色融资工具筹集资金、开展绿色供应链管理等。

（二）我国商业银行绿色金融发展存在的问题

1. 绿色金融业务发展失衡。各商业银行发布的社会责任报告显示，规模不同的商业银行之间，绿色金融业务存在着发展失衡现象。商业银行自身规模大小与其绿色金融业务的规模大小基本成正比：资产规模大、实力强劲的商业银行，其绿色金融业务的规模较大，种类较多；资产规模较小的，如城市商业银行，绿色金融业务集中于绿色信贷，且规模较小；农商银行则没有具体的绿色金融业务数据。

2. 绿色金融业务品种较为单一。目前，我国商业银行的绿色金融业务体系不够健全，大部分集中体现于绿色信贷业务，尚未形成系统的绿色金融业务体系。如杭州银行 2016 年度社会责任报告显示，2016 年绿色信贷较上年增速高达 53.2%，但并未公布绿色债券、绿色理财等其他绿色金融业务的数据；建设银行 2016 年度社会责任报告显示，其绿色信贷从 2014 年的 4870.77 亿元增加到 2016 年的 8892.21 亿元，近乎翻了一番，而在其他绿色金融业务上却没有具体的数据；在绿色融资租赁业务方面，仅有兴业银行和中信银行有明确的数据统计。种种迹象表明，我国商业银行当前绿色金融业务品种仍然较为单一，实现多元化的绿色金融业务任重而道远。

3. 绿色金融专业人才缺乏。目前我国商业银行绿色金融专业人才匮乏，主要有两大原因：一是绿色金融业务是创新复合型业务，既要求从业人员具备系统的商业银行经营与管理知识，又要求从业人员具备相关的环境保护、环境风险管理等专业知识；二是大多数商业银行尚未建立起专门的绿色金融业务部门，当前的绿色金融业务多是混杂在一般的商业银行业务当中一并处理，这不仅使得从事绿色金融业务的人员缺乏专业指导，导致其对绿色金融业务的风险认识不足而使商业银行产生损失，而且使从业人员的绿色金融业务经验难以进行归纳总结并推广。

三、兴业银行绿色金融发展案例

2008 年，兴业银行在我国率先采用赤道原则，成为世界第 63 家、中国第一家赤道银行。在引入绿色金融理念、践行绿色金融业务方面，兴业银行已成为金融领域开展绿色金融业务的领跑者。经过多年的发展，兴业银行已设计出融资服务与排放权金融服务两大产品，全面满足客户多样化的绿色金融服务需求。从绿色金融综合业务来看，兴业银行作为我国最早引入赤道原则的商业银行，发展最为全面，其业务内容不仅是绿色信贷和绿色债券，还涵盖了绿色租赁、绿色理财产品、绿色资产证券化、绿色零售信贷产品等。2017 年兴业银行发布的可持续发展报告显示，截至 2017 年 12 月末，兴业银行已累计为 14395 家企业提供绿色金融融资 14562 亿元，累计对 1018 笔项目开展赤道原则适用性判断，其中适应赤道原则项目 344 笔，所涉项目总投资 14391 亿元。绿色金融融资支持项目可实现在我国境内每年节约标准煤 2912.23 万吨，年减排二氧化碳 8378.23 万吨。

（一）自觉践行赤道原则

按照赤道原则的要求，金融机构投资金融项目时，需对项目可能对周边环境及社会的影响实施综合评估，合理利用金融杠杆优化资源分配，在环境保护及社会安全方面发挥金融资源正能量，只有项目承担方在项目执行过程中能够规避环境与社会风险，商业银行才能对项目提供融资。赤道原则适用于投资成本高于 1000 万美元的新建项目及对环境和社会产生显著影响的改扩建项目。

赤道原则提出了金融业可持续发展的原则，体现了金融业践行企业社会责任的担当。自觉履行赤道原则的银行被称为赤道银行，目前全球已有 60 多家金融机构宣布采纳赤道原则，业务遍及 100 多个国家，其项目融资高达全球项目融资的 85%。兴业银行成为赤道银行后，依据赤道原则制定了《环境与社会风险管理政策》《适用赤道原则项目融资分类指引》《适用赤道原则的项目融资管理办法》《环境与社会风险专家评审规范》

等制度及其配套工具、示范文本、指导意见等规范性文件。

（二）引入贷款本金损失分担机制

2006年5月，兴业银行与国际金融公司合作，签署了绿色能源融资的《损失分担协议（一期）》。该协议规定，国际金融公司向兴业银行提供2亿元人民币的本金损失分担，支持最高达4.6亿元人民币的贷款组合，兴业银行按国际金融公司认定的节能环保企业与项目，按照信贷审批流程，向符合条件规定的节能环保企业与项目发放贷款，国际金融公司还负责对贷款项目进行技术方面的援助与业绩方面的激励。这是国际金融公司第一次通过市场化的运作在中国推广绿色能效的融资项目。通过此项目的市场化运作，兴业银行创造了新的业务增长点，培育了新的核心客户，成功进军了中国绿色融资市场，开辟了新的市场机会，也使国际金融公司的援助资金、技术效用成倍放大，推动了中国绿色节能减排事业的发展。对于银行方来说，也有效降低了融资风险，为贷款增加了安全系数。

（三）建立绿色信贷管理机制

兴业银行的绿色信贷管理制度包括以下几个方面：第一，严格执行国家的环境保护政策，贷款企业或贷款项目必须完全符合国家的产业准入标准，符合国家的环境保护、环境安全及能耗等方面的要求。第二，严格审核贷款企业的环境保护条件，尤其是企业的环境保护信息和环境保护技术，严格实行“环保一票否决制”。第三，加强信贷的环境与社会风险控制，贷前开展风险预警，贷后进行跟踪监控，尤其是对宏观调控行业的贷款随时进行日常监测与风险排查，防患于未然。

（四）降低企业融资门槛

2012年，兴业银行创新开发了损失分担机制，推出了以项目的未来收益为主要担保、以项目未来节能效益的现金流收入为主要还款来源的创新融资产品，突破了传统金融项目贷款注重土地、厂房等担保条件且贷款期限较短的固有模式，降低了企业融资难度，使缺少抵押担保物的中小企业获得了资金支持。如某太阳能公司成功地做过多个太阳能热水系统的节能改造项目，在太阳能热水工程的设计、施工、管理等方面经验丰富，但项目的长期滚动开发使其难以提供有效的抵押担保。针对客户融资需求，兴业银行更多地考虑了节能项目的成功经验及节能效益的可实现程度，在对项目风险及贷款后现金流进行量化评估后，成功为该公司设计了合同能源管理融资的专项服务方案，制定了与该太阳能公司的经营状况和节能项目的现金流相匹配的还贷模式与还贷期限，注重第一还款来源的有效性，较好地解决了企业的贷款压力问题。

四、我国商业银行发展绿色金融的对策研究

（一）设立绿色金融事业部

绿色金融事业部统管绿色金融业务，主要应包括两大职能：一是绿色监督。一方面，监督银行日常的运营是否为绿色运营，避免资源及能源的浪费；另一方面，对绿色金融业务进行监督，判断具体的业务是否符合绿色的标准。二是指导银行绿色金融事业的发展。针对银行自身的特性，对绿色发展战略进行合理的布局和规划，制定合理的绿色金融业务流程。

（二）完善绿色金融业务体系

完善绿色金融业务体系，设立具体的业务部门。目前，商业银行绿色金融业务以绿色信贷为主且尚未普及，上市的农商银行都没有绿色信贷业务，而在其他业务方面则零零散散，这说明我国上市商业银行的绿色金融业务缺少一个完整的体系。绿色金融业务大多内化在平常的业务当中，银行工作人员对具体的业务易以一般性的准则来进行风险评估、收益评估等，进而容易产生误评，使银行承担较大风险。因此，建议银行把绿色金融业务从一般性的银行业务当中分离出来，在绿色金融事业部下设立从事具体业务的部门，如绿色信贷部门、绿色证券部门、绿色基金部门、绿色风险控制部门、绿色咨询部门等。

（三）积极培育金融绿色型人才

绿色金融的发展离不开人才的支持，绿色金融需要“环境+金融”的复合型人才，这需要银行的积极培育。一方面，可以聘请知名学者进行绿色金融讲座；另一方面，可以开展专门的培训，定期对员工进行绿色金融业务的培训。

（四）构建绿色激励机制

一是从业务考核的角度，加入绿色绩效指标。以绿色信贷为例，信贷员发放的真实绿色信贷越多，则绿色绩效越高，对应的最终绩效考核评分就越高。二是从日常运营的角度，一方面，银行推行绿色运营，以一个季度为考核期，若该季度绿色运营程度（日常运营所消耗的资源量，如水、电、纸张等，消耗量越多说明绿色运营程度越低）高于上一季度，则可以给职员发放绿色补贴；另一方面，可以推行绿色竞争机制，以一年度为考核期，以各部门为参与主体，针对各部门设立合理的考核标准，当参与部门达到绿色考核标准后，可以以奖金、补贴或者员工休假等福利来奖励参与部门当中的银行职员。从职业发展的角度，加入绿色指标，同等条件下，两个人同时具备升职资格的，优先考虑绿色业务量多的职员。从绿色创新的角度，鼓励绿色金融创新，涉及制度创新、流程创新、业务创新、监管创新等。

（五）发展绿色金融业务应量力而行

绿色金融业务所关注的重点首先是环境效益，其次才是企业效益，因此绿色金融业务的本质更偏向于公益性。目前我国虽然出台了多项促进绿色金融发展的相关政策，包括指导意见、设立试验区、利率优惠等，但从短期来看，绿色金融业务给商业银行带来了经营利润减少以及环境风险不可预测的压力。因此，商业银行在发展绿色金融业务时应量力而行，不可盲目跟风，应根据自身的规模及风险承受能力，合理布局绿色金融业务。

新形势下深入推进互联网金融服务“三农”的思考

——基于农业银行安庆分行的调研分析

中国农业银行安庆分行　夏　辉

农业银行将互联网金融服务“三农”作为全行“一号工程”，在产品创新、模式探索、风险管控等方面积累了丰富经验。本文结合安徽省安庆市农业农村经济发展实际，基于农业银行安庆分行实践与探索，分析问题与不足，探讨新时期互联网金融服务“三农”的策略与建议。

一、安庆市农业农村发展情况

（一）总体情况

安庆市位于安徽省西南部，辖7县（市）3区。截至2017年末，全市地区生产总值为1708.6亿元，较上年增长8.2%。全市常住人口为464.3万人，其中乡村居住人口为384.3万人。近年来，安庆市认真贯彻中央及省委一号文件精神，深入推进农业供给侧结构性改革，大力发展现代农业，深化农村综合改革，着力培育农业农村发展新动能，全市农业农村经济保持了持续稳定、健康的发展态势。2017年，全市实现农业增加值（不含农林牧渔服务业）19.7亿元，同比增长3.7%。城乡居民人均可支配收入达19143元，比上年增长9.3%，其中农村居民人均可支配收入为11814元，同比增长9.3%；城乡居民收入比为2.42，比上年缩小0.03。全市城镇化率达48.57%，比上年提高1.38个百分点。

（二）安庆市农业农村经济发展特点

一是农业结构调整成效显现。2017 年前三个季度，全市新增稻渔综合种养面积 7.1 万亩，增幅居全省第一；总面积 9.4 万亩，居全省第二，亩均增效 500 元。全市因地制宜，发展茶叶、蓝莓、油茶、瓜蒌等特色产品，优势特色产业正逐渐做大做强。怀宁县黄墩镇被省蓝莓协会授予全省蓝莓“第一镇”称号。潜山县瓜蒌种植面积达 5.6 万亩，瓜蒌籽产量达 3500 多吨，产值达 1.75 亿元，正着力打造中国瓜蒌之乡。二是农业产业化水平明显提升。2017 年前三个季度，全市新增规模以上农产品加工企业 34 家，总数达 662 家，全市规模以上农产品加工产值为 880.3 亿元，总量居全省第二，同比增幅为 10.9%。创建省示范现代农业产业化联合体 33 家，总数居全省第一。有 98 家龙头企业被省农业产业化指导委员会认定为省级农业产业化龙头企业，总数居全省第一；有 17 家企业被认定为省级龙头企业“甲级队”，总数居全省第二。

（三）安庆市农业经济转型发展蕴含的新机遇

总体来看，安庆农业农村经济发展的基础稳固，随着新型城镇化及农业供给侧结构性改革的深入推进，新模式、新业态、新需求为创优做强“三农”业务创造了广阔空间。

1. 发展产业链金融带来新载体。根据《安庆市 2017—2021 年推进农业产业化加快发展实施方案》，全市将围绕粮油、茶叶、林特产品等七大传统优势产业和休闲农业、健康养生等新型产业，按照专业化生产的要求，形成区域化布局，争取到 2021 年，全市规模以上农产品加工企业达 816 家，农产品加工业集群产值在 30 亿元以上的达 15 个，规模以上农产品加工业产值达 1600 亿元，各类现代农业产业化联合体数量达 350 个；每年培育职业农民 1000 人，并建立全市职业农民创业基金，支持职业农民发展产业。同时，安庆市正在加快推进土地流转信息服务平台建设，实施农村产权交易市场建设。这些项目的实施将带动、培育一批在省内和全市有影响力的农业产业化企业，从而为农业银行安庆分行复制应用产业链金融服务模式、创新推广土地承包经营权抵押贷款等支农新产品、构建县域优质客户群提供更多的经营载体，提供良好的政策环境。

2. 发展农村电商带来新空间。截至2017年10月末，全市1309个村共建电商服务站村1294个，覆盖率达98.9%，同比增长16%。建成了怀宁、桐城等电商物流配送中心10个，潜山、太湖等4县入选2017年国家电子商务进农村综合示范县名单。2017年前三个季度，全市农产品网上销售额达12.04亿元，比上年同期增长40.8%。争取到2021年，农业企业电商销售普及率达80%，省级以上农业产业化龙头企业电商销售全覆盖，农产品电子商务交易额年均增长45%左右，这为农业银行安庆分行做好互联网服务“三农”拓展了广阔空间，凝聚了良好氛围。

3. 休闲农业带来金融服务新需求。2017年前三个季度，全市新创建市级以上休闲农业与乡村旅游示范点37个，其中国家级1个、省级3个，休闲农业及乡村旅游营业收入达44.5亿元。争取到2021年，全市休闲农业年接待人数达1800万人次，综合营业收入达90亿元以上，通过发展休闲农业和乡村旅游带动2.8万贫困人口脱贫。休闲农业发展将带动农民、返乡人员创业，刺激第三产业发展，为农业银行安庆分行立足区域资源，发展“惠农e贷”等新产品、新业务提供有利条件。

二、互联网金融服务“三农”的政策分析与展望

从外部环境来看，党的十九大报告提出实施乡村振兴战略，2017年中央一号文件明确提出要加快农村金融创新，鼓励金融机构积极利用互联网技术提供金融服务。习近平总书记在全国金融工作会议上也明确要求，金融要回归本源、专注主业，贯彻新发展理念，促进融资便利化，建设普惠金融体系，加强对小微企业、“三农”和偏远地区的金融服务。农业银行作为面向“三农”、服务“三农”的大型国有商业银行，必须强化大局意识，坚决贯彻落实中央和总行党委要求，始终紧跟时代潮流，加快探索构建“互联网+农村金融”的新型服务体系，以推进互联网金融服务

“三农”“一号工程”成为做好服务乡村振兴的发力点，以“一号工程”落实中央一号文件，切实发挥好农业银行服务“三农”的国家队和主力军作用。

从内部环境来看，一方面，实施互联网金融服务“三农”“一号工程”是农业银行总行党委根据中央要求和金融科技发展趋势作出的重大战略部署，是新时代全面转变“三农”服务方式、破解“三农”服务难题的战略举措。2017年“一号工程”稳步启动、有序推进，实现了良好开局。2018年是总行党委决定将“一号工程”全面推广应用和突破提升的关键一年，争取打造“三农”金融服务的新品牌、新优势、新亮点，增强农业银行安庆分行县域市场竞争力的必由之路。另一方面，随着互联网金融的快速发展，农村互联网金融领域已成为各家金融机构争夺的焦点，逐渐从蓝海市场转变为红海市场。因地制宜地做好“一号工程”，能提升农业银行安庆分行在县域新经济、农村新生态中的话语权，牢牢把握县域业务竞争发展的主动权。

三、农业银行安庆分行互联网金融服务“三农”的实践探索

近年来，农业银行安庆分行按照“一号工程”要求，成功打造了互联网金融服务“三农”的统一平台、统一入口和统一品牌——“惠农e通”，其中涵盖“惠农e贷”网络融资、“惠农e商”电商服务和“惠农e付”结算支付三大业务，在“一号工程”上进行了有益的实践与探索。

（一）以“惠农e贷”为重点，探索网络融资新思路

“惠农e贷”是农业银行运用互联网通信技术和数据分析技术，以农户和小微企业等贷款担保难、问题比较突出的客户群体为重点，运用互联网金融思维，深入挖掘“三农”客户数据信息，构建多维度、广覆盖的数据评价模型，实现“三农”信贷调查、审批和贷后管理的线上化和自动化的一款网络贷款产品。

自2017年9月“惠农e贷”业务推广以来，农业银行安庆分行创新服务模式，加大推广力度。截至2018年1月18日，辖内7家县域支行全线破零，实现惠农便捷贷业务操作的所有环节全部打通；截至2018年6月末，全行累计拓展“惠农e贷”农户1472户，贷款余额达9468万元。为支持地方特色产业，农业银行安庆分行坚持从实际出发，认真分析本区域经济发展情况、资源禀赋、产业特色和农村信用环境，因地制宜、因行施策，推进“一县一产业，一县一快农贷”落地，如怀宁水稻贷、宿松油茶贷、岳西乡村旅游贷，向符合条件的农户发放茶农贷等小额信用生产经营贷款2364万元。

（二）以“惠农e商”为平台，践行电商服务新模式

“惠农e商”是农业银行针对涉农生产企业、县域批发商、农家店、农户打造的一款线上综合服务平台。该平台集信息流、资金流于一体，以客户实际生产经营场景为切入点，打通实体与网络销售渠道，帮助圈内或链条上的企业实现上下游供应链财务结算、采购销售、营销服务等一揽子金融服务。同时，使用“惠农e商”订单功能的企业积累订单数据可使用惠农电商贷。

目前，农业银行安庆分行将“惠农e商”营销推广作为“一号工程”的重要抓手，在市、县两级行成立了营销帮扶团队，督导工作落实、指导营销策略、传达激励政策、解答问题困惑，进市场、访商户，让农户真切感受到农业银行互联网金融综合服务平台带来的实惠和全新体验。截至2018年6月末，该行“农银e管家”期末结存3643户，其中高频核心商户结存44户，高频渠道商户结存819户，高频终端商户结存2780户，2018年上半年平台累计交易金额达1142万元。辖内安徽省霞珍羽绒股份有限公司等3家国家级农业产业化龙头企业、安徽友源食品有限公司等5家省级农业产业化龙头企业入驻该行“惠农e商”，累计绑定上下游商户114户。

（三）以“惠农e付”为载体，打造结算支付新模式

“惠农e付”是农业银行以惠农通服务点互联网化升级、扫码聚合支

付、惠农缴费等金融服务为主要抓手，融合多种支付渠道，为线上、线下商户提供一站式资金结算与对账解决方案的综合收银台。其中，惠农通服务点是农业银行搭建的覆盖市、县、乡、村四级的服务网络，以提高农村基础金融服务覆盖面为目标，以“惠农卡+金穗惠农通服务站”基础服务模式为主线，为农户提供足不出村、方便快捷的金融服务。扫码聚合支付作为“惠农e付”推广应用重点，是指付款人通过手机等移动设备扫描农业银行向商户提供的、专用于收款的静态聚合码，实现付款人向商户支付资金的过程。

近年来，农业银行安庆分行推进惠农通工程互联网升级，把服务点打造成为集支付结算、便农缴费、电子商务、物流中转、信息服务于一体的农村综合金融服务站点。截至2018年6月末，农业银行安庆分行在辖区布设惠农通服务站1288余个，乡镇覆盖率达100%；县以下累计发放惠农卡112.59万张，电子机具布放2354台，电子机具行政村覆盖率达63.09%；累计发生交易66.68万笔，金额达7.95亿元，累计发放新农保、财政惠民一卡通等补贴资金12.38亿元。按照能够线上做电商、线上线下做金融、协同做支付的要求，加快惠农通服务点注册“农银e管家”电商平台，在惠农商城发布农产品信息。截至2018年6月末，农业银行安庆分行惠农通服务点累计上线“农银e管家”电商平台982户，覆盖率达67%。

为了进一步促进县域移动支付的发展，化解当前移动支付市场中银行业、支付机构发展不平衡，支付安全与效率发展不平衡，部分行业和地区发展不平衡等问题，农业银行安庆分行将云闪付改造、商户培训和消费者教育纳入日常工作，以农村小商店、小市场等中小商户为重点加快推广，努力实现贴码商户对所有乡镇和商超类惠农通服务点的全覆盖，将扫码聚合支付打造成为县域商户的主流支付方式。截至2018年6月末，农业银行安庆分行累计拓展扫码聚合支付5800户，惠农通服务点上线扫码聚合支付占87%，有效推动了农村移动支付业务发展。

四、当前面临的困难及问题

（一）县域“三农”发展自身存在弱质性

从全市农业农村发展来看，依然存在诸多制约性因素：一是全市农业结构调整没有完全到位，优势特色产业规模小，聚集度不高，农业增加值在全市地区生产总值中的占比较低。二是知名品牌及深加工企业较少，设备工艺落后，加工层次低，科技含量不高，农业产业链条短，加工增值程度低。种养大户、家庭农场、专业合作社等新型农业经营主体发展存在扶持政策不多、土地流转缓慢、人才培训不足等问题，发展质量参差不齐。三是农民组织化和农业市场化程度较低，交易手段和方式落后，现代农产品物流等新型业态发展较为缓慢。

（二）服务能力和领域存在局限

惠农通工程作为互联网金融服务“三农”的重要载体，平台功能虽然不断创新完善，但在实际金融服务中仍显不足，主要体现在以下几个方面：一是随着广大农民金融需求尤其是新兴金融服务需求的日益增多，农业银行安庆分行在县域农村地区主要打造的惠农通工程已不能满足农村客户对理财、贷款、电子商务等方面的服务需求。二是与工商银行“融 e 购”电商平台、建设银行“善融商务”平台相比，农业银行“农银 e 管家”电子商务平台尚处于发展初期，电商交易市场占有率较低；与农商银行、邮储银行等产品功能相比，仍存在同质化；与阿里、京东等电商企业相比，品牌竞争力不强，惠农通工程的服务能力和水平仍显不足。三是惠农通服务站针对对公客户、农村高端客户的产品及服务较少，服务的深度受到了一定影响。

（三）统筹整合及资源配置不足

一是“一号工程”的整体推进，需要举全行之力，协同推进。目前，全行在机具、产品、客户、流程、队伍建设、考核传导、资源配置等各方面，更多地是按部门条线和板块推动，虽然也有业务联动，但方式相对单一，尚未充分整合资源，进行统筹考虑。二是资源配置不足。尽管上级行将“一号工程”纳入全行大型综合营销活动和金融服务乡村振兴行动计划范畴，但未引起分支行在营销推广上的足够重视，基层行客户经理和服务点人员积极性不高。此外，随着代理项目、服务种类和业务繁杂程度的增加，支付给服务站的代理费用与农村经济发展水平、代理人付出的精力和劳动、同业付费水平等存在不对等，难以维持与服务站的合作黏性。

（四）合作方式和投放渠道亟待拓展

目前，农业银行农户业务在服务模式、担保方式、管理机制等方面还存在一些瓶颈和问题，如农户贷款与外部合作的力度还远远不够，政府风险补偿金仅在怀宁、桐城、潜山3家支行落地，与省国元保险、省农担公司融资增信业务仍未全面铺开。大部分行农户贷款增长方式较为单一，近年来“惠农e贷”产品对农民购建房贷款、消费类贷款的依存度较高，与预期存在较大的差距和不足，农户贷款投放渠道亟待拓展。

（五）客户经理队伍素质仍需提升

顺应互联网金融服务“三农”发展，人是业务推进的关键因素。一是思想认识不到位。部分支行对“一号工程”的认识仍停留在贷款投放、移动支付等层面，不能开拓思维，不愿意去研究新业务、新产品、新制度，尚不能适应互联网金融的发展需要。二是客户经理队伍少。“一号工程”地域分布广，维护难度大，目前都是客户经理兼职维护，专职人员配备不足，精细化管理难以实现。三是客户经理惧贷、畏贷问题突出。个别行在前期呆账核销追责、检查责任认定过程中，对客户经理的处理、处罚力度加大，致使其思想包袱过重、工作态度消极，对开发新客户失去信心。

五、着力提升互联网金融服务“三农”的建议

党的十九大对实施乡村振兴战略的决策部署，为互联网金融服务

“三农”指明了方向。

（一）创新贷款模式，全力对接“三农”新需求

一是积极拓展政府增信融资模式。紧扣安庆市加快产业融合、产业体制发展、农产品“走出去”及精准扶贫重点工作，引导县域支行班子亲自上手、上门推介、全程跟踪，着力实施“政府风险补偿基金+扶贫贷款”“保险公司+贷款对象”信贷模式，建立项目支撑、风险共担、联合发力的营销推进机制，充分发挥财政资金对金融资金的引导和撬动效能。二是对接“三农”新需求，拓展农户贷款增长渠道。充分把握农业、农民、农村新业态、新需求，围绕休闲农业重点发展区域，做好“一县一快贷”在支行的推广工作，实现对市内主要特色优势农业产业链全覆盖；加强与政府部门、垂直系统性机构和大型企业的战略合作，积极探索新的“三农”网络融资模式，做到推广一批、试点一批、储备一批，提升农户贷款品牌影响力和市场竞争力。顺应广大农民日益增长的美好生活需求，继续加强农民安家贷、农民购建房、农家乐、光伏贷等产品营销，积极创新新产品、新模式，打造农户贷款新的增长点，增强新形势下农户贷款发展活力。

（二）加强资源整合，有效提升电商服务能力

一是建立服务站分类台账，明确对接重点。充分利用前期摸底调查结果，以支行为单位，重点对流通领域服务站进一步跟踪细分，掌握服务站的商品采购方式、进货渠道、电脑及智能手机配备、宽带网络、互联网操作能力等电商需求和对接基础条件，建立营销目标客户名单和对接台账，分解落实到具体岗位人员实施对接。二是依托供应链梳理上下游客户，开展双向营销。抓住商品流通源头的县域核心批发商户，以与农业银行有信贷关系、在农业银行开立账户的批发商为突破口，营销“农银e管家”供应链上游客户，梳理其下游渠道商户和服务站，与批发商户采取联合促销等手段自上而下地带动服务站上线电商平台。对已上线服务站的进货渠道进行分类，自下而上地列出其进货的上游商户名单，借助服务站的需求反

馈推动上游批发商上线电商平台。通过双向营销，实现“抓大带小、以小促大”，对接电商平台。三是实行多方合作，提升客户和交易活跃度。加强与供销社、农业龙头企业的合作，推进农村客户信息的对接共享；加强与有志于进入农村市场的电商、物流商等的合作，结合安庆各区县特色产业，做好“一县一特色”产品电子商务上线推广，共同推进农村特色产业发展。

（三）深耕渠道建设，促进农村支付长效发展

一是加快“惠农 e 通”农户版 APP 功能完善和营销推广。进一步完善代理服务功能，加快推进各市县已营销的水、电、通信等缴费代理项目迁移到缴费中心，开展新农保参保缴费项目向缴费中心的迁移，同步做好与“惠农 e 通”农户版 APP“惠农 e 付”模块的对接落地，实现现有农村基础代理项目全面线上化，强力推进扫码聚合支付的上量提质，努力打造农业银行互联网金融支付生态圈。二是积极关注政府规划及发展导向。借助农村商业流通网络和新农村服务项目，开展有效对接工作，捕捉合作机会，积极开展项目合作；紧跟农村城镇化、信息化发展形势，积极拓展村镇和社区的水、气、物业费等公用事业的代收项目，将各类民生项目和代收代付项目统一纳入“金穗惠农通”工程，突出区域重点、渠道重点、机具重点，加快电子机具的合理投放。三是持续巩固现有涉农代理项目并积极营销新项目。积极争取财政专户、支出户、收入户和相关企事业账户在农业银行开立，扩大基金托管份额，全面绑定对公账户和资金；抓好金融社保 IC 卡、居民健康卡发放机遇，做好客户基础金融服务，壮大渠道，服务客户。

（四）加快创新对接，构建全场景服务平台

一是对接安庆或县域商务电子商务试点平台，发挥政府信誉、金融资金和渠道优势，拓展合作领域，加快“惠农 e 商”的推广。抓住农业农村部信息进村入户和安庆打造“智慧农业”的机会，整合资源，把符合条件的服务点打造成为“三农”政策宣传、远程教育、互联网党建、电商

交易、便民生活、信息采集、理财产品代销、贷款辅助办理等功能为支撑的全方位服务平台。二是对接社交平台，创新服务模式。探索以服务为中心向以体验为中心转变，依托大数据，分析客户行为偏好，结合农业银行资源优势，扩大“惠农 e 通”平台，面向农户提供全场景的生活服务，努力打造线上线下一体化服务模式，提升农村客户黏性。

（五）强化资源保障和队伍建设，筑牢业务发展基础

一是着力打造一支懂农业、爱农村、爱农民的“三农”客户经理，综合运用产品宣讲、到示范商户现场辅导等多种方式开展培训，定期总结典型案例进行推广，增强客户经理知识本领；积极探索建立“支行专业团队 + 网点营销力量 + 客户经理 + 惠农服务站 + 驻村干部”联动工作机制，多渠道提升获客能力和协同作战的能力，为业务持续快速发展提供坚实有力的人员保障。二是发挥考核指挥棒作用，加大战略费用、激励工作等资源倾斜力度，调动基层行尤其是客户经理的积极性，统筹提升分管业务条线服务渠道整体布局规划能力和水平。三是对客户经理责任追究宽严结合。在对农户客户经理责任追究上，应区分能力风险和道德风险，对能力风险或一般操作失误，在责任追究时应以批评教育、惩前毖后为主，做到宽严结合，消除农户客户经理的畏贷、惧贷心理，促进互联网金融服务“三农”“一号工程”深入开展。

邮储银行安庆市分行践行农村普惠金融的实践

邮储银行安庆市分行　王治郭　刘　萍

实体经济是金融发展的基础，是金融发展的必要条件之一，如果实体经济自身有效需求不足，也会对金融资源配置和金融体系发展壮大造成制约。金融是现代经济的核心和血脉，通过有效配置资源，对整个经济发展发挥引领作用。如果金融出了问题，实体经济就得不到高效的金融服务，经济发展也会受到制约。实体经济是金融的立业之本，服务实体经济是金融的本源。金融如果脱离了实体经济需要，搞自我循环，以钱炒钱，就会成为无源之水、无本之木，最终不仅不利于整个国民经济，还会带来巨大的风险隐患。

一、充分认识金融服务实体经济的重要性

邮储银行安庆市分行坚持普惠金融理念，自觉承担“普之城乡，惠之于民”的社会责任，顺应供给侧结构性改革，深挖有效金融需求，优化信贷资源配置，加大实体贷款投放，提升服务实体经济效率。在“三农”金融业务上，紧抓农业供给侧结构性改革和乡村振兴战略机遇，依照上级行要求持续完善事业部专业运营机制，按照“融合、提质、增效”的总体思路，抓好“一农一商”两个市场，实现由服务“小农户”向服务“大三农”理念的转变。在小企业金融业务上，积极响应中央及上级行的政策，围绕重点行业，打造重点产品，提升服务实体经济效率。重点

支持“医、食、住、行、科、工、贸”七大领域，加大“三区一链”重点市场、战略性新兴产业集聚发展基地、产业集群镇信贷投放力度。

二、加强金融服务实体经济方面采取的措施

（一）加大信贷投放

1. 开展“大走访”活动。邮储银行安庆市分行在全市深入开展“小企业大走访”活动，主动走访各级政府、政府主管部门、担保公司、评估公司等组织机构，主动走访经济开发区、工业园区、产业集群镇、科技型企业聚集区内企业，以服务转型为抓手，树立以客户为中心的服务理念，主动对接企业融资需求，加大中小微企业贷款投放力度。

2. 完善尽职免责考核政策。为加大信贷支持小微企业力度，邮储银行安庆市分行进一步完善了小微企业授信尽职免责考核制度，明确了小微企业授信尽职免责的适用对象、工作要求、尽职认定标准、免责情形与问责要求、回避制度、工作流程等内容，使小微企业授信尽职免责政策能够得到有效落实。

（二）创新金融产品

1. 加强金融产品创新。为加大对经济发展的支持力度，邮储银行安庆市分行推出了一系列的创新金融产品，如税贷通、双创精英贷、创业担保贷、上市贷等。其中，税贷通是指贷款对象为连续正常纳税的中小微企业法人、贷款额度主要依据其近两年年平均纳税总额测算、担保方式可采用信用或组合担保模式、主要用于满足企业流动资金贷款需求的信贷产品。创业担保贷是指邮储银行安庆市分行与财政局、人力资源和社会保障局及人民银行合作开办的财政贴息贷款业务，贷款对象主要为下岗失业人员、毕业大学生、返乡农民工等群体，贷款用途主要为帮助其实现就业创业。

2. 推广新型担保方式。为支持现代农业的发展，邮储银行安庆市分行开办了宿松县农村承包土地的经营权抵押贷款业务，针对通过家庭承包

方式取得土地经营权的承包方农户群体，以承包土地的经营权抵押，向其发放经营性贷款，支持发展生产。对于部分优质的家庭农场贷款客户，邮储银行可向其发放信用贷款。对于连续正常纳税的中小微企业法人，邮储银行可依据其近两年年平均纳税情况向其发放信用贷款。

3. 完善还款方式及无还本续贷制度。为解决贷款期限和资金使用期间错配问题以及无还本续贷问题，邮储银行修订了小企业授信管理办法，将分项授信额度使用期由 2 年调整至 5 年，流动资金贷款期限最长调整至 3 年，固定资产贷款期限最长调整至 10 年，对于按月（季度）还息、到期一次性还本还款法，在客户满足制度规定的条件下，贷款期限可延长至 36 个月（含 36 个月）。同时，邮储银行修订了原小企业转期贷业务，推出了小企业无还本续贷业务，对于流动资金贷款到期后仍有资金需求的优质小企业贷款客户，经审核同意，可在原贷款到期后实现自动续贷。

（三）改善金融服务

1. 下沉信贷业务经营权限。为充分发挥金融支持社会经济创新发展的作用，邮储银行安庆市分行已将法人贷款业务经营权限下沉至辖内一级支行，将个人贷款业务经营权限下沉至辖内二级支行，法人贷款及个人贷款业务经营机构覆盖安庆市区及辖内七个县（市）。

2. 健全小微企业金融服务体系。2016 年 11 月 29 日，邮储银行安庆市分行成立中国邮政储蓄银行三农金融事业部安庆市分部，下设三个中心，即小额贷款中心（扶贫贷款中心）、农业产业化中心、审查审批中心；另在市分行风险管理部、计划财务部及人力资源部挂牌成立支撑服务中心，服务对象为“三农”、个体工商户和小微企业主。2017 年 4 月，邮储银行安庆市分行制定下发了小企业金融服务“三化”方案，将小企业金融部由原来的二级部升格为一级部，并增加了小企业金融部的人员配置，进一步强化了小微企业金融服务机构设置和人才队伍建设。

3. 推进信贷服务与“互联网 +”融合。邮储银行安庆市分行推进了信贷服务与“互联网 +”的融合，对个人商务贷款和部分小额贷款开办了 E 捷贷业务，客户可根据资金需要，运用手机银行、网上银行灵活支用贷款。对于小微企业贷款，邮储银行安庆市分行推出了“小微易贷”产品，面向符合邮储银行准入标准的小微企业，利用互联网、大数据技术并结合企业对邮储银行的综合贡献度或者纳税信息、增值税发票信息，向其发放短期网络全自助流动资金贷款，企业及企业主通过企业网上银行、手机银行等渠道申请，银行线上审批，审批通过后企业可通过企业网银申请贷款支用及还款。

4. 改进信贷管理制度和流程。邮储银行安庆市分行为了提升业务效率，加快进程，方便小微企业客户更加便捷地获取贷款，创新设计了快捷贷、快贷通等产品，针对抵押物优质、现金流充足的客户，允许在业务办理过程中选择快捷通道，对业务受理、调查、审查审批流程作出明确的时限要求。

5. 优化续贷业务办理流程。邮储银行安庆市分行高度重视存量客户的续贷支用工作，为了简化续贷流程、减轻客户负担，采取如下措施：一是要求业务经办客户经理提前开展续贷工作，针对到期需要再次支用的客户，提前三个月与客户进行沟通，协商续贷事宜，收集资料，启动支用流程，保证续贷支用及时，不会形成资金断档，增加客户压力。二是邮储银行安庆市分行与市财政及农商银行开展合作，对于资金周转困难的客户，运用政府过桥资金帮助客户进行续贷。同时，邮储银行安庆市分行推出了小企业无还本续贷业务，流动资金贷款到期后仍有融资需求的优质小企业客户在其原贷款到期时，无须偿还贷款本金即可实现自动续贷。

（四）规范业务经营

1. 严格执行原银监会信贷业务“七不准”。邮储银行安庆市分行在开办信贷业务中严格执行原银监会信贷业务“七不准”规定：不准以贷转存，不准存贷挂钩，不准以贷收费，不准浮利分费，不准借贷搭售，不准一浮到顶，不准转嫁成本。

2. 贯彻落实员工行为“十条禁令”。邮储银行安庆市分行在业务经营中严格贯彻落实“十条禁令”：“一、严禁以任何形式参与或介绍他人参与非法吸收公众存款、集资诈骗、民间借贷等活动；二、严禁参与涉恐、涉黄、涉赌、涉毒、涉黑、传销和洗钱等活动；三、严禁挪用、盗取银行或客户资金，严禁空存空取、空缴空拨，严禁以个人账户过渡银行或客户资金；四、严禁伪造、擅自印制、套用重要空白凭证；五、严禁私刻、盗用、出借银行或客户印章、印鉴卡，严禁在与业务无关的账、表、簿、证等上盖章，严禁在空白纸张、空白介绍信、空白合同、空白票证、空白账簿/表等上预留印章；六、严禁代客户保管存单、卡、折、现金、有价单证、票据、印鉴卡、支付设备、身份证件或身份证件复印件等重要物品，严禁违规代客户办理业务；七、严禁盗用、超权限持有系统工号、智能令牌、口令、密码，严禁复制指纹、严禁密码公开化；八、严禁弄虚作假为本人或他人套取银行信用，严禁发放顶冒名贷款，严禁违背信用卡申请人真实意愿实施虚假进件，严禁泄露信用卡申请人敏感关键信息；九、严禁预签借款合同、贷款借据、受托支付申请书、借款支用单等信贷单证；十、严禁授意、指使、强令他人违规操作，或接受他人授意、指使、强令违规操作且不举报。”

三、服务实体经济取得的成效

（一）整体信贷投放快速增长

2018年6月末，邮储银行安庆市分行各项贷款余额达125.32亿元，其中向个体工商户、小微企业主、新型农业经营主体、企业法人等实体经济领域投放的各类经营性贷款（含票据贴现）余额达76.29亿元，占贷款余额的60.88%；个人消费类贷款余额达49.03亿元，占贷款余额的39.12%。

邮储银行安庆市分行经营性贷款主要投放批发零售业，制造业，农林牧渔业，水利、环境和公共设施管理业等行业。截至2018年6月末，批发零售业贷款余额达14.32亿元，占贷款总额的11.43%；制造业贷款余额达9.56亿元，占贷款总额的7.63%；农林牧渔业贷款余额达5.55亿元，占贷款总额的4.43%；水利、环境和公共设施管理业贷款余额达37.04亿元，占贷款总额的29.56%；电力、热力、燃气及水的生产和供应业贷款余额达4.36亿元，占贷款总额的3.48%；其他行业贷款余额达5.46亿元，占贷款总额的4.36%。

（二）贷款主要投向不断优化

2018年6月末，邮储银行安庆市分行各项贷款余额达125.32亿元，较年初增加25.64亿元，其中投向实体经济的经营性贷款余额达76.29亿元，较年初增长19.6亿元，占贷款净增金额的76.44%；投向消费领域的个人消费贷款余额达49.03亿元，较年初增长6.04亿元，占贷款净增金额的23.56%。

2018年1~6月，邮储银行安庆市分行经营性贷款余额增长主要集中在批发零售业，制造业，农林牧渔业，水利、环境和公共设施管理业等行业。其中，批发零售业贷款结余较年初增加0.52亿元，制造业贷款结余较年初增加0.84亿元，农林牧渔业贷款结余较年初增加0.98亿元，水利、环境和公共设施管理业贷款结余较年初增加16亿元，其他行业贷款结余较年初增加1.25亿元。

宿松县农村承包土地的经营权抵押贷款路径探析

中国人民银行宿松县支行　许　健　余柳凤　詹寒飞

宿松县是安徽省首批农村综合改革试点县、农村金融改革试点县，位于皖鄂赣三省七县结合部，总面积达2394平方公里，共有64万亩耕地、76万亩山地、84万亩湖泊，是一个集山区、丘陵、平原、湖泽于一体的农业资源丰富的农业大县，为全国优质棉、水产品生产基地。截至2016年9月底，全县农村新型经营主体达2600余家，农业产业现代化具有一定的规模。为有效缓解农村抵押、担保不足，增加农村信贷投入，2014年宿松县开始探索农村承包土地的经营权抵押贷款业务，2015年被确认为农村承包土地的经营权抵押贷款全国试点县，也是安庆市唯一开展农村承包土地经营权抵押贷款的试点县。试点县是经全国人大授权暂时调整实施《中华人民共和国物权法》《中华人民共和国担保法》关于集体所有的耕地使用权不得抵押的规定的区域，这充分说明宿松县具备开展试点工作的基础条件，能够承担试点任务。因此，宿松县试点工作路径探析具有重大的实践和理论意义。

一、宿松县土地承包试点前期进展情况

自试点工作启动以来，宿松县紧扣国务院及人民银行总行政策要求和试点工作部署，结合本县实际重点，围绕工作合力集成、配套机制建立健全、运行模式探索创新等关键节点，立足贷款“规范便捷、易于操作、风

险可控”原则，持续加大推进力度，确保了试点工作稳妥推进。

（一）主要措施

1. 加强组织领导，建立市、县两级联动机制。安庆市中心支行提请安庆市政府成立了市级试点工作指导小组，并积极推动各成员单位抓好上级关于农村承包土地的经营权抵押贷款试点下达任务的落实。宿松县成立了以县政府主要领导为组长的试点工作小组，工作小组下设办公室在人民银行宿松县支行，负责牵头协调试点工作。

2. 聚焦重点环节，切实强化“六有”标准。一是出台配套政策，做到政府有文件。宿松县持续抓好确权颁证、规范抵押登记、建立交易平台等十项具体工作措施的分步落实，在制定《农村承包土地的经营权抵押贷款试点工作方案》的基础上，制定《宿松县农村承包土地的经营权抵押贷款管理暂行办法》《宿松县农村承包土地的经营权抵押贷款抵押登记管理办法》《宿松县农村承包土地的经营权抵押贷款价值评估办法》等基本制度办法，进一步明确确权登记、抵押物评估、风险控制等关键事项。二是建立经营权流转鉴证机制，做到权属有证明。试点工作小组第一次工作会议明确了农村承包土地的经营权流转鉴证服务机构为各乡镇农经站，县农委负责审核备案并督促农经站做好农村土地流转鉴证登记工作。抵押合同发生变更或债务清偿后，由县农委负责办理变更或注销手续。三是建立规范抵押登记流程机制，做到管理有机构。县农委建立农村承包土地的经营权抵押审核、登记备案工作机制，并负责做好农村土地经营权流转登记管理工作，防止出现重复抵押情况。四是建立开放式评估机制，做到评估有方式。本着探索创新的原则，《宿松县农村承包土地的经营权抵押贷款价值评估办法》明确提出经营权价值评估可采取专家评估小组评估、委托第三方评估机构评估、贷款人自评估或者借贷双方协商等多种方式，确保土地经营权价值得到公正、客观、合理的确定。宿松农商银行以开放便捷为导向，结合县域实际，积极探索农村承包土地经营权价值“两结合”（专业与技术相结合、成本与收益相结合）评估法，综合评估确定土地及地上附着物价值，提升抵押贷款办理效率。五是建立土地流转服务平台机制，做到交易有市场。宿松县土地承包经营权在二轮承包基础上已基本完成土地确权颁证工作。农村土地产权交易服务平台试点期内由县农业主管部门组织落实，在行政服务中心开设服务窗口，办理土地经营权证及附着物他项权利证书的发放和登记注销，支持以各种合法方式流转的农村承包土地经营权用于抵押。建立农村承包土地经营权抵押登记、交易服务等专业化服务机制。六是推动建立风险缓释机制，做到风险有控制。宿松县政府建立了1000万元农业发展金融扶贫引导基金，其中对流转土地在200亩以上的耕地、400亩以上林地的新型农业经营主体，其用工总数中贫困户占比超过20%的，优先纳入金融扶贫引导基金风险补偿体系，具体风险分担比例为政府承担20%、金融机构承担80%。

3. 加强窗口指导，推出专项信贷制度。指导农业银行宿松县支行、宿松农商银行和民丰村镇银行及时制定出台农村土地承包经营权抵押贷款管理办法，对业务申办条件、申办流程和贷后管理等方面进行有效细化明确。安庆市中心支行在全市金融精准扶贫工作推进会上，明确提出各金融机构重点围绕科学评估经营权及附着物价值、合理设定贷款准入条件、优化贷款审批程序等方面着力加大信贷管理制度和产品服务创新力度。要求各非法人金融机构要通过适当下放贷款授信审批权限、放宽金融产品和服务方式创新门槛、优化业绩考核内容等方式，积极为下辖宿松县分支行创新开展农村土地承包经营权抵押贷款试点创造有利条件。

4. 深入调查研究，确保试点更接地气。人民银行宿松县支行多次组织宿松县农委、涉农金融机构，新型农村经营主体（土地承包经营者）和乡镇政府进行对接沟通，重点就土地流转模式、确权登记工作、经营权管理模式、评估方式进行深入探讨研究，广泛征求多方意见建议，有针对性地推动工作开展。

5. 加强信用体系建设，提供良好信用平台。宿松县立足建设信用信息、信用评级、风险分担三位一体的社会信用体系，依托安徽省农户信用信息共享平台和安庆市中小微企业信用信息服务平台，持续完善信用信息征集机制，推动各类新型农业经营主体信用信息采集工作，积极为“两权”抵押贷款提供良好的信用环境。

截至9月末，宿松县农村承包土地经营权抵押贷款余额达1360万元，比年初新增780万元，涉贷农业产业化龙头企业、农民专业合作社各1户、农户3户。目前，所有贷款均运转良好。

（二）主要特色

宿松县以农村新型经营主体为核心的农村承包土地经营权抵押贷款是指在不改变土地所有权性质、农地用途和不损害农民利益的前提下，以农村新型经营主体流转的农村土地承包经营权及地上附着物作为抵押物的贷款，主要服务于成片、成规模的农村土地承包经营者，具有以下鲜明特征。

一是贷款主要服务于土地流转形成一定规模的新型农村经营主体。宿松县农村承包土地经营权抵押贷款主要为土地流转形成一定规模的新型农村经营主体服务，现有贷款余额涉及的5户借款人都是新型农村经营主体，流转的土地均为300亩以上。如宿松县满园春苗木花卉专业合作社共流转土地450亩，由段春香等社员共同出资115万元，2013年注册了“金坝葡萄”“幸福金坝”商标。2013年和2014年先后被评为安庆市和安徽省农民合作社示范社。宿松县君吉水产品开发有限公司共流转土地5860亩，目前正以省级农业示范园区标准建设规划发展。宿松县宝利鑫家庭农场为安庆市示范家庭农场、安徽省示范家庭农场，共流转土地2565亩。

二是农村承包土地价值评估实行“两结合”评估法。依据《宿松县农村承包土地的经营权抵押贷款管理暂行办法》，宿松县农村承包土地的经营权价值评估实行“两结合”评估法，采取“农业专家＋银行信贷人员”的方式组成评估小组，采用成本与收益相结合的方式，综合利用农业专家对农业生产产值、投入的业务评估能力，信贷人员对信贷成本、融资需求、风险控制的业务评估能力，共同判定土地经营权价值。

三是延伸农地经营权贷款抵押物范围，降低融资门槛。近年来，随着宿松县新型农业经营主体的不断发展，宿松县设施农业也初具规模，农业基础设施的投入逐年上升。针对设施农业亩均投入大、信贷需求大额化和长期化的特点，在充分考虑客户当前投入和资金需求的情况下，该县试点将抵押物范围延伸至农地地面附着物（基础设施），将地面附着物投入资金纳入评估范围，更好地解决经营者资金需求。

（三）工作成效

1. 拓宽了农村融资渠道。农村承包土地经营权抵押贷款抵押标的为农地经营权，有效促进了农地经营权资产的资本化，有力破解了部分新型农业经营主体融资抵押物缺乏瓶颈。如宿松县满园春苗木花卉专业合作社流转土地 450 亩后，通过农村承包土地经营权抵押方式获得贷款授信 150 万元，用于发展葡萄、苗木花卉种植。宿松县蔬源农业开发有限公司流转土地 200 亩，申请获得 80 万元农村承包土地经营权抵押贷款授信，发展大棚蔬菜种植。

2. 浇灌了农村实体经济。土地经营权抵押信贷业务的开办，一方面促进了土地的合理有序流转和适度规模经营，为农业现代化、集约化经营创造了有利的条件。另一方面，有助于引导金融机构改变过去以小额信贷为主的单一信贷模式，吸引更多资金投入“三农”领域，形成集约化金融、小额信贷等多样化融资模式并行发展格局。

3. 适应了现代农业需求。随着新型农业经营主体快速兴起和规模特色种养业迅速发展，农村信贷资金需求呈大额化、多元化趋势。调查显示，80.6%的单户农贷需求在 10 万元以上，远远超过了 5 万元的小额农贷额度，可以有效解决农民发展规模化特色种养业和多种经营的长期大额资金需求。

4. 增加了农民土地收益。通过融资支持各类新型农业经营主体以整村或分户流转承包土地经营权的方式，可以促进部分农户将闲散的土地经营权资源转为有效生产要素，进而获得持续稳定的租金收入。以宿松农商银行支持的宿松县君吉水产品开发有限公司为例，该企业在信贷支持下现已流转承包土地 5680 亩，流转期限为 30 年，每年初按照每亩每年 230 元的流转价格向流转户支持租金（后续租金价格将随着国家粮食价格的增长而相应增加）。

5. 提升了农民土地权益意识。县政府全面加快农村土地的确权登记，确定农民承包土地经营权产权归属，并全面完成了农村土地的颁证工作，让农户知悉拥有的土地权利。《宿松县农村承包土地的经营权抵押贷款抵押登记管理办法》明确提出，一旦因土地经营方经营不善等原因造成贷款无法偿还、需处置抵押物，农民可参与处置，贷款行应借助村民代表大会等形式充分征求村民代表意见，共同公允商讨经营权的变更与再流转事宜。

6. 助推了金融精准扶贫工作。以宿松县君吉水产品开发有限公司为例，该企业在流转5680亩土地涉及7个村、5800多户农户，在实现农业规模经营的基础上，还积极以贫困户优先、长期聘用当地村民务工的方式，帮助一部分农户特别是贫困户解决就业问题。据统计，该企业每年直接支付给周边农户的工资总额在120万元以上，用工总人次达1.2万人次，其中贫困户用工2000人次，平均可帮助每户贫困户增加年收入2200元以上。

二、当前试点面临的主要问题

尽管农村承包土地的经营权抵押贷款已取得初步成效，并积累了一定经验，但从前期试点情况来看，依然存在一系列障碍因素影响试点工作进程。

1. 流转市场不畅，抵押品处置难度大。据调查，土地经营权处置难是目前涉农银行业机构不愿开办土地经营权抵押贷款业务的主要原因。土地经营权流转之后，不能改变所有权性质和用途，加之目前流转市场发育缓慢，缺少权威的流转中介，土地经营权流转主要采取自行协商的方式，流转信息不畅，交易双方信息不对称，一旦经营户出现贷款违约，银行难以处置抵押的土地经营权，土地经营权难以变现。

2. 农村土地流转程序不规范。由于农村土地担负着生产农产品的经济功能和维持生计的社会保障功能，农民不愿将其承包的耕地经营使用权长期流转出去。一是部分新型农业经营流转合同不规范；二是部分流转土地当事双方没有签订书面合同；三是部分贷款方办理抵押未向发包的村委会或村小组登记备案，或未经发包方同意。这些情况极易导致土地纠纷。

3. 农村土地交易平台不成熟。一方面，相对独立的土地价值评估机构和科学的土地价值评估标准还不规范，使土地承包经营权的商品性不能完全通过市场表现出来，影响到土地承包经营权的正常流转和实现抵押权时的再流转。另一方面，农村土地流转缺乏中介组织和市场化机制，主要依靠自发进行和政府推动。现有的土地流转平台由于缺乏必要的经费和人员保障，难以规范正常运转。信息传播渠道的不通畅，造成土地供需双方不能有效对接，在很大程度上延缓了土地流转、再流转的进程，也增加了实现抵押权的成本。

4. 农村保障机制不健全。虽然土地的社会保障功能随着土地在农民收入构成中重要性的下降而减弱，但农村社会保障体系的欠缺，使农民仍然视土地为最后的生存保障。出于对金融机构行使抵押权时，农民会失去土地和未来社会保障的担忧，村民委员会组织往往不会同意承包经营权人以承包经营权设定抵押。但实际上，土地流转与土地的社会保障功能并不矛盾，土地流出方以“失地”为代价获得了收益权“租金”，土地流入方以流入的土地承包经营权设定抵押，即使发生贷款风险，其自有的土地承包仍然存在，都不会因此失去生活保障。但是，要排除这一因素的干扰，在加强政策宣传的同时，最根本的还是要建立农村新型社会保障制度。

三、全面推进试点工作的政策建议及路径选择

（一）深刻认识“两权”抵押的重大意义，多方总结实践经验

农村金融服务一直处于银行“难贷款”和农户“贷款难”的两难境地。随着我国农业规模化和产业化发展步伐加快，农村资金供求矛盾日益突出。面对农村人口城镇化、土地经营集约化、农业产业化的发展趋势，以土地这一基本生产要素流转为基础的农村土地经营权抵押贷款将长期是农村金融创新关注的热点。发展农村土地承包经营权抵押贷款，不仅可以有效解决银行涉农贷款“想放不敢放”与农民“想贷贷不到”的难题，也有助于促进土地流转和规模化经营，对于创新农村金融服务体制、推动

中国特色农业现代化建设具有十分重要的意义。在试点过程中，在发挥农商银行、村镇银行等金融支农主力军作用的同时，鼓励其他涉农金融机构共同参与，发挥各自的专业优势和机制优势，积极开展土地承包经营权抵押贷款业务，形成多元化的融资格局。就宿松县而言，土地承包经营权抵押贷款主要服务农业大户和农业规模经营，进一步扩大信贷规模，适时总结不同土地承包经营权抵押贷款模式的经验，为今后此项工作的开展提供宝贵的经验数据。

（二）攻克关键环节重点领域，优化贷款流程

1. 积极探索，增强评估的公信力。农地经营权估价在实践中尚未形成规范体系，是贷款过程中的关键点，也是难点。目前宿松县主要采取的是农业专家与银行客户经理组成的评估小组联合评估的评估方式。受专家评估水平、人为判断、自然条件以及市场波动等因素影响，土地未来收益存在较大的不确定性，影响了土地价值评估的准确率及公信力。

2. 规范流程，简化贷款程序。农村承包土地经营权抵押贷款涉及的环节多、部门多，在有效防范风险的基础上，适度简化业务运转流程，有助于进一步调动金融机构业务和贷款申请主体办理农村承包土地经营权抵押贷款的积极性。如在乡镇、村委的鉴证下与农户签订流转合同的同时，明确约定土地经营方可将取得的经营权进行抵押，促进土地经营权两阶段资本化无缝对接，避免摩擦成本和脚力成本，为土地经营方在取得流转土地经营权后直接向银行申请抵押贷款创造制度条件，避免其与农户、村委重复协调、沟通。

3. 建立农地流转服务机构，完善联网服务功能。一是县级成立农村土地流转服务中心，建立功能齐全的土地流转交易大厅，加强电子化管理，建立互联网电子交易平台，积极通过电视台、政府信息网向社会发布供需信息；以市场化的方式处理抵押的土地承包经营权，确保债权的安全和及时清偿；明确农村土地流转服务中心为土地承包经营权抵押信贷业务的抵押登记部门，做好农村土地承包经营权抵押登记，对抵押物的权属、面积、地界、抵押时间等登记事项进行登记确认。二是乡、村两级要成立

土地流转服务站，由专人负责土地流转服务的具体工作，以协助抵押权人对经营权抵押的土地进行管理和流转，为农村土地承包经营权抵押信贷业务试点工作提供强有力的组织保障。

（三）完善外部服务机制，强化风险防范与处置

1. 普及保险，增加贷款授信。创新农业保险险种，提高保险服务质量，保障投保农户的合法权益。鼓励保险机构设立基层服务网点，进一步提高保险密度和深度。鼓励发展特色农业保险、扶贫小额保险，扩大特色种养业险种。积极探索发展涉农信贷保证保险，提高金融机构放贷积极性。加大农业保险支持力度，扩大农业保险覆盖面。支持探索建立适合宿松县特点的农业保险大灾风险分散机制，完善多种形式的农业保险。拓宽保险资金运用范围，进一步发挥保险对经济结构调整和转型升级的积极作用。

2. 引入涉农担保机构，创新风险多方分担机制。2015 年中央一号文件提出，鼓励开展“三农”融资担保业务，大力发展政府支持的“三农”融资担保和再担保机构，完善银担合作机制。因此，要从政策上引导和鼓励政府扶持下的涉农担保公司介入土地承包经营权抵押贷款，既设立土地承包经营权抵押，又加上涉农担保公司（在政府扶持下设立）为农户贷款担保。这两种担保方式并用，可在一定程度上分散和转移风险。同时，还要通过政府财政适当补贴担保公司，适当放大涉农担保公司的土地承包经营权贷款担保倍数，限制担保公司向农户收取的担保费率上限，降低担保门槛，扩大为农户担保的准入标准，适当提高对土地承包经营权贷款不良率的容忍度，充分发挥政府扶持下涉农担保公司的风险分担作用。

3. 建立纠纷调解机制，健全纠纷调处体系。根据解决土地承包经营纠纷的需要，依法开展仲裁活动，及时化解矛盾，维护农民合法权益。积极支持村民委员会、乡镇人民政府依法开展农村土地承包经营纠纷调解工作，积极争取基层人民法院的司法支持，加快建立健全乡调解、县仲裁、司法保障的农村土地承包经营纠纷调处体系。特别要加强与法院的沟通协调，在案件受理、仲裁时效的适用、财产与证据保全、先行裁定、调解书

与裁决书的执行等方面争取支持，接受监督。

（四）健全农村社会保障体系，使农村土地真正资本化

长期以来，农村土地一直是农民的生存保障，其流转受到严格控制，这就构成了农村土地市场化的重大障碍，严重阻碍了农地抵押贷款的实施。因此，只有继续推进农村社保体系建设，使农民真正受益，才能彻底让农村土地摆脱承担保障职能的束缚，还其资产的本质，使其在市场经济环境中真正成为能实现人们利益诉求的“商品”，释放出潜在的市场价值。

农村中小金融机构准备金管理调查研究

——以安庆市为例

中国银行业监督管理委员会安庆监管分局
余金松　朱亚兵

农村中小金融机构在推动地方经济发展、支持普惠金融和乡村振兴战略中发挥着举足轻重的作用，其资产体量、负债规模是地方银行业的核心组成部分，但由于经营管理粗放、体制机制紊乱、转型发展不到位，成为地方金融风险防控的薄弱环节。原银监会自 2003 年成立初始，就提出“准确分类、提足拨备、做实利润、资本充足”的监管思路，从银行业监管沿革来看，资产分类真实状况、银行利润业绩考核、资本套利行为长期以来是银行业关注重点，但银行业拨备计提现状如何、拨备是否计提充分等尚存在部分监管盲区，准备金（又称拨备）作为银行业承担风险和损失的重要金融资产，对增强银行业风险抵御能力、缓释业务风险发挥重要作用。本文以准备金为切入点，选取辖内农村中小金融机构为样本，深入研究准备金计提现状、主要问题和制约因素，旨在探究提升法人机构风险防控水平的有效路径。

一、农村中小金融机构准备金计提现状和表现特点

（一）基本现状

1. 准备金计提总体审慎，但覆盖的不良缺口正逐渐收窄。农村中小金融机构准备金连续多年正增长，这与各项贷款、经营利润增长有关，而

年均 36.88% 的准备金增长率显然超出其他业务指标增速，进而表现出稳健审慎发展理念。从结构关系来看，2011—2015 年，准备金增长方向与不良贷款、不良贷款率呈现逆向趋势，到 2015 年，准备金与不良贷款之间的缺口达到峰值，但 2015—2017 年准备金与不良贷款、不良贷款率同向增长，导致准备金覆盖不良缺口呈收窄趋势。

2. 超额贷款损失准备资本净额占比逐年下降。《商业银行资本管理办法（试行）》规定，超额贷款损失准备在一定条件下可计入二级资本，因此准备金可具有吸收非预期损失的能力。超额准备金占净资本比例呈现下降趋势，原因何在？事实上，2011—2015 年，借助机构改制、法人增设、增资扩股等手段，农村中小金融机构核心资本水平得到有效补充，其中，3 家农合机构成功改制，县域村镇银行实现全覆盖，而改制后的农商银行股权价值提升，又形成吸引社会资本入股的良性循环。以实收资本为例，农村中小金融机构实收资本由 2012 年的 16.39 亿元增加到 2017 年的 44.14 亿元，年均增速达 53.86%，实际上是核心资本占比提升的结果。

3. 拨备指标基本达标，但拨备覆盖率接近监管法定值。辖内农村中小金融机构贷款拨备率、拨备覆盖率均分别超出 2.5%、150% 的监管要求，但拨备覆盖率自 2015 年以来持续下降，不良反弹初始时间正是 2015 年，而在此期间安庆地区影子银行风险、大额风险持续暴露，叠加经济下行，导致不良、不良率连续“双升”。因为贷款拨备率 = 不良贷款率 × 拨备覆盖率，当不良率小于 1.667 时，贷款拨备率具有主导作用，而不良率大于 1.667 时，贷款拨备率起决定性作用。2011—2015 年，不良率持续下降并逼近 1.667，因此通过提升贷款拨备率，可以同时满足两项指标要求；相反，2015 年以后，当不良率持续高于 1.667 时，仅需提升贷款拨备率，即可间接满足拨备覆盖率指标要求。

（二）主要表现特点

1. 从资产结构来看，表现为贷款损失准备比重高，非信贷资产损失准备金占比小。以 2017 年时点为例，全市农村中小金融机构各项资产减值损失准备合计 31.03 亿元，其中贷款损失准备为 30.76 亿元，占比达

99%，且当年新提取的准备金中，新增贷款准备金占比达99.04%，与总量占比表现一致，而非信贷资产中仅持有至到期投资、坏账准备、抵债资产和固定资产计提准备金为0.28亿元，占比仅为0.9%。

2. 从贷款形态来看，次级类贷款准备金计提不充分。以2017年时点为例，正常类、关注类、次级类、可疑类贷款计提比例分别为2.39%、11.90%、31.58%、88.81%，分别高于标准值0.89个、8.90个、1.58个、28.81个百分点。损失类贷款实现100%计提，但次级类贷款仅高于标准值1.58个百分点，其中村镇银行次级类贷款计提仅为25%，低于标准值5个百分点。次级类贷款通常占不良贷款的五成以上，在不良分类失真、隐性不良较高的情况下，可以判断次级类贷款准备金计提不充分。

3. 从机构比较来看，通过选择8家农商银行样本发现，各机构贷款准备金计提比例差异较大，其中，正常类比例为0～6.92%，关注类为2%～22%，次级类为25%～100%，可疑类为50%～272.76%。但观察发现，逾贷比小于100%的4家机构，其拨备计提比例总体较高；逾贷比大于100%的4家机构，可疑、损失类贷款计提比例均达不到《金融企业准备金计提管理办法》的要求，侧面反映出部分机构高隐性不良、低拨备计提的风险特征。

二、准备金计提存在的主要问题

（一）准备金计提前瞻性不足，顺周期特征明显

《商业银行贷款损失准备管理办法》（以下简称4号令）通过贷款拨备率指标引导银行准备金逆周期调节，但农村中小金融机构不良率始终高于1.667%，从前文的分析可知，贷款拨备率指标的约束作用基本失效。从计提方法来看，由于缺少信用损失历史数据、风险计量技术滞后等原因，农村中小金融机构仍以五级分类比例计提为主，尚难以实现按照资产的可回收性及预计的损失动态计提，而比例计提更强化了亲周期性特征。此外，部分机构受限于短期经营绩效考核、股东利润分配压力，难以直接采取逆周期计提方法。农村中小机构计提准备金前利润总额与贷款准备金

计提比例总体呈逆向关系，从而难以达到准备金计提“以丰补歉”的要求。

（二）准备金计提政策尚不统一

相较于《银行贷款损失准备计提指引》（银发〔2002〕98号，以下简称98号文）贷款五级分类计提系数标准，《金融企业准备金计提管理办法》采取了更为审慎严格的计提标准，而税务部门准予税前扣除的贷款损失准备金＝本年提取贷款损失准备金的贷款资产余额×1%－截至上年末税前扣除的贷款损失准备金的余额。涉农贷款和中小企业贷款执行《关于金融企业涉农贷款和中小企业贷款损失准备金税前扣除有关问题的通知》的规定，其税前扣除标准却又参照《银行贷款损失准备计提指引》的贷款系数扣除标准。在税收实操中，税务部门仅认可100%的拨备充足率扣除标准，显然直接增加了银行税负成本。《企业会计准则第22号——金融工具确认和计量》则吸收了ISAB减值方法，引入预期信用损失模型替代现行准则中的已发生损失模型。财政与监管部门计提系数不一致，在增加操作成本的同时，也易形成银行业效益类指标人为可调节空间，进而产生虚化利润和资本套利行为。

（三）广义类信贷资产未纳入计提范围

98号文、4号令等监管规定仅结合当时银行资产构成背景，对银行业表内信贷资产提出监管要求，而《金融企业准备金计提管理办法》则考虑到上述疏漏，将计提范围延伸至投资、同业等资产。银保监会也在“三三四十”检查、市场乱象整治中，对同业理财、非标投资提出穿透式拨备计提要求。自2014年以来，由于房地产、地方融资平台政策收紧，大量表内外非标兴起，同时受到资管繁荣、流动性宽松、银行“资产荒”影响，银行债市投资、非标资产等快速膨胀，仅2014—2017年，农村中小金融机构投资业务就扩张了10倍左右，而此类底层债权多数具备信贷资产特征。此外，担保、承诺类业务也仅转入表内管理时才核算相应的准备金，资管新规出台前部分农商银行资金池运作的刚兑理财实质上也应按表内核算要求，计提相应的减值准备。在当前紧信用、紧货币时期，部分信用债、应收款项投资等资产正快速劣变。但银行业在规避贷款监管的同时，未能按照《金融企业准备金计提管理办法》的要求，参照信贷资产减值规定严格计提。如2017年末农商银行投资业务余额为146.81亿元，但可供出售金融资产准备金为0，而持有至到期投资准备金仅为310.92万元。

（四）隐性风险贷款仍存在较大计提缺口

近年来，农村中小金融机构贷款风险加速暴露，不良贷款、逾期贷款、关注贷款持续增加，导致贷款下迁速度远快于准备金拨备计提。此外，部分机构采取“以贷收息”“借新还旧”“虚假资产转让”等手段隐匿较大贷款风险，在标准法计提条件下，该类风险资产通常未计提或适用低标准系数计提。部分机构贷款小额分散、风险底数不清、贷款“非洁净”转让等问题进一步增加了风险识别难度。截至2017年末，辖内农村中小金融机构逾期90天以上贷款和不良贷款比例高达104.23%，关注类贷款比例达11.63%，且逾期贷款中正常贷款占比达72.38%，如果按照90天以上贷款计入不良贷款的监管要求，真实还原贷款实际形态，经测算评估，农村中小金融机构将存在60亿~70亿元的准备金计提缺口。

三、制约农村中小金融机构准备金计提的因素

（一）从“造血”能力来看，盈利指标下行导致准备金可计提空间窄

由于准备金是商业银行税前利润的扣减变量，因此计提准备金前的利润大小至关重要。但实际上，农村中小金融机构资产议价能力疲弱、中间收入拓展乏力等问题依旧存在。我们选择资产收益、负债成本两个维度综合分析盈利状况。在资产端，我们选择生息资产增速和净息差指标，两项指标在2012—2017年均有所下降，表明银行通过做大规模赚取利差的传统模式难以为继。在负债端，我们选择负债付息率指标，农村中小金融机

构基于县域市场，受益于宽松的竞争环境和本土优势，其付息率指标连续多年低于全市平均水平，但领先差距在逐渐缩小。农村中小金融机构尽管在资金成本上压力较小，但资产端盈利指标下行，导致营业利润对准备金计提的贡献度在减弱。

（二）从“输血”渠道来看，外部引资遇阻导致“三高”结构调整难

以农商银行为例，在改制前均具有高风险、高不良、高拨备“三高”特征，而通过股权溢价、置换等多种风险压降手段，可快速实现低风险、低不良、高拨备“两低一高”的结构调整。当前，农村中小金融机构又面临改制时期相同难题，地方政府能否再次发挥引资的关键作用？在如今地方债务风险化解敏感阶段，地方政府注资来源、资产置换合规成本显著增加，可能削弱其风险化解的能力和意愿，而社会民间资本在股东资质、资金实力、持续经营上存在天然短板，从入股动机来看，大多带有短期投机性色彩，股权违规质押、不当关联交易、干预经营层管理等股权乱象丛生，导致农村中小金融机构引资重组、股权管理等难度加大。与准备金比例下降形成鲜明对比的是，2015 年不良起始暴露阶段，股利分配在净利润中的占比趋升，且从历年趋势来看，股利分配比例均较稳定，其股权投资反而具有债权固收属性。

（三）从“换血”方式来看，不良资产处置不力导致准备金消耗力度大

从银行会计角度来看，在不良核销之前，资产减值准备属于资产类科目，即使向第三方转让债权，只要资产包处置价值较高，利用准备金核销损失也较少，而核销后不良通过成功清收，相应减值准备仍可转回。因此，不良资产有效处置也是准备金补充的重要方式。但农村中小金融机构基于“支农支小”政策定位，其服务对象多为产业链低端、合格抵质押物少、经营流动性强的贷款客户。批量流转此类债权资产，由于债权处置难度大，市场认可度低，往往只能以低价抛售，从而消耗大量已计提拨备。此外，农村中小金融机构从贷款受理到贷后管理各环节，其管理松

散、粗放，在贷款程序、押品保全、诉讼时效等方面存在诸多瑕疵，导致后续清收处置存在法律障碍，清收成效大打折扣。以 2017 年为例，农村中小金融机构在贷款处置过程中，通过核销方式金额最高为 2.70 亿元，而累计冲销已计提准备金达 4.57 亿元。

四、上述问题和制约因素的改进路径

（一）实现准备金逆周期和动态化计提

一是加快准备金管理系统化建设，持续采集贷款违约、迁徙、损失概率等参数信息，结合宏观经济周期、信用风险状况以及贷款主体情况，实现准备金计提模型化、动态化管理。二是协调处理好股东短期利益和银行长期稳健发展的关系，确保经济上行期合理控制好股利分配比例，及时消化隐性风险，提足拨备，平滑经济周期转换中的准备金波动。

（二）建立统一的贷款准备金计提标准

一是建议监管部门和财税部门共同明确贷款风险计提系数、损失税前扣除标准，减轻农村中小金融机构纳税负担，规范计提程序和方法。二是逐步在准备金计提中引入预期损失模型，提高银行业机构效益类指标的真实性和可比性，压缩准备金对净利润、资本充足率、拨贷比等指标的操作空间。

（三）加强非信贷资产准备金计提管理

一是参照表内贷款管理程序，将同业、投资、理财等业务纳入风险分类范围，穿透识别底层资产风险状况，科学量化债务人违约风险和减值损失，提足资产拨备。二是建议出台相关监管细则，参考《金融企业准备金计提管理办法》的相关规定，进一步规范非信贷资产计提标准，可结合投资、理财等非信贷资产规模、风险状况，提出差异化的拨备监管要求。

（四）制定隐性不良资产计提长期规划

一是真实摸清风险底数，加强风险排查和内外部审计检查，逐笔核实关注类、逾期类贷款的分类准确性，还原入账虚假转让或违规核销资产。二是明确股权增资计划，加强股东股权管理，引入外部优质股东消化存量风险资产，积极争取地方政府的政策支持，有效解决“高风险、高不良、高拨备”问题。三是提升资产处置成效，充分运用清收、批量转让、债权重组等方法，提高资产回收率，加强贷款集约化管理，完善贷款资料、抵押品管理等法律要件，提升司法清收效率。

基层商业银行推进网点竞争力提升的调查与思考

——以工商银行安庆分行为例

中国工商银行安庆分行　饶儒平

营业网点是银行拓展业务、服务实体经济的主要平台和核心渠道，是经营发展的重要基石，其综合竞争力的高低直接决定和影响商业银行竞争能力及可持续发展能力的强弱。加快推进网点竞争力提升是应对日益加剧的同业竞争和实现商业银行自身可持续发展的必然选择。近年来，工商银行安庆分行就此进行了积极探索，推动网点由交易核算型向服务营销型转变，有效提高了服务实体经济的能力，取得了良好的成效。

一、工商银行安庆分行推进网点竞争力提升的实践与成效

工商银行安庆分行积极贯彻总行与省行战略部署，坚持“四个发展”理念，因地制宜，加快渠道优化和建设进程，有效探索推动网点功能和经营转型，网点竞争力得以明显提升。

一是网点布局及渠道建设明显加快。根据总行关于“突出重点、确保产出、增调同步、统筹配置、整体规划、分步实施”的渠道建设要求和《工商银行安徽省分行网点功能转型三年规划方案》，结合安庆市城市规划和经济走向，以向优势区位渗透完善网点建设布局，编制了《工行安庆分行网点建设改造和离行式自助银行建设三年规划》，大力开展网点优化布局和自助渠道建设。累计建设、改造网点40个，其中新建物理网点2

个，优化改造低效网点 22 个，新建离行式自助银行 24 个，并新增 ATM 存取款机 50 台、一体机 74 台、自助终端 49 台、网银自助服务机 61 台，升级改造各类自助设备 174 余台，累计布放个人转账终端 1690 台。柜面业务可分流率达 29.6%，继续保持全省前列。2015 年实现综合网点覆盖率 100%，在全辖形成物理网点和虚拟网点相结合的立体化、综合化服务网络，推动了网点竞争力的持续提升。

二是网点经营转型初见成效。通过优化劳动组合和岗位设置，提升网点综合化服务水平，切实增强营销服务能力。多数网点实行了“两工一休”等弹性工作制，推广在非现金区设置公司无贷户客户维护岗，充实网点服务营销队伍，强化公司无贷户客户维护与服务的做法；完善网点员工绩效考核，结合标准业务量核定、全产品计价等措施，充分调动网点员工营销服务的积极性，全面提升网均、人均水平。所辖石集支行营业部、望江支行营业部、太湖晋熙支行等推动网点由交易核算型向服务营销型转变的相关做法被总行网讯刊载和省行《网点功能转型工作动态》转发。网点经营结构转型最直接地反映在中间业务收入上。近三年，全辖中间业务收入持续攀升，由 2010 年末的 8246 万元增长到 2013 年末的 1.64 亿元，年均增长 25%，且连续三年在当地同业保持收入总量、增量、增幅三项第一；网均中间业务收入由 2010 年的 229 万元增长到 2013 年的 410 万元。

三是网点经营效益稳步提升。三年来，全辖营业网点按照“四个发展”的要求，积极开拓业务市场，综合盈利能力节节攀升。拨备前利润由 2010 年的 22604 万元上升至 2013 年的 38210 万元，年均增长 19%；净利润由 22229 万元上升到 26024 万元，年均增长 24.2%；EVA 由 1.1 亿元上升到 1.7 亿元，年均增长 14.59%。全辖职工人均工资由 2010 年的 6 万元上升到 2013 年的 8.5 万元，年均增长 12.5%。网点员工积极性得到充分调动，实现了整体效益和员工个人收益的协调增长，促进了网点竞争力的持续提升。

四是网点综合服务效能进一步增强。积极推行大堂制胜工程，坚持行长大堂坐班制和大堂经理引导制度，强化现场突发事件应急管理，加强网点员工服务技能培训，提升客户服务品质，同时实施高低柜业务分流改革，加强网点现场规范化管理。从 2012 年下半年开始，实施高低柜分区改造，共减少高柜 26 个，增设低柜 23 个，全市对外营业柜口高柜、低柜占比由改革前的 4.71：1 下降到 2.39：1，进一步优化了网点资源布局，提升了网点服务效能，赢得了社会各界的赞誉。近年来，全辖创建全国级、省级各类文明规范服务示范单位 14 家，获评全市“明星大堂经理”和总行、省行、市行级“服务明星”63 人，彰显了良好的社会服务形象。

二、推进网点竞争力提升面临的问题和难点

总体来看，工商银行安庆分行网点竞争力提升较快，但与区域先进同业相比，仍然存在一定差距，主要表现在以下几个方面。

一是网点个体竞争能力还不够强。网点业务竞争优势不够突出。截至 2014 年 8 月末，全辖县级支行存款增量排名同业第一位的只有 2 家，网均存款只有中国银行和建设银行的八成左右，人均存款只有中国银行的 65%、建设银行的 71%，网点均净利润居全省第 10 位；拨备前利润居后 20% 的 8 家网点，合计只占全行拨备前利润的 0.79%。

二是网点间发展不平衡。网点阵地营销作用不够明显，主要是金融产品销售的渠道和营销职能没有得到充分发挥。截至 2014 年 7 月末，在全行 119.8 万个人客户中，零余额客户有 31.3 万户，占比达 26.13%。无星级的低效客户有 77.57 万户，占比高达 64.75%。金融资产在 5 万元以上的个人客户有 9.16 万户（2017 年净增 7123 户），占比仅为 7.65%；六星级以上客户仅有 8094 户，占比为 0.67%。在全行 7986 个对公客户中，有超过 79.41% 的客户存款不足 10 万元；存款 50 万元以上对公客户网均仅有 19 户。

三是网点综合化服务能力有待增强。部分营业网点现场服务规范化管理机制缺乏或不健全，大堂经理配备不足或职责不清晰，客户服务质量效率尚未得到有效改观。客户等候时间过长、客户服务无差别化的现象仍然存在。

四是网点布局跟进市场需求不够迅速。主要是网点规划的前瞻性和预

见性不够，网点布局紧跟业务发展趋势，向经济开发区、城市新区、富裕乡镇等金融资源丰富区域延伸的步伐仍然滞后。

五是激发网点员工经营活力不够充分有效。受网点人员老化、劳动组合配置失衡以及考核机制还不够完善等因素影响，网点员工的经营动力和活力未得到有效的激发和释放，网点员工工作积极性难以得到充分发挥。

六是金融市场竞争的日趋激烈，对全行网点竞争力提升带来较大的压力和挑战。特别是互联网金融发展势头迅猛，并开始逐步影响银行传统物理销售渠道，竞争商业银行的核心业务领域，抢夺银行已有的客户资源，对银行传统经营模式和盈利方式形成较大冲击。

三、全面推进网点竞争力提升的思路

面对新的形势下网点经营中存在的问题，必须将网点竞争力提升作为一项战略性、基础性、全局性工程抓好抓实，立足于丰富前瞻性内涵发展的战略思路，坚持以效益为目标，以市场为导向，以客户为中心，坚持走内涵式发展之路，通过系统实施存量网点盘活、渠道转型、岗位优化整合、员工优化、客户拓展、产品渗透和配套保障等七大工程，努力实现渠道多元化、运营标准化、功能综合化、管理规范化、考核科学化，打造布局合理、功能齐全、流程高效、服务领先、效益优良的一流营业网点，全面提升网点竞争发展能力，提高金融服务安庆市实体经济效率。

（一）着力突出网点营销主渠道战略

充分发挥网点作为各类金融产品主营销渠道的作用，推进实施客户拓展工程和产品渗透工程，提高客户综合贡献度。提高网点综合化水平，增强网点本外币综合业务受理能力。加快建立网点负责人、客户经理、大堂经理、柜员为核心的四位一体客户营销服务体系，实现客户入门、识别、维护、挖潜等的无缝对接。按照整合资源、分级负责、整体联动、分层服务的原则实行联动营销，以网点为依托，加强公私联动，重点拓展城市新区、商品交易市场、发达县域和经济强镇等新市场，实现以公带私、以私促公，全面发挥网点阵地的营销作用。

（二）大力加快网点功能转型

以实施网点运营标准化管理为提升网点竞争力的基础和关键，通过实施优化网点资源配置、整合规范岗位设置、强化内部管理秩序、持续提升运营效率等基础性工作措施，推进岗位优化整合工程，构建新型网点运营管理体系，实现网点柜面服务水平和营销能力的有效提升。一是规范网点运营业态。对照总行标准，重新梳理现有网点功能定位，系统做好网点分类管理和布局调整，构建并完善以全功能网点为中心、综合网点为支撑的网点服务网络。二是实施岗位优化整合。科学核定网点各类岗位人员配备标准。在风险可控基础上，引入专职岗位与动态角色相结合的劳动组合，增强网点现场管理和阵地营销能力。三是规范网点柜口设置。参考总行标准，以业务量为基准，充分考虑网点业务波峰、波谷情况，因地制宜地建立本行网点柜口开工标准，设置弹性窗口，并合理设置高柜与低柜数量，逐步减少高柜、增加低柜，推进高低柜业务分离，充分发挥低柜在客户拓展和产品渗透上的优势，加快实现网点功能转型，进一步提高网点服务效率。四是扎实推进网点运营标准化管理，以建立新型大堂管理机制和标准化服务流程为导向，前移和整合中后台客户经理资源，实现网点规范化管理和精细化运营，提升网点服务水平和营销能力。

（三）强力激发网点竞争动力

注重发挥考核的导向作用，鼓励网点争先进位，推进配套保障工程，完善机制建设，全面激发网点经营活力。一是健全营业网点考核评价体系。根据网点业态的差异，有针对性地设计考核体系，提升分类考核水平。实施以绩效改进为重点内容的目标考核，加大对网点的考评力度，调动网点做优做强、争先进位的积极性。二是完善网点员工绩效考核体系。在清晰界定网点岗位核心职责的基础上，采取综合绩效考核、业务量考核和产品计价考核等多种方式，对网点各岗位员工实行差异化考核。着重加强对网点负责人、网点副职、客户经理、大堂经理、综合柜员的全面考核，努力挖掘各层面人员的工作潜能。综合运用 MOVA 系统功能，将网点业绩水平与网点绩效工资全面挂钩考核，促使网点员工形成“以业绩论收入”的竞争氛围，真正引导网点功能由交易核算型向营销服务型转变。

（四）蓄力提升网点效能

紧跟城镇发展和重点经济区域变化，推进存量网点盘活工程，全面提升网点效能，加快优化网点布局。在规划和选址上，适应城市建设规划和热点区域迁移，重点优化调整布设密度过高的老城区网点和“老旧小”网点，使物理网点更符合金融资源分布变化的趋势，使全功能网点和综合网点覆盖主要行政、经济、住宅中心，打造主城区半小时金融理财服务圈；到 2016 年底，全面完成现有 D 类和 E 类网点优化整合。以渠道转型作为提升网点竞争力的重要突破口，推进渠道转型工程，加快形成网点柜面、电子渠道、自助渠道有机结合的服务网络，发挥多渠道金融服务优势。在自助渠道建设上，加快在核心商业区、大型居民社区、商品交易市场、产业园区以及机场、地铁、车站等人流聚集区域的自助机具布放步伐，与物理网点形成协同服务网络，使离行式自助银行覆盖主要居民小区、重点大专院校、大型企业等，实现重点商业街、居民区 10 分钟便捷服务圈。紧跟电子信息化发展趋势，拓展电子银行渠道，加快“融 E 购”电子商务平台的推广应用，进一步加强新型自助机具、网点智能终端的研发和推广，加快对微信、微博等新型线上金融服务模式的探索和使用，扩展新的渠道优势。

（五）全力打造网点品牌形象

积极打造标杆示范网点。CI 标识和自助银行、自助设备的标识设计均要按照总行标准严格执行，统一规范工商银行服务机构的整体社会形象。简化网点服务管理流程，梳理现有的业务流程，整合交易代码和各类登记簿，简化柜面处理和交接班手续，加强客户投诉精细化管理，提高服务效率，强化对优质客户和高端客户的专属服务。全面启动网点运营标准化建设，重点落实大堂经理服务规范，提升对优质客户的识别、主动营销和差异化服务能力，不断提升网点服务水平。加大对高频交易及主要业务品种的一站式服务改造力度，有效压缩长流程业务办理时间，提高短流程业务服务效率。加强对网点负责人的管理，纠正“重客户营销、轻现场管理”和“重任务指标、轻过程管控”的现象，切实履行好网点服务管理第一责任人的职责。建立网点风险管理信息互通机制，分工协作，密切配合，构建全员参与、动态全程的网点运营风险控制体系。强化服务礼仪和服务规范培训，积极开展“服务争先创优”和“服务明星”等竞赛活动，建立推进品牌服务持续有力提升的长效机制。

（六）合力配置网点竞争资源

按照“盘活存量，用好增量”原则，多措并举地开展人员优化调整，推进员工优化工程，增强网点竞争能力。将低效网点撤并释放出的人力资源充实到其他全功能网点和综合网点，减少低效网点对人力资源的占用。实施科学调度，强化网点内各岗位人员统一调度管理，将网点原有的多个业务处理类岗位统一整合成柜员岗，实施岗位同质管理。运用排队管理系统和业务量数据，实施分别针对高峰期和非高峰期的弹性排班，科学设置柜口和劳动组合。挖掘资源潜力，优化新增人员投向，每年新入行员工优先投向网点。加快员工队伍年龄、素质结构更新，着力压缩市行和支行本部的人员，分流一部分到一线网点。按照“集约运营”原则，全面梳理整合各类后台运营中心，构建定位清晰、机构精简、管理高效的业务运行后台布局。进一步健全完善网点负责人培养、选拔、管理、考核和监督机制，加强选拔的监督和管理，科学、合理制定用人标准，规范选拔流程，做好网点负责人后备人才梯队储备和建设，同时健全退出机制，着力打造一支精于业务、善于管理、富有激情、结构合理的网点负责人队伍。

农商银行信贷业务转型的太湖实践与思考

安徽太湖农商银行课题组　王　仑　包永胜　黄　明

在经济下行、同业竞争激烈的态势下，面对堪称沉重的历史包袱，太湖农商银行痛定思痛，认真总结历史教训，修正市场定位，提出了“服务三农、服务小微、服务县域”的“三服务”理念，按照“精耕本土、做小做散”的新思路推动信贷业务转型，提高信贷资产质量，正在探索一条适应环境变化、适应县域市场需求、适应自身实际情况的信贷业务转型之路。

一、不良资产高企倒逼信贷业务转型

太湖农商银行的信贷业务转型起始于2015年初太湖农商银行新一届领导班子配齐。2012年太湖农商银行改制以后，与其他农商银行一样，也走了一段信贷规模急剧膨胀、贪大嫌小、喜异地贷款的信贷投放之路。在这样的信贷思路下，太湖农商银行信贷投放呈爆发式增长。以2013年为例，当年太湖农商银行贷款净增73602万元，增长主要是因为安庆、潜山、望江、宿松等县外区域的大额贷款投放。受2014年下半年至2015年初安庆地区信用风险传导的影响，太湖农商银行经营风险集中暴露，信用风险高企，经营面临前所未有的困难。以2015年第一季度末的数据为例，截至2015年3月末，太湖农商银行各项贷款余额为31.04亿元，其中账面不良贷款余额达2.28亿元。根据当时太湖农商银行信贷综合整治排查的数据，太湖农商银行不良贷款余额实际上更高。其中已经暴露的异地不良贷款虽然只有49笔，但余额高达3.3亿元（平均单笔不良贷款余额达673万元），异地不良贷款占不良贷款余额的74.32%。

面对不良持续“双升”态势，一方面，必须多措并举进行压降化解，压降“存量”；另一方面，必须立即调整信贷投放思路，实施信贷业务转型，控住不良贷款“增量”，从源头上优化新投放的信贷资产质量，改变导致资产劣变的“基因”。“精耕本土、做小做散”的信贷业务转型思路就是在这样的背景下应时而生的。

二、信贷业务转型是农商银行生死存亡的决策

“精耕本土、做小做散”的信贷业务转型，是太湖农商银行的存亡之举，势在必行。

一是适应宏观经济形势变化的需要。当时的宏观经济出现了比较明显的下行趋势，经济增长速度换挡期、结构调整阵痛期、前期刺激政策消化期“三期叠加”，很多企业面临经营困难，“僵尸企业”大量出现，市场有效需求明显不足，因此，在这样的形势下，再走放大额贷款、铺摊子、上规模的老路，既行不通，也相当危险。

二是太湖农商银行自身稳健发展的需要。盲目“走出去”已付出了沉重的代价，已经难以为继，要消化历史包袱，就必须抓业务发展，在发展中解决问题，必须调转方向，“转过来”，耕好自己的“一亩三分地”。

三是夺回已丢失市场阵地的需要。改制后，“洗脚上岸”“泥腿子进城”，没有坚守当初“更名不改姓”“改制不改向”的承诺，草率冒进，偏爱企业贷款，喜好大额贷款，主动放弃了“小农贷”等小微客户群体。正因为如此，太湖农商银行所在的太湖县各类农民专业合作社乘虚而入、遍地开花，违规开展揽存放贷业务，当时太湖农商银行的市场丢失情况已经十分严重，如再不实行信贷回归，传统市场将丧失殆尽。

四是适应省联社行业指导和监管政策要求的需要。2014年省联社理事会报告提出“以促转型升级为主线”。在总结分析2014年安庆地区农合机构经营情况后，安庆银监分局提出了“农合机构要回归支农支小市场

定位”的要求，并在农合机构监管意见中提出了“降压户均贷款余额”的具体监管要求。这也向包括太湖农商银行在内的辖内各农合机构传递了业务经营要立足县域、精耕本土、做小做散的监管信号。

实施信贷业务转型，完全可行。首先是国家一系列政策支持所带来的区位优势。近年来，在发展县域经济、支持“三农”、支持小微企业发展方面，国家出台了一系列的政策。同时，由于太湖县位于大别山集中连片特困地区，属于国家扶贫开发工作重点县，在脱贫攻坚、农业工业等产业发展方面，国家给予了更多的政策支持。在国家政策的支持下，该县经济快速发展，农业逐步实现产业化、规模化经营，产业转移转型加速，消费信贷需求日益旺盛，这些都为太湖农商银行信贷回归县域提供了难得的机遇和得天独厚的条件。其次是服务地方经济发展贡献突出能够带来一定的政策优势。作为本土银行，一直以来，太湖农商银行是当地支农支小的主力军，为当地经济发展作出了突出贡献，向地方党委政府积极争取相关政策既有必要，也在情理之中。再次是县域法人性质具有的体制机制优势。在太湖县，太湖农商银行就是一级法人机构，总行内设 14 个部门，下设 18 个一级支行、18 个二级支行，实行扁平化管理，具有决策链条短、信息交流频率快、决策执行力强、市场反应迅速等特点。实施信贷业务转型，更大意义上是“想不想转”的问题，而非“能不能转”的问题。最后是太湖农商银行具备明显的网点和人员优势。如 2014 年末，太湖县共有 8 家商业银行、63 个网点，太湖农商银行网点有 36 个，占 57%，遍布全县 15 个乡镇，部分网点甚至延伸到行政村。太湖农商银行员工共 383 人，占全县商业银行员工总数的一半以上。这些都是太湖农商银行深耕市场的明显优势。

三、信贷业务转型因地制宜的良好实践

谋定而后动。在信贷业务转型上，太湖农商银行提出了两句口号，这也成为太湖农商银行在信贷业务转型上的行动指针：一是“要让每一个有贷款需求的客户都有一款适用他的产品”，二是“要让农户贷款像存款

一样方便”。围绕这样的目标，太湖农商银行从信贷思路、信贷机制、信贷平台、信贷产品创新、信贷风控五个方面着手，大力推动信贷业务转型。

一是在信贷思路上始终明确坚守市场定位。为改变员工一直以来形成的“做大做强”的思维定式，太湖农商银行强化了对员工的风险教育，进一步增强员工的风险意识。通过大量活生生的异地大额不良贷款形成实例，使员工感受到了坚持“服务三农、服务小微、服务县域”的市场定位，坚持精耕本土、做小做散的重要性和必要性，让员工真正认识到了审慎稳健经营、信贷投放上既要“蹄疾”更要“步稳”的重要性。

二是在信贷机制上不断改革创新。首先，建立健全了一整套信贷管理制度。转型以来，根据“业务发展、制度先行”的原则，太湖农商银行全面梳理了信贷管理制度，先后修订完善了89项信贷制度，形成了四柱八梁性质的整体信贷管理制度框架。其次，建强一支信贷管理队伍。太湖农商银行将支行副行长、二级支行行长全部推向市场跑营销，纳入客户经理管理，同时通过岗位竞聘等途径，补充新鲜血液，建立了一支88人组成的客户经理队伍，为做实贷款营销做好了准备。同时，太湖农商银行将调整下来的12名年龄较大、信贷知识缺乏、风控能力较弱的信贷员转岗从事柜员、专职收贷等岗位，从源头上降低信贷风险。再次，在信贷审批机制上，在严控大额贷款的前提下，坚持适度放权、提额、简化流程。为确保将精耕本土、做小做散落实到踏踏实实的行动上，太湖农商银行改变了以往总行集中审批、严格限制信用贷款的做法。一方面，将信用贷款10万元（含）以下、抵押担保贷款20万元（含）以下贷款审批权限下放支行，由支行把关，快审快贷。另一方面，改变了过去严格限制信用贷款的做法，将信用贷款的额度由原来的1万元提高到10万元。同时，太湖农商银行还大力简化小额贷款资料要求，如农户小额信用贷款仅需搜集农户的身份证、户口簿、结婚证等基本资料，其余信息全部在一张表格中囊括，让农户贷款真正像存款一样方便。最后，优化信贷考核机制。太湖农商银行改变了以往仅从单一的贷款余额增长一个维度考核支行和客户经理业绩的模式，从贷款余额、新增客户数、户均贷款余额、不良贷款率、收息率等多个维度考核支行和客户经理的业绩，通过考核这一“指挥棒”，引导客户经理多放农户贷款、小微企业贷款等散客散户贷款，在提高综合收益率的同时分散风险。2016 年，太湖农商银行信贷客户数量较 2014 年增加 4321 户。

三是在信贷平台上持续加强拓展。为进一步加大信贷投放，加强与市场有效需求的对接，一方面，太湖农商银行加强了与现行的政府、银行、担保等有效平台的对接，用好已加入的信贷平台。以 2016 年为例，通过加强与政府、税务、担保等部门的协调对接，太湖农商银行共发放“4321”政银担贷款 94 笔，金额达 46015 万元；发放“税融通”贷款 4 笔 2430 万元。另一方面，太湖农商银行积极向政府部门争取，积极加入多方合作机制。如目前，通过积极申请、反复协调，太湖农商银行成功争取了原来仅由国有商业银行承办的“助农贷”“劝耕贷”“下岗再就业贷款”“住房公积金委托贷款”等业务，有效拓展了业务领域。同时，太湖农商银行还改变以前的做法，更加重视生源地助学贷款、扶贫小额信用贷款业务，主动“走出去”，加强与教育主管部门、扶贫办、各乡镇党委政府的对接，如 2016 年以来，太湖农商银行共签约生源地助学贷款 2071 笔，金额达 5756 万元，生源地助学贷款新增用款笔数和金额在全省农商银行中排名第一；扶贫贷款方面，太湖农商银行目前累放额达 37326 万元，占太湖县扶贫小额信用贷款发放额的 95% 以上。

四是在信贷产品创新上亮点纷呈。着眼于“要让每一个有贷款需求的客户都有一款适用他的产品”的目标，太湖农商银行持续加大了产品创新力度，致力于满足全县广大农户、种养大户、公职人员、个体工商户、进城务工人员、自主创业人员等客户的信贷需求。在 2016 年推出“公易贷”“信易贷”“薪易贷”三款“易贷”产品的基础上，2017 年太湖农商银行又创新推出了“农易贷”“车易贷”“房易贷”“贫易贷”四款“易贷”系列产品，打出了产品创新组合拳，为细分市场营销、增强市场渗透力提供了保证。仅 2017 年上半年，太湖农商银行就累计发放“易贷”系列贷款 6500 笔 4.5 亿元。在支持小微企业发展方面，太湖农商银行创新推出了“仓储质押贷款”“经营权质押贷款”等贷款品种，破解小微企业融资瓶颈。在扶贫小额信贷投放上，太湖农商银行创新推出了“涉农企业+贫困户”“专业合作社+贫困户”“家庭农场+贫困户”“种养大户+贫困户”“能人+贫困户”“工业企业+贫困户”等六大合作扶贫模式，大力发放扶贫小额信用贷款。另外，为进一步加大对农户的信贷支持力度，太湖农商银行在“农易贷”产品之外，又开发了“银村贷”“农民建房贷款”等信贷产品，全方面满足广大农户的贷款需求。

五是在信贷风控上强化责任审计。信贷业务转型后，太湖农商银行一直将稽核审计作为一把高悬的利剑，通过常态化、刨根问底式的审计，配套落实责任追究机制，形成对信贷违规、风控不力的强力震慑作用。对100万元以上大额贷款，由稽核部门牵头，定期进行摸底排查，发现风险点并进行提示，进行提前干预。2014年至今，根据信贷审计情况，太湖农商银行先后免去了6名一级支行行长职务，占一级支行行长总数的1/3，同时劝退信贷员2人。通过在稽核审计方面下硬功夫，查出实质性问题，点出薄弱环节，在对信贷规范操作形成监督的同时，切实提高了信贷管理的质量和水平。

四、信贷业务转型过程中面临的几个难点

一是业务经营仍然存在较大压力。面对经济持续下行态势、激烈的市场竞争、沉重的历史包袱，太湖农商银行新一届领导班子履职后，坚持“少讲原因多讲担当，少提困难多想办法”，在信贷管理上采取了一系列举措，但异地大额不良贷款化解处置异常困难，不良贷款仍是制约太湖农商银行发展的拦路虎、绊脚石。截至2017年6月末，利息逾期90天以上不良贷款使太湖农商银行实际不良贷款仍然高企。要化解不良，必须进一步做实业务收入，增提拨备。在这样的情况下，部分员工仍然存在放大额贷款、大干快上的冲动。

二是信贷队伍整体素质仍需提升。自改制以来，太湖农商银行先后招聘了近百名大学生员工，其中部分员工在经历多岗锻炼后，已经充实到了信贷队伍，但信贷队伍整体素质仍然不高。一方面，新充实到信贷队伍的

大学生员工比较缺乏信贷管理的经验，需要在信贷管理的实践中不断接受打磨。另一方面，年龄较大的信贷管理人员虽然具备比较丰富的实践经验，但是在使用现代化的各类系统、接受新的信贷管理知识方面仍然存在较大的短板。整个队伍在业务拓展技能、风险管控能力方面，仍然需要快速提升。

三是系统支撑能力不强。目前，太湖农商银行除使用省联社研发的新一代信贷管理系统外，在客户信息搜集、客户需求分析等方面仍然缺乏先进信息系统的支撑。信贷做小做散，关键就在于对大量客户基础信息的搜集、筛选、分析，并在此基础上制定有针对性的需求满足策略，进行有针对性的营销。这些都要依靠先进的系统，进行大数据分析。

四是产品创新仍然需要加大力度。在满足各类客户群体的信贷需求方面，太湖农商银行开发了一系列的信贷产品，但是在细分市场、满足客户的个性化信贷需求、消费信贷等领域，信贷产品仍然比较缺乏。

五是信贷营销渗透力仍然不够。太湖农商银行所在的太湖县位于皖西南，属于大别山区。全县总面积达 2031 平方公里，其中山水面积为 1649 平方公里，耕地面积仅 382 平方公里，“七山一水一分田，一分道路和村庄”，地域广阔。全县辖 15 个乡镇、174 个行政村、10 个居委会，人口共 57 万人，户籍总户数达 17 万户。太湖农商银行目前客户经理中，除去城区支行和中小企业部客户经理，广大山区、畈区的客户经理仅 43 人，平均每个客户经理负责的行政村达 4 个以上。客户经理负责的信贷半径过大，导致深耕力度不够，信贷深度营销渗透性不强。

五、推进信贷业务转型的长久之策

一是要保持战略定力。在经济下行、历史包袱尚未化解的情况下，虽然需要用时间换空间、通过发展解决问题，但仍然要保持战略定力，坚守市场定位，做好传统业务，耕好传统市场，守牢根据地，做到不丢阵地，不因要化解存量风险就“吃进一肚子坏资产”，形成恶性循环。当前情况下，要继续收缩战线，继续回归县域，将服务“三农”做实、将服务小微做优，用优质信贷资产的持续增长提高收入，同时有效稀释不良。

二是持续加大培训力度。通过加强内部培训师队伍建设，不断提升“内脑”，密集组织开展信贷业务培训，提升全员的信贷专业知识水平，做好信贷知识储备。同时，通过主动“走出去”学习提升和大力引进外部培训机构这些“外脑”等途径，开阔员工眼界，转变员工思想观念，让信贷业务转型、防控风险的认识内化于心、外化于行，同时大力提升员工的营销技能。

三是加强系统研发应用。在当前信息科技力量仍然薄弱的情况下，太湖农商银行到系统内先进农商银行学习考察，引入先进的客户管理系统，分析、发掘客户需求，并有针对性地开展营销。同时，加强与县域行政企事业单位的沟通对接，建立大数据系统，在省联社的部署指导下，尽快上线“金农易贷”项目。

四是加大产品创新力度。进一步细分客户市场，针对细分后的不同客户群体推出个性化的信贷产品。同时，结合农村消费信贷的发展趋势和特点，开发设计相应的产品。如针对农户房屋装修、购车、种养大户土地流转、农家乐发展、乡村特色旅游等开发设计对应的信贷产品。

五是全面推行网格化管理。在保持员工总数稳定的基础上，通过自助设备配备、网点电子化转型等措施，引导客户更多地通过电子渠道自助办理业务，逐步压缩现金服务窗口，将更多的员工解放出来，推向市场跑营销。太湖农商银行拟建立一支100人左右的客户经理队伍，每个客户经理负责2个行政村，实行网格化管理，进行深度营销，及时发现、满足客户的信贷需求，将做小、做散全面做实。

怀宁县农村金融产品与服务方式创新实践

中国人民银行怀宁县支行　王成礼　丁礼明

加快推进农村金融创新，是新形势下缓解农村和农民贷款难、促进城乡公共金融服务均等化和支持社会主义新农村建设的有效手段。自2010年人民银行、银监会、证监会、保监会出台《关于全面推进农村金融产品和服务方式创新的指导意见》（银发〔2010〕198号）以来，一些地方加大了农村金融产品和服务方式创新力度，逐步探索形成了多种符合“三农”特点的金融支农模式，农村金融服务得到了明显改善。但就目前来看，农村金融仍然是我国金融体系中的薄弱环节，农村金融服务仍然存在诸多问题，难以满足农村经济的发展需要，是一个亟待解决的现实问题。本文以怀宁县农村金融产品与服务方式创新探索实践为例，对如何继续深化农村金融创新工作进行深入探讨。

一、主要做法

（一）加强指导，把握农村金融创新的方向

一是制定实施方案。按照上级金融创新的要求，结合怀宁县实际，及时制定了《怀宁县农村金融改革创新工作实施方案》，明确提出了全辖金融创新的指导思想，要求金融部门按照产融结合、务求实效、循序渐进、风险可控的原则，积极探索适合怀宁农村实际需求特点的金融产品和服务方式，努力实现创新成果转化，全面提升“三农”经济服务水平。二是推荐成果参赛。自2011年起，每年至少推荐一项创新成果参加人民银行

安庆市中心支行与市总工会联合开展的安庆市银行业金融机构“星级产品、星级服务”金融创新竞赛活动。其中，2011 年怀宁农村合作银行选送的创新产品“绿之源”被评为“安庆市金融创新星级产品奖”。三是货币政策引导。合理运用再贷款、再贴现等货币政策工具，拓展涉农信贷资金来源，鼓励辖内法人银行业金融机构开展农村金融产品和服务方式创新业务。

（二）加强宣传，增强农村金融创新的活力

农村金融创新面临的很现实的问题是“金融机构有热情，老百姓不知情”，为此，我们通过广泛的宣传增强农村金融创新的活力。一是通过媒体、网络宣传。积极与主流网络、媒体合作，通过怀宁电视台行长专访、字幕广告、《今日怀宁》金融专刊、政府网站信息公开专栏、农委“手机报”等，面向社会各界宣传介绍新的金融产品与服务。二是在银企洽谈会上推介。每年召开的银企信贷项目洽谈会上，各金融机构制作信贷政策、创新产品介绍展板、宣传折页，巧借企业集中参会契机，向企业主面对面推介。三是主动上门营销。为拓展优质客户，近年来，辖内各银行业金融机构积极调整经营思路，加大金融产品营销力度，变坐等客户上门为主动上门营销，根据企业的需求，推介信贷产品。

（三）强化保障，保证农村金融创新的效果

一是做好沟通协调工作，破解创新难题。农村金融产品和服务创新大多是政策性的，又涉及农村很多问题，只有在强有力的组织下才能保证工作的有效开展。如 2014 年我们为加快推进农村信用体系建设，在辖内积极推广“安徽省农户信用信息共享服务平台”、建立农户信用信息档案时，通过与县（乡）政府、金融机构和村组织进行有效沟通，由县财政给予每户 1.5 元的信息采集专项补贴经费，并与县政府各相关部门密切合作，成立相应的工作领导小组，解决创新工作缺乏组织保障问题。二是做好风险防范工作，保证创新成果。创新和风险是一对孪生兄弟，开展好创新的前提是做好风险防范工作。一方面，提高金融机构创新的积极性；另

一方面，尽可能防控风险。县政府出台了《怀宁县中小企业贷款风险补偿基金管理暂行办法》，设立了怀宁县中小企业贷款风险补偿基金，并明确将金融创新风险列入补偿范围，积极化解金融创新引发的信贷风险。

二、取得的成效

（一）金融产品层出不穷，推动了农村经济发展

近年来，怀宁县各金融机构根据自身的经营策略，结合县域经济发展特点，积极创新农村特色金融产品（见表1），有针对性地开发了“公司+农户”等多个信贷产品，盘活了资金，方便了群众，较好地解决了农村经济发展融资难题。

表1　2014年6月末怀宁县农村特色金融产品创新及成果

产品名称	承办银行	贷款余额（万元）	受益企业（农户）
“公司+农户”	农业发展银行、农业银行、邮储银行、农村合作银行	75320	135户企业，1520户农户
农家乐	农村合作银行	85762	6200户农户
商家乐	农村合作银行	59526	2647户工商户
成长金桥	农村合作银行	130596	247户企业
林权抵押	农业发展银行、农业银行、建设银行、农村合作银行	12799	53户企业
直管直贷	中国银行、邮储银行	384	3户家庭农场
统贷直放	农业银行、农村合作银行	950	396户农户
整贷直发	邮储银行	2335	461名创业者
微型企业贷款	中国银行	1010	6户企业
助保贷	建设银行	6920	4户企业

创新信贷产品的推广和成果的转化，促进了农村经济的发展。2014年上半年，怀宁县实现农业增加值7.69亿元，同比增长3.5%。

（二）金融服务不断创新，拓展了普惠金融服务覆盖领域

近年来，我们坚持“为民、便民、利民”的原则，创新金融服务手段，提升普惠金融服务成效，不断满足农村日益增长的金融需求。

1. 打造金融服务“为民工程”。一是以“金融服务伴您行”为主题，深入开展各类别宣传月、宣传周活动，推动金融知识“入百村、进千家、惠万民”。二是加大金融机构全额清分和冠字号码查询工作推进力度，以打造无假币示范区为抓手，净化人民币流通环境。截至 2014 年 6 月末，全县金融机构 ATM 已经实现 100% 冠字号码可查询，柜面已经实现 50% 冠字号码可查询。三是推广“农汇通”工程，加快推进助农取款服务工作进程。从 2011 年第四季度启动银行卡助农取款服务工作至 2014 年 6 月末，全县已挂牌服务助农取款服务点达 342 家，已实现助农取款全县 20 个乡镇 241 个行政村（社区、居委会）的全覆盖；累计办理取款 32030 笔，金额达 1322.52 万元，办理查询业务 18001 笔，让农民真正实现了“不出村、零收费、无风险”的取款愿望，助农取款服务点也成为收单机构代收、代付、收款、付款一体化的新型农村延伸网点。

2. 打造金融服务“便民工程”。一是大力推广支票影像交换、电子汇票业务等支付结算工具，鼓励手机支付、网上支付、移动支付等新兴支付方式的推广应用。截至 2014 年 6 月末，全县开通网上银行 113548 户、电话银行 85283 户、手机银行 21986 户。二是努力扩大农村地区银行卡应用的广度和深度。截至 2014 年 6 月末，全县累计发行借记卡 97.58 万张，人均持卡 1.42 张，信用卡 6.02 万张，发展特约商户 2330 家（含电话 POS），布放 ATM 120 台。三是积极推行现场办结制度。凡办理企业单位（含个体工商户）开户、贷款卡发放（年审）、个人信用报告查询等业务，符合条件、材料齐备的原则上现场办结。2014 年上半年，现场办结企业单位（含个体工商户）开户 221 户，占比为 86.67%；贷款卡发放（年审）290 户，占比为 97.31%；个人信用报告查询 162 人次，占比为 100%。

3. 打造金融服务“利民工程”。一是积极拓展农村地区银行卡特色服

务的新途径。近年来，涉农金融机构一方面广泛拓展自身业务，另一方面为客户提供更便捷的服务，积极推广银行卡特色服务（见表2），取得了良好的效果。

表2 2014年6月末怀宁县银行卡特色服务

名称	主要特点	发卡行	成效
金穗惠农卡	具有免收小额账户管理费等优惠，可在农业银行营业网点或通过自助机具、网上银行等办理农户小额贷款、放款、还款等业务，实现了“一次授信，循环使用，随借随还，方便灵活”	农业银行	已累计发放惠农卡5.3万张，办理惠农卡贷款累放累收近10100万元
银医通卡	客户通过银行的自助设备、网上银行、电话银行等渠道，便可享受预约挂号、取号、缴纳药费、查打印等就医方面的便捷服务	农业银行	经过半年运行，通过“银医一卡通”系统就诊患者达3.6万人次
邮政绿卡	代发工资、代收资费等“代”字号业务，农民直补资金、学生入学学费、农民工外出打工、粮食收购等的“口袋卡”	邮储银行	已累计发放35万张
金农卡	免收办卡工本费、省内通存通兑业务手续费、小额账户管理费，并与农村小额担保贷款业务捆绑营销	农村合作银行	已累计发放“金农卡”15.807万张，比2008年末增加14.13万张

二是积极推广农村金融综合服务站。在原有助农取款服务点的基础上，逐步建立兼备小额取现、零钞兑换、消费转账、公用事业费用缴纳、农户信用信息采集、金融消费投诉接报等对农服务项目的金融综合服务站，实现助农取款点服务功能的多元化。目前，怀宁县已选择1家服务点作为推进对象。

三是为企业提供多样化结算、融资、担保等一揽子跨境人民币服务，扩大人民币跨境使用，使涉外企业真正从中得到实惠。

（三）实现农村青年的创业愿望，推动了个人发展和社会和谐

为切实解决农村青年创业“起步难、贷款难、担保难”的问题，扶

持一批农村青年创业带头人，促进广大农村青年创业、增收、致富，2011年人民银行怀宁县支行联合团县委在辖内开展了农村青年信用示范户创建工作，制定了《怀宁县农村青年信用示范户评价办法》，启动了“农村青年创业信贷扶持计划”，对凡被评为“三星级农村青年示范户”（含）以上的农村青年，给予不低于5万元的授信等六项奖励措施。截至2014年6月末，全县已评定星级示范户346户，对其中322户累计发放贷款22690万元，贷款余额达6146.5万元。2014—2016年，累计帮助300多名农村青年走上了创业的道路，带动近5000名农民实现就业致富。该项工作得到了各级组织乃至团中央的高度肯定。县人社局、财政局与邮政储蓄银行合作推出的“整贷直发”，使近400户下岗职工、回乡大学生走上了自主创业、自谋职业之路。这些举措促进了人们就业观念的转变，激发了全民的创业意识，实现了他们的创业梦，同时也促进了个人的发展和社会的和谐。

（四）支持农村各类经营主体的发展，促进了农业结构调整

近年来，我们对创新支持农村经营主体的发展进行积极探索，取得明显的效果（见表3）。

表3　2014年6月末怀宁县金融支持农村经营主体成果

信贷服务模式	支持对象	扶持企业（合作社、家庭农场）个数	贷款余额（万元）
“公司+农户”	产业化龙头企业	135	75320
统贷直放	农民专业合作社	23	950
直管直贷	家庭农场、种养大户	132	3840

通过信贷资金的扶持，怀宁县产业化龙头企业、农民专业合作社、家庭农场和种养大户逐步壮大，耕地进一步集中，耕作方式也由原来的手工劳动逐步转化为机械化操作。据统计，截至2014年6月末，怀宁县耕地面积达58万亩，通过土地流转到家庭农场等经营主体的达30.8万亩，占比为53.1%；机械化耕种、收割面积达52万亩，占比为89.66%。农业经营向规模化、集约化、专业化、特色化发展，进一步实现产加销一条

龙，促进了农产品转化增值。这样不仅有利于延长产业链条，降低交易成本，进一步增加农民收入，支持新农村建设，贯通农业产业的金融支农链条，促进农业产业化生产，也有利于农业结构调整，把优势产业做大做强。

（五）加快信用体系建设步伐，改善了农村信用环境

2013年10月16日，怀宁县政府下发了《怀宁县推进农村信用体系建设工作实施意见》，农村信用信息共享服务平台建设正式启动，全县逾17万农户信用信息征集工作已全面开展。2016年，已完成13.5万农户信用信息采集、录入工作，占比为79.41%。建立统一的农户（农民专业合作社、家庭农场）电子信用档案及其信用评价标准与运行机制，既有利于农村金融机构推进标准化管理和风险控制，又有利于提高农户信用意识，改善农村地区的信用环境，还有利于缓解“三农”融资难的问题，为“三农”发展和社会主义新农村建设注入强大的活力。

三、存在的问题

（一）创新动力不足，力度不够

调查发现，农村金融产品与服务创新大多是政策性的，政府及相关部门的外部推动和政策诱导仍然是农村金融创新的主要动力，作为创新主体的金融机构缺乏主动性，多是被政策推动执行的，金融创新还没有在普遍意义上成为金融机构为满足多样化的农村金融需求而作出的自发性市场行为。就目前来看，一方面，在政策层面上，怀宁县虽然出台了《怀宁县农村金融改革创新工作实施方案》，明确提出了全辖金融创新的指导思想，但推动农村金融服务创新的配套机制尚不健全，缺乏有效的政策激励，从上而下推动的金融服务创新推广起来难度较大。如人民银行总行推广的农村金融综合服务站是一项利民工程，深受农村老百姓的欢迎，但实际推行过程中却遇到了服务站人员配置不足、费用列支困难等问题，目前进展缓慢。另一方面，在金融机构内部机制上，没有建立针对金融创新以及创新

成果推广的评价考核机制，难以精确考核与评价员工在创新中的贡献，创新的内在动力不强，同时严厉的责任追究限制了创新的积极性。

（二）创新主体单一，广度不够

目前，怀宁县农村金融产品与服务创新以银行业金融机构为主，保险业、证券业等领域具有普及意义的金融创新还十分有限甚至还处于空白状态。据调查，目前怀宁县没有1家证券类营业机构，更谈不上创新了。保险业金融机构有10多家，业务覆盖农业的只有3家，其中以经营政策性业务的国元农业保险公司为主，截至2014年6月末，该公司经营的农业保险品种仅有水稻、棉花、油菜、山林等政策性险种，并且理赔额相对较小，如水稻险种一亩最高只赔330元，少于种植成本。同时，银行业金融机构创新也是以具有自主权限的法人银行金融机构为主，对于其他银行业金融机构而言，县域分支机构受权限的制约，虽然服务方式日益改进和完善，但自主创新尚存在一定的困难，只是结合当地实际，推广上级行创新的产品。产品研发一般集中于省分行乃至总行，而我国地广人多，东西部经济发展不平衡，南北方农村差异大，总行设计的金融产品不一定适合各地，也在一定程度上影响了产品的推广。如邮储银行总行为进一步丰富小微金融服务品牌，拓宽授信产品，推出了“互助贷”信贷产品。该产品是以“互助共赢、有限责任”为原则组成互助合作组织，缴纳一定数额的资金，设立互助保证金，为组织内各成员按照缴纳资金5~10倍的比例在该行贷款提供担保，互助保证金的初始基金成员不得低于30户。怀宁县中小企业行业分散，尚未成立行业协会，设立互助保证金难以满足“初始基金成员不得低于30户”的要求，目前该产品在怀宁县难以推广。

（三）创新体系不全，深度不够

1. 担保抵押体系部分缺失。从目前的法律来看，担保抵押物必须具备两个最基本的条件：一是贷款人对担保抵押物要有处分权，二是金融机构对担保抵押物的可交易性及其市场价值可以认定。但从农村居民的财产性质来看，具备这两个条件的物品范围很小，农民目前的财产主要有土地承包经营权、宅基地使用权、房屋等产权及生产性固定资产和耐用消费品等，虽然一些地方正开展土地承包经营权、宅基地使用权担保抵押贷款的试点工作，但目前这些财产均在构成担保物的要素上存在一定的缺陷，如受《物权法》等法律的限制、权证的确认等，从而导致农民因为缺乏担保物而无法获得金融机构的信贷支持。

2. 风险补偿机制不够健全。一是政策补偿措施不到位。调查发现，政府对农业的扶持补贴政策、对金融机构的财政贴息和税收优惠政策力度普遍不够。二是保险分散风险的作用甚微。由于农业生产的弱质性，大部分地区的农业政策性保险业务尚处于起步和探索阶段，商业性保险运作难度大，保险覆盖面窄，保险公司只选择风险较低且国家财政有一定补贴的涉农项目进行承保，并且保额相对较小，贷款风险难以覆盖。三是信贷风险补偿不到位。一方面，金融机构在设计新的金融产品时，通常只看到其预期的高收益性，往往忽视风险的存在，营销结果大多是不良率偏高，正常的拨备覆盖率难以覆盖风险。另一方面，政府更关注新产品的成效，对信贷风险的补偿不够积极。

农村金融体系不健全，影响了金融机构创新的积极性，也制约了农村金融创新的深度。

（四）创新人才缺失，潜能不够

调查发现，各涉农银行业金融机构人才储备现状不尽如人意，特别是专业素质较高的创新类人才匮乏。基层员工绝大部分未经过正规的金融、经济或会计等高等专业教育，缺乏前瞻性的金融专业知识和技能，应对市场变化的能力较差，致使农村地区在个人消费、租赁业务、投资咨询、家庭理财、衍生产品等现代金融产品领域的创新研发明显滞后于城市地区，农村经营网点基础条件的欠缺也使得一些新型金融服务方式难以推广。基本人力资源和智力支持的缺失，直接导致目前农村金融产品与服务创新仍处于较低层次，创新的潜能未能得到有效激发。

四、对策建议

（一）强化政策引导，加大农村金融创新的力度

一是综合运用货币政策、财政政策、税收政策等，建立推进农村金融产品和服务方式创新的正向激励机制。二是自上而下，高位推动创新，在加大创新宣传力度的同时，建议由省级及以上相关部门高位推行，加大创新工作扶持力度，完善配套措施，这样不仅能保证创新的权威性，而且能大大减少基层部门之间的协调难度，进而提高创新效率。三是加强对金融机构一线员工信贷产品创新理念的教育，建立健全内部综合考评机制，将创新成果纳入综合考评范畴，同时监管部门适当放宽新的信贷产品不良率容忍度，调动金融服务创新的积极性。对创新中易引起误解的政策进行正面引导，充分激活农民的金融需求，将好政策落实好，达到创新的预期目的。

（二）健全金融服务主体，拓展农村金融创新的广度

加快建立健全适应“三农”特点的多层次、广覆盖、可持续的农村金融服务主体，是拓展农村金融产品与服务创新广度的有效途径。为此，应进一步深化农村金融组织体系改革，培育竞争性的农村金融市场。一是进一步放宽农村金融机构市场准入门槛，引导各类资本到金融发展滞后的农村地区投资设立村镇银行、贷款公司、资金互助社等适合农村需求特点的多种所有制金融组织，强化农村金融市场的同业竞争。二是加大农业保险的创新力度。建立政策性和商业性相互配合的农业保险体系，积极开发农业保险产品，加大营销力度，拓展农业保险的覆盖面，为农业生产提供有效的风险保障，为农村经济发展真正起到保护伞和稳压器作用。三是适当放宽农村金融创新业务权限。县域金融机构是真正贴近市场、最了解县域中小企业和“三农”需求的，根据当地经济特点、禀赋优势，赋予各地分支行特定金融创新权限，一方面可扩大金融机构的授信面，另一方面也可充分支持地方优势产业的发展。

（三）完善担保抵押、风险补偿体系，发掘农村金融创新的深度

1. 积极推进农村产权抵押融资。一是加强顶层设计，化解法律障碍。建议修改《物权法》《担保法》等相关的法律，从法律上明确农村产权的担保物权性质，在坚持“不改变土地用途”的前提下建立符合我国现有国情和土地制度的农村产权抵押机制。二是全面落实农村产权确权颁证工作。由土地、农委等部门查清全县范围内农村每一宗土地的权属、界址、面积和用途等基本情况，尽快完成确权办证工作。三是培育农村产权评估专业机构。政府部门应组建独立的农村产权评估中心，培养专业资质评估人员，规范农村产权价值的评估，为金融机构开展农村产权抵押贷款创造条件。四是搭建农村产权交易平台。建议政府成立功能齐全的农村产权交易中心，制定统一、科学、公开的交易规则，明确其相关职责，为农村产权交易提供配套服务。

2. 综合运用多种手段，完善风险补偿机制。一是政策补贴及时到位。政策明确规定和政府承诺的对农业的扶持补贴政策、对金融机构的财政贴息和税收优惠政策，相关部门要及时兑现、补贴到位。二是实行优惠存款准备金率。对金融机构创新支持“三农”发展的信贷项目，可考虑实行差别存款准备金率，适当降低存款准备金率。三是充分发挥保险分散风险的作用。要进一步拓宽农业保险的范围，促进农业保险体系的完善，有效增强农业抵御和防范风险的能力，化解农村金融机构的信贷风险，发挥保险在农村信贷中的保障作用。四是实行财政专项补贴。地方财政每年要在预算中安排一定的风险补偿资金，对一些风险大、成本高、收益低的创新项目和社会公益项目进行风险补偿，要根据业务发展情况及时、足额地将风险补偿金发放到有关单位。五是提高拨备覆盖率。金融机构要提前预判，对可能引发风险的创新项目适当提高拨备覆盖率。

（四）加强人才培养，激发农村金融创新的潜力

农村金融创新的人才培养实际上包括两个方面：一方面是指农村金融产品开发与设计人才，另一方面则是指农村金融创新产品的营销人才。只

有充分将两部分创新人才结合在一起，才能够发挥农村金融创新产品的功能。从怀宁县的各金融机构来看，部分银行员工老化，创新水平和营销水平较低，从根本上制约了农村金融创新活动的开展。所以，加强对人才队伍的建设和培养是金融机构应对信贷竞争的根本出路，只有保证充足的人力资本储备，才能真正形成自己的竞争力。一方面要加快充实金融创新人才队伍，另一方面则要加快现有队伍培训，加强对授信一线员工的信贷产品创新、营销理念教育，调动他们创新信贷产品、营销信贷产品的积极性，而不是被动接受上级推出的、可能根本不适宜本地的信贷产品。

去杠杆背景下欠发达地区经济增长动力考察

——基于安庆市的个案分析

中国人民银行安庆市中心支行　高　乐

经济新常态下，去杠杆作为供给侧结构性改革的五大任务之一，被认为是促进中国经济调结构、转方式、促升级的关键一环。2016 年 3 月 5 日，李克强总理在《政府工作报告》中再次强调，2016 年的重点工作之一是去杠杆。从我国发展实践来看，加杠杆曾是中国经济增长的主要动力。从去杠杆的路径选择来看，只能是在控制债务增长的同时，保持宏观经济的中高速增长，寻找去杠杆与稳增长之间的平衡。笔者全面考察了“去杠杆”背景下安庆市经济增长动力现状，分析了当前各经济部门的债务状况及其可持续性。结果显示，当前安庆市政府债务情况较好，可在较大程度上满足基建投资资金需求；与全国情况不同的是，安庆市企业杠杆率偏低，当前企业普遍面临经营困难，亟须加杠杆政策支持；居民消费贷款快速增长，消费品零售总额增速放缓。与此同时，地方财政收入增速放缓、质量下滑，固定资产投资增长较慢，专项建设基金资金使用率较低，企业有效信贷需求不足与融资难并存等问题值得关注。

一、去杠杆背景下安庆市经济增长动力现状

2016 年第一季度，安庆市地区生产总值达 306.8 亿元，按可比价格计

算，同比增长8.0%，增幅较上年同期上升3.6个百分点，比全省和全国平均水平分别低0.6个百分点和高1.3个百分点。下文从债务角度出发，按部门分析安庆市经济增长动力状况。

（一）政府负债与基建投资

安徽省财政厅按照财政部设定的债务限额公式最终核算的数据显示，截至2014年末，安庆市政府负有偿还责任的债务余额为359.82亿元，其中一般债务额度为222.39亿元，专项债务额度为137.43亿元。按照国际上普遍认同的《马斯特里赫特条约》中确定的政府债务警戒线指标测算，2014年安庆市政府债务余额占地区生产总值的比重为23.3%，低于60%的临界值，政府负债总体情况较好。

1. 政府融资平台债务增长较快，对经济增长的托底效应明显。在当前宏观经济持续放缓、地方政府债务增加严格受限以及房地产市场低迷导致“土地融资”模式难以为继的背景下，地方政府通过众多融资平台投资基础设施建设，以稳定经济增长。从较长时序来看，2012—2015年安庆市基础设施投资保持20%～40%的高速增长，对全市投资增长起着绝对支撑作用。以安庆市城市建设投资发展（集团）有限公司为例，近年来先后投资安庆市东部新城区基础设施建设、老城区道路改造、菱湖风景区环境整治、新河水系综合整治和东部新城综合写字楼、市体育中心、保障性住房、标准化厂房等百余项重点工程项目；2015年投资城市基建重点工程近80亿元，占2015年安庆市基建投资总额的22.34%。

伴随着对经济增长托底发力，安庆市政府融资平台（准平台、类平台）贷款余额近年来呈现较快增长态势，成为政府性债务的主要集中点。截至2016年5月末，安庆市32家融资平台的贷款余额为256.01亿元，同比增长9.61%。从年度数据来看，2013—2015年安庆市融资平台贷款余额分别为115.43亿元、197.82亿元、241.99亿元，同比增幅分别为38.09%、71.38%、22.33%。安庆市部分融资平台贷款情况见表1。

表1　安庆市部分融资平台贷款情况

单位：万元

平台名称	2013 年末	2014 年末	2015 年末	2016 年 5 月末
安庆市城市建设投资发展（集团）有限公司	596561	1068660	1230250	1162985
安庆市土地收购储备中心	102000	331260	449360	406710
安庆市同安实业有限公司	0	120000	127000	257500
安庆经济技术开发区建设投资集团有限公司	38895	94445	132598	167067
安徽省怀宁县城乡建设投资发展有限责任公司	40544	111136	163883	147434

2. PPP 项目拓宽政府融资渠道，政府补贴符合财政承受能力要求。当前，PPP 模式获得了高度关注，在拓宽融资渠道、激活社会资本、转变政府职能、深化财政体制改革等多个层面被寄予厚望。从安庆市情况来看，PPP 项目有序推进，进展情况良好。截至 2016 年 5 月末，已签约外环北路、污水厂网一体化两个重点项目，均按《财政部关于推广运用政府和社会资本合作模式有关问题的通知》（财金〔2014〕76 号）规定的操作程序推进。其中，外环北路项目总投资 19.76 亿元，合作期限为 13 年（建设期为 2 年，运营期为 11 年），其中工程建设投资为 15.26 亿元，征拆报等其他费用为 4.5 亿元；截至 2016 年 5 月末，工程累计完成投资约 16 亿元，占总投资的 81%，预计将提前半年完成工程建设。污水厂网一体化于 2015 年 12 月 18 日签约，总投资约 15 亿元，其中包括存量资产经营权转让 6.9 亿元，项目合作期限 30 年；截至 2016 年 5 月末，项目公司已完成污水管网普查工作，对淤积、腐蚀老化等问题采取相应的应对措施处理，需新建的两座污水处理厂和管网铺设正在推进前期工作（选址、涉及、招投标等）。

对以上两个项目，安庆市政府每年补贴合计约 4.23 亿元，低于 2015 年财政公共预算支出 74.4 亿元（2016 年按 10% 增速测算的公共预算支出为 81.84 亿元）的 10%，符合财政部《政府和社会资本合作项目财政承受能力论证指引》（财金〔2015〕21号）的要求。

专栏　安庆市PPP项目资本构成、收益保障情况

一、项目资本构成情况

外环北路项目：由中选社会资本（北京城建设计发展集团）与政府（安庆市城投公司代表政府出资）共同组建项目公司——安徽京建投资有限公司，注册资本为5亿元。其中，社会资本方占88%（44000万元），政府方占12%（6000万元），双方均以货币资金形式注入。

污水厂网一体化项目：由中选社会资本（北京城市排水集团）与政府（安庆市城投公司代表政府出资）共同组建项目公司——安庆北排水环境发展有限公司，注册资金为3亿元。其中，社会资本方占90%（27000万元），政府方占10%（3000万元），双方均以货币资金形式注入。

二、收益保障机制

外环北路项目：通过政府付费方式实现投资回报，政府按道路的可用性考核绩效支付服务费2.8亿~3.5亿元/年不等，按道路维护绩效支付服务费965万元/年。

污水厂网一体化项目：通过“使用者付费+政府补贴”实现投资回报。政府补贴按建设投资的可用性考核绩效，每年支付服务费4400万元，污水处理服务按0.39元/吨予以补贴。经测算，每年约补贴6300万元。

3. 专项建设基金争取情况较好，融资平台参与回购项目公司股权，存在增加政府债务的可能。在宏观经济持续放缓的背景下，专项建设基金在2016年的《政府工作报告》中被重点提及，成为当前稳增长的重要举措。截至2016年5月末，安庆市前六批共争取专项建设基金项目324个，基金145.58亿元。其中，国家开发银行224个，基金110.02亿元；农业发展银行100个，基金35.56亿元。前五批争取专项建设基金项目252个，计划总投资1337.33亿元，基金100.48亿元，基金占总投资的

7.5%。其中，国家开发银行171个，基金73.23亿元；农业发展银行81个，基金27.25亿元。第六批（2016年第二批）专项建设基金项目72个，争取专项建设基金45.1亿元，目前国家开发银行、农业发展银行正在审核。前五批实际签约项目为220个，专项建设基金85.49亿元，其中，国家开发银行已签约项目147个，专项建设基金60.51亿元；农业发展银行已签约项目73个，专项建设基金24.98亿元。

专项建设基金作为种子资金，有望起到撬动投融资的作用，进而促进投资较快增长。不过，在专项建设基金大规模投放的情况下，从实际操作模式来看，融资平台参与回购项目公司股权，存在增加政府债务的可能。具体操作模式分为两种：一是农发基金、项目公司股东、项目公司和政府平台公司签署四方协议，农发基金采用股权方式投入项目公司，投资基金由农发基金直接拨付至公司，政府平台公司作为农发基金投资的回购主体。国开基金也有类似的操作手法。二是专项建设基金通过融资平台公司向项目企业投放。首先由国开基金与政府指定的平台公司签订投资入股协议，将资金投资到平台公司并占平台公司股份，平台公司按约定期限逐年支付利息及股权回购本金。其次，由平台公司以委托贷款或直接投资方式将资金拨付至被投资民营企业，相应地收取本金及投资利息。第一种模式形成政府平台公司对基金所投资企业项目的回购担保，可能将增加政府或有债务。第二种模式将投资行为变成有固定期限的股权回购及支付回报利息的模式，该模式等同于贷款，可能直接增加政府债务。

4. 到期债务逐步通过置换化解，缓解地方财政压力。为缓解地方政府还本压力，降低融资成本，2015年财政部先后下达两批置换债券额度总计2万亿元，并按照2013年6月末审计署确定的2015年各地政府债务到期量的比例统一分配。截至2016年5月末，安徽省财政厅成功代发安庆市第一批定向置换债券178786万元（其中一般债券资金104416万元、专项债券资金74370万元）。其中，市本级置换债券资金86450万元。发行债券主要用于置换棚户区改造等重大公益性项目，用于偿还2015年银行类金融机构到期贷款。第一批公开发行置换债券264440万元（均为一般债券），其中市本级置换债券资金115977万元，主要用于回补财政垫付的2015年到期债务。资金支出方式主要有两种：一是直接支付至债权人，二是拨付至债务人，由债务人偿还给债权人。安庆市本级采用直接支付方式，资金直接由国库拨付至债权人银行账户，起到有效追踪资金流向的作用。

截至2016年5月末，安庆市市本级尚结余2亿元一般债券资金，主要原因是国家开发银行出于资金收益考虑，不同意提前偿还2016年以后到期的债务。

（二）企业[①]负债与生产经营

1. 企业债务状况。企业的债务来自三个方面：银行传统信贷、金融市场债务工具发行、影子银行的信用融资（主要包括信托贷款、委托贷款、未贴现银行承兑汇票等）。考虑到安庆市银行贷款在企业债务中占绝对比重，本文用企业贷款余额替代企业债务存量。截至2015年末，安庆市企业贷款余额为853.30亿元（包括枞阳县），同比增长11.59%。由于企业贷款中包含政府融资平台贷款，重复计算的部分为241.99亿元，剔除后企业实际贷款余额为611.31亿元。用同样方法计算得出2013年、2014年安庆市企业贷款余额，分别为545.69亿元、566.86亿元。采用常用的“贷款余额/地区生产总值”指标计算的2013—2015年安庆市企业杠杆率分别为38.48%、36.71%、37.89%，企业杠杆率保持基本稳定。与2015年全国非金融企业部门杠杆率143.5%[②]相比，安庆市企业杠杆率较低。

2. 企业生产经营状况。调查发现，当前安庆市企业生产经营呈现以下特点：一是市场需求不足导致企业普遍面临销售困难。人民银行工业景气调查显示，2016年第二季度安庆市企业国内订单指数为44.32%，较上季度和上年同期分别下降0.31个和6.44个百分点。调查发现，部分企业销售情况虽然较好，但却面临销售价格下降的问题。以安庆帝伯格茨活塞

① 本文中的企业特指非金融部门企业。

② 任泽平，冯赟. 供给侧改革去杠杆的现状、应对风险与投资机会［J］. 发展研究，2016（3）：8－13.

环有限公司为例，2016 年第二季度公司销量较第一季度上升 8%，较上年同期略有上升；但受销售价格下跌影响，公司销售收入比上年同期下降 4%，主要是汽车行业增速放缓，主要整车厂家加大去库存力度，导致市场竞争加剧，整车厂家对零部件配套供应商提出较大幅度的降价要求。二是企业开工率下降，设备利用水平不足。调查显示，2016 年第二季度安庆市企业设备利用率为 70.77%，较上季度和上年同期分别下降 5.49 个和 2.33 个百分点，低于国际公认的 79% ~83% 的产需合理配比区间。三是劳动力成本居高不下。调查中，企业普遍反映当前劳动力成本上升对企业经营造成不利影响。以安徽华茂纺织股份有限公司为例，该公司属于劳动力密集型行业，人工成本在企业经营成本中所占比重较大。虽然近年来税费负担、财务成本、电力价格等均有所下降，但人工成本每年 10% 的上升幅度对公司盈利形成较大制约。四是企业投资意愿普遍较弱。由于对经济增长前景不甚乐观，加上市场供大于求的格局尚未改变，企业投资回报率较低，以及受土地、环境、资金及劳动力等资源约束影响，目前大部分企业仍以维持或消耗现有产能为主，投资意愿普遍较弱。五是企业盈利状况未见好转。调查显示，2016 年第二季度，安庆市企业盈利指数为 46.78%，较上季度和上年同期分别下降 0.15 个和 2.13 个百分点，其中 28.66% 的企业表示第二季度“增亏或减盈”，较上季度增加 5.56 个百分点。

在企业经营普遍较为困难的环境下，安庆市部分行业出现向好态势。一是部分受政策利好影响的行业生产经营状况和盈利能力明显改善。以中国石化股份有限公司安庆分公司为例，截至 2016 年 5 月末，公司加工原油 278 万吨，比上年同期多加工 3 吨；实现利润 7.2 亿元，比上年同期增加 8.08 亿元。二是部分产能过剩行业企业订单逆势上扬。以安庆中船柴油机有限公司为例，近年来船舶行业产能过剩严重、市场需求疲软，但 2016 年第二季度该公司承接订单较第一季度和上年同期分别上涨 200% 和 309%。调查了解，该公司 2016 年以来所承接订单均为集团内客户采购①。

① 安庆中船柴油机有限公司隶属中国船舶工业集团公司。

（三）居民负债与消费增长

居民储蓄存款方面，截至2016年5月末，安庆市住户存款余额为1569.7亿元，较上月减少2.34亿元，较年初增加136.57亿元，同比少增28.34亿元，同比增长11.35%，比上年同期低4.83个百分点。其中，住户活期存款为390.01亿元，当年新增21.23亿元，同比多增14.8亿元，同比增长17.87%，比上年同期高17.06个百分点。

个人贷款方面，截至2016年5月末，安庆市住户贷款为421.37亿元，较上月增加4.14亿元，较年初增加17.64亿元，同比多增6.18亿元，同比增长7.83%，较上月和上年同期分别高0.58个和3.27个百分点。其中，个人住房贷款增长明显。截至5月末，个人住房贷款余额为214.92亿元，较上月和年初分别增加2.75亿元和16.51亿元，同比增长18.69%。在个人经营贷款持续减少的情况下，住房贷款的稳步增长成为带动个人贷款增长的主要动力。

居民收入方面，2015年安庆市城镇常住居民人均可支配收入为23966.2元，同比增长8.4%，扣除价格因素，实际增长6.9%，增幅较2014年下降1.3个百分点。2015年安庆市农村常住居民人均可支配收入为9854.2元，同比增长9.2%，增幅较2014年下降3.1个百分点。

居民消费方面，2016年1~4月，安庆市限额以上消费品零售额为78.8亿元，同比增长5.8%，增幅比上年同期下降2.8个百分点，比1~3月提高0.5个百分点。其中，4月限额以上消费品零售额为19.2亿元，同比增长7.6%，增幅比上年同期提高3.3个百分点，比上月提高3.5个百分点。分区域来看，七县（市）限额以上消费品零售额增速明显快于宜城板块。1~4月，七县（市）限额以上消费品零售额同比增长11.7%，高于全市平均水平5.9个百分点；宜城板块限额以上消费品零售额同比增长1.3%，低于全市平均水平4.5个百分点。分城乡来看，城镇市场增速回升，与乡村市场增速的差距缩小。1~4月，全市城镇市场限额以上消费品零售额为77.7亿元，同比增长5.8%；全市乡村市场限额以上消费品零售额为1.1亿元，同比增长9.8%，增幅高出城镇市场4.0个百分点，城乡市场增幅差距分别比1～3月、1～2月缩小1.5个、4.3个百分点。

二、当前值得关注的问题

（一）地方财政收入增速放缓、质量下滑

2016年1～5月，安庆市财政收入累计完成120.34亿元，完成年度预算267.67亿元的45%，同比增长10%，增幅较上年同期下降6.8个百分点。财政收入增速放缓的同时，质量也呈现下滑趋势，主要表现在以下几个方面：一是土地出让收入大幅下降。2016年1～5月，安庆市土地出让收入为22.19亿元，较上年同期下降10.45%。二是税收收入在财政收入中占比较低，非税收入增长较快。2016年1～5月，安庆市税收收入为43.18亿元，占全部财政收入的35.88%，较上年同期上升5.56个百分点，税占比[①]长期处于较低水平；与此同时，1～5月，安庆市非税收入累计完成34.27亿元，同比增长32.67%，增幅高于全市财政收入24.27个百分点。三是中小企业税收收入下降。2016年1～5月，安庆市中小企业税收收入为15.11亿元，较上年同期下降6.41个百分点。

此外，“营改增”试点工作的全面实施，可能对地方财政收入形成影响。目前，安庆市税收收入主体税种分别为消费税、增值税、营业税和企业所得税，2015年四大税种占全部税收收入的比重分别为36.41%、19.48%、11.85%、8.49%。“营改增”后，增值税占安庆市全部税收收入的比重预计将超过30%。按照国务院印发的《全面推开营改增试点后调整中央与地方增值税收入划分过渡方案》，过渡期2～3年内中央分享增值税的50%，地方按税收缴纳地分享增值税的50%。从分享比例来看，“营改增”后地方财政收入可能会出现下滑。

① 税占比是一个地方在一定时期内税收收入占财政总收入的比重，不仅体现了一个地方税收增长的可持续性，更反映了当地营商环境的好坏。具体而言，税占比越高说明政府的财政收入中来自企业和个人经济行为的比例越高，这反映出该地区经济增长的活力和竞争力越强。目前，很多地方把税占比列为衡量经济增长的一个重要指标。

（二）固定资产投资增长较慢

2016年1～4月，安庆市共完成固定资产投资399.41亿元，同比增长9.5%，总量和增幅分别居全省第6位和第12位，增幅分别低于全国、全省平均水平1.0个和2.1个百分点，低于序时进度7.59个百分点，主要表现在以下几个方面：一是工业投资增长继续低迷。1～4月，完成投资219.1亿元，同比增长1.0%，增幅低于全省平均水平8.6个百分点，居全省第13位。二是房地产投资有所放缓。前四个月安庆市房地产开发投资40.4亿元，同比增长8.1%，增速较上月下降11.8个百分点。三是经开区投资下降明显。1～4月，经开区完成投资24.03亿元，同比下降44.4%。四是重大项目推进较慢。一些计划投资项目因审批、征地拆迁、规划、招工、电力等配套设施建设和服务滞后等迟迟不能落地，有的甚至转移至外地。

（三）专项建设基金资金使用率较低

截至2016年5月末，安庆市前五批争取专项建设基金100.48亿元，使用专项建设基金2.734亿元，资金使用率不足3%。资金使用率较低的主要原因如下：一是从专项建设基金使用要求来看，专项建设基金以资本金形式进入项目，属于实质上的股权投资，部分企业对此存在一定的不情愿心理。另外，专项建设基金作为一种种子资金，目的是撬动投融资，但部分签约基金支持的企业本身经营状况不佳，融资能力较弱。二是从项目推进情况来看，安庆市前五批签约项目220个，已开工165个，还有55个项目没有开工，开工率为75%。部分项目还处于选址阶段，开工遥遥无期，与申报要求存在较大差距。三是从资金落实角度来看，安庆市前五批签约民营项目71个（其中1个项目两次支持，实际为70个项目），涉及基金24.68亿元，由于国家开发银行管理和部分县拟改变投放方式等原因，这部分基金还没有完全由县（市）区承接平台投放给企业。

(四) 企业有效信贷需求不足与融资难并存

在宏观经济持续放缓的背景下，企业对经济增长的信心较弱，导致融资需求不足。与此同时，企业融资难度不减。调查显示，2016 年第二季度，安庆市企业融资感受指数为 37.05%，较上季度和上年同期分别下降 1.11 个百分点和上升 1.01 个百分点。其中，34.82% 的企业表示融资“较困难”，较上季度增加 2.36 个百分点。受经济下行和不良贷款持续上升影响，银行信贷投放呈现向政府融资平台集中的趋势，对企业的信贷审批和投放更趋谨慎，企业融资难矛盾依然突出。

三、对策建议

(一) 加大税收征管力度，着力稳定财政增收形势

建议财税部门进一步强化税收征管，提高财政收入质量。加强对重点行业的纳税评估，加大重点纳税户申报稽查力度，着力抓好增值税、营业税和所得税等重点税种的征收监管，确保各项税种及时入库。进一步规范非税收入征管，在严格落实上级有关减免行政事业性收费要求的同时，依法确保非税收入应收尽收。

(二) 加快专项基金落实，着力推进重点项目建设

一是明确责任领导和部门，强化县（市）区考核，制定清单，限期兑付，加快推进专项建设基金的落实，尽快形成有效投资。二是着力推进全市重点项目建设，为稳增长发挥关键作用；强化项目调度，加强对有关项目板块的督查督办，及时把握项目建设动态，严格项目建设责任落实。

(三) 加强对企业的政策扶持，着力推动优惠政策落地

一是加大财税政策的支持力度，切实降低企业税费负担。充分发挥财政政策、财政资金的引导和放大作用，落实相关税收政策。二是着力推动优惠政策落地，切实化解小微企业融资难、融资贵，着力解决一些政策宣

传不到位、少数部门工作效率较低、部分优惠政策缺乏操作细则等问题。三是大力整合多方资源，切实完善社会服务体系，创造公平竞争的外部环境。

（四）加大淘汰“僵尸企业”力度，着力培育公平的市场环境

一方面，“僵尸企业”浪费社会资源、扰乱市场秩序，需要银行和政府财政不断“输血”，社会资源被无效占用，造成生产要素配置扭曲、资源整体利用效率降低，产生“劣币驱逐良币”的效应，破坏市场优胜劣汰的机制和公平竞争的环境。另一方面，“僵尸企业”加大金融风险。“僵尸企业”不具备偿贷能力，也没有足够的资产偿还贷款，造成银行不良贷款高速增加，甚至可能导致系统性金融风险。为此，需要加大淘汰“僵尸企业”力度，做好“加减法”。“加法”就是用改革、激励等办法，如混改、分红权改革解决问题；“减法”就是运用《企业破产法》，法治化、市场化处置“僵尸企业”。

（五）加大直接融资力度，着力推进工业企业转型

企业直接融资的成本远远低于间接融资，因而可以大大减轻企业的负担，缓解企业的现金流压力，使其获得更为长期稳定的低成本资金。在银行为主导的间接融资体系下，各银行在绩效考核和风险控制的双重压力下进入了“惜贷”的怪圈。在这种情况下，发展直接融资成为缓解上述现象的有效手段。

（六）加大居民消费刺激力度，着力推进杠杆转移

在当前投资、出口不景气的环境下，消费被看作拉动经济增长的重大动力，且由于居民部门杠杆率较低，加大居民消费刺激力度，可以实现杠杆在不同经济部门的转移。具体来说，一是增加财政补助规模，提高城乡居民特别是中低收入者的消费能力。进一步增加农民补贴，提高主要粮食品种最低收购价，增加农民收入。提高城乡居民最低生活保障标准，增加企业退休人员基本养老金，提高优抚对象等人员抚恤补贴和生活补

助标准。二是落实结构性减税政策，引导扩大企业投资和居民消费。对部分小型微利企业实施所得税优惠政策，严格行政事业性收费和政府性基金项目的审批管理。三是完善引导消费的财税政策，扩大消费需求。支持加强城乡消费设施和服务体系建设，进一步增强消费对经济增长的拉动作用。

望江联河三产融合精准扶贫模式个案分析

中国人民银行望江县支行　徐祝平　张劲松　程亚菲

望江县地处安徽西南边缘、长江中下游北岸，地势平坦、气候温润、河湖网布，是国家商品粮基地县。近年来，在地方政府的大力撮合和金融机构的积极推动下，县内特色农业产业扶贫工作持续深入开展。其中，当地 1 家国家级农业产业化龙头企业——安徽联河股份有限公司基于优质农产品产供销一体化的全产业链精准扶贫模式成效尤为显著。

作为安徽粮食行业的排头兵，安徽联河股份有限公司目前下设四家分公司，拥有全智能优质大米生产线、碎米制备米蛋白生产线、米乳灌装生产线、生物质（稻壳）发电机组等生产设施设备，是一家集优质大米（生态米、富硒米）研发、生产、销售、粮食精深加工和生物质发电及物流等多种行业于一体的综合型农业企业。

依托优质农产品的绿色化、基地化、链条化发展，以及财政、金融政策的联合扶持，公司目前正采取“订单种植 + 技术辅导 + 风险保障”、“吸纳就业 + 临散用工”、贴牌销售电商扶贫等五种产业链模式精准带动周边贫困户增收脱贫。截至 2019 年 7 月末，安徽联河股份有限公司用贷余额为 20700 万元。其中，进出口银行安徽省分行通过与省担保集团合作，发放固定资产贷款 2750 万元，用于支持日产 400 吨高档大米及配套烘干项目；农业银行望江县支行采用公司收购储存粮食质押方式，发放仓单质押贷款 4050 万元；望江农商银行以该公司商标使用权为质押物，发放流动资金贷款 2000 万元。此外，兴业银行安庆分行、太湖农商银行分别提供流动资金贷款 2900 万元和 2100 万元，望江农商银行运用扶贫再贷款资金发放6900万元基准利率贷款，精准支持该公司进一步增强带动脱贫效能。

一、五种主要产业扶贫模式

一是“订单种植+技术辅导+风险保障”扶贫模式。着力破解贫困户适应市场能力弱、缺乏发展生态农业技术的难点。该公司按照“公司+基地+贫困户+农技服务”的方式，组织县内农业合作社、家庭农场、种植大户发起成立安庆市首家粮食产业化联合体，采取统一品种、统一农技指导、统一运输、统一收购储存；同时，县农业主管部门在每村安排3~5名农技人员定点对贫困户进行跟踪服务；县财政部门安排专项资金对种植绿色稻米的贫困户根据实种面积每亩补助300元，以提高贫困户参与绿色稻米种植的积极性；农户借助各级财政合计提供的80%保费补助按照4.872元/亩的标准为种植水稻购买自然灾害保险，降低生产风险系数。稻谷收割后，公司在市场价基础上，统一按20元/百公斤（香型稻谷按32元/百公斤）的标准加价收购。截至2019年7月末，公司已签订绿色稻米产业扶贫订单及品牌粮食订单10万亩，涉及农户4.1万户，其中建档立卡贫困户2.7万户，同时与周边县市签订优质稻订单10.1万亩，直接带动农户2.3万户，带动建档立卡贫困户近3400户。

二是“吸纳就业+临散用工”扶贫模式。结合农产品加工集约化和农业生产季节性特点，采取灵活方式多途径吸纳贫困人口就业创业。一方面，优先吸收具备一定生产技能的建档立卡贫困人口到公司新建项目稳定就业，增加贫困人口工资性收入。截至2019年7月末，共吸纳就业贫困人口400人，月工资收入为3500元左右；另一方面，每年8~12月优先与贫困人口签订季节性用工协议，临时聘用贫困劳动力到联河产后服务中心务工队工作，参与农忙及收购季节的田间管理、原粮收购以及烘干搬运，增加贫困人口务工收入，目前联河产后服务中心务工队共安置贫困人口约200人，每天务工收入约100元。

三是贴牌销售电商扶贫模式。基于销售渠道畅通化优势，帮助贫困村、贫困户打通销售渠道，实现好产品不仅能卖出，还能卖出好价钱。公司利用成熟的电商平台、商超渠道，帮助贫困村、贫困户特色农产品进行网上、商超销售，已经免费帮助销售农产品品种 6 种，涉及全县 30 个贫困村。直接或间接带动贫困户近 1000 户，预计全年增加销售收入总计约 100 万元。

四是“流转土地租金”扶贫模式。帮助部分贫困户盘活抛荒农地资源，增加用益物权收入。公司在前期优先流转部分贫困户土地经营权的基础上，2018 年下半年进一步流转贫困户土地 3000 亩，每亩地年租金 600 元，预计流转工作完成后将带动 1600 余户贫困户户均增收 1100 元。

五是“1 + X”村企对接帮扶扶贫模式。帮助帮扶贫困村发展村上产业，实现帮扶由“输血”向“造血”转变。公司结合安庆市万企帮万村精准扶贫行动部署，对 12 个对口帮扶贫困村安排资助 10 万 ~20 万元不等的启动资金发展村级产业经济，并综合运用订单收购、电商销售、加工指导等方式帮助帮扶贫困村提高发展集体经济的适应性，助力帮扶贫困村 2020 年如期实现村出列、户脱贫。

二、产业扶贫模式的启示

首先，扶贫企业坚守主业、做强主业是持续提高带动脱贫效能的前提。近年来，安徽联河股份有限公司始终坚持农业企业定位，不断强化技术研发，积累品牌效应，以优质生态产品不断打开销售市场，为多途径带动周边贫困户增收提供了坚实载体。公司年生产联河牌优质米，米乐意牌高档大米、米乳，富尔德牌大米蛋白粉、米淀粉总计达 20 万吨，产品除覆盖本省市场外，还远销北京、广东、福建、贵州、浙江、湖北、云南、上海等地批发市场及商超。

其次，“全流程服务 + 风险保障”是促进贫困户稳健发展生产的关键。建档立卡贫困户作为社会相对弱势群体，受家庭经济条件和自身能力制约，抵御市场及自然风险能力弱，专业化生产技术有待积累。扶贫企业为参与产业合作的贫困户提供产前、产中、产后全过程跟踪服务，农技部门跟进提供农技辅导，财政部门提供农业保险购买补助，可以综合帮助贫困户消除发展特色农业生产的后顾之忧。

最后，帮助打开市场销路是帮助贫困户有效提高市场适应力的保障。相对于规模化销售的畅通化优势，小量、分散的农产品销售不仅单位成本较高，而且缺乏品牌效应，很容易形成有产量无销量、丰产不丰收的困局。通过农业产业化龙头企业统一组织、统一品牌销售，集约化、品牌化效应将帮助贫困户有效实现从产品向货币的“惊险一跃”。

农商银行金融精准扶贫实践与探讨

——以潜山农商银行为例

安徽潜山农商银行 唐国珍 吴 敏 程 凯

打赢脱贫攻坚战是全面建成小康社会、实现共同富裕的重大举措。农商银行作为农村金融的主力军，也是金融扶贫的主力军。结合农商银行的经营管理优势，做好金融精准扶贫工作，是农商银行主动适应当前经济社会发展和银行经营环境变化的重大举措，也是切实践行普惠金融的一项民心工程。

一、勇挑金融扶贫重任

2013 年，习近平总书记在湖南省调研时首次提出“精准扶贫”的重要思想，随后中央和各级政府相继制定了一系列精准扶贫政策。从 2014 年设定 10 月 17 日为我国首个“扶贫日”，到 2015 年 12 月中共中央、国务院印发《关于打赢脱贫攻坚战的决定》，再到 2016 年中央办公厅、国务院办公厅先后发布一系列配套文件，中央国家机关各部门出台了若干政策文件或实施方案，对扶贫工作中的很多“老大难”问题拿出了有针对性的措施，就如何实施精准扶贫作出了明确规定，其中就包括 2015 年启动的金融扶贫。安徽省联社、省扶贫办迅速出台《关于印发安徽省扶贫小额信贷工作实施方案的通知》（皖农信联发〔2015〕84 号），助推金融扶贫。

以潜山县为例，该县属于国家扶贫开发工作重点县，既是全省 31 个重点贫困地区之一，也是大别山片区县。2014 年建档立卡贫困户共 31241 户，除政策兜底的五保户、低保户外，具备一定发展潜质的贫困户有 19847 户。经过两年的努力，该县尚有建档立卡贫困户 22348 户、贫困人口 61322 人。脱贫攻坚，任重而道远。

二、积极探索扶贫模式

为做好脱贫攻坚工作，充分发挥点多面广、熟悉农村、了解农民的先天优势，全省农商银行进行了大量的探索。以潜山农商银行为例，该行制定了《潜山农商银行“十三五”金融扶贫工作规划》，并多次多方开展调研与实地走访，多措并举、主动对接，抓典型、汇经验，探索出几种操作性较强的精准扶贫举措。

（一）小额直贷扶贫模式

2015 年 8 月，该行单独出台“金农·扶贫贷”信贷品种，对符合“有发展意愿、有发展潜质、有资金需求、有还款来源”等基本条件的建档立卡贫困户，可直接提供金额不超过 5 万元和期限不超过 3 年的免抵押免担保、利率档次不上浮的贷款支持，助其自主发展、增收脱贫。

该项工作 2015 年在黄柏、五庙两个乡镇试点，10 月 15 日发放首笔贷款，2016 年在全县其他乡镇铺开。按照《潜山农商银行扶贫小额信贷管理暂行办法》（潜农商银〔2015〕174 号），该行采取“先评级、再授信、后用信”的管理流程，实行“一次授信、随用随贷、余额控制、周转使用”。

考虑到扶贫小额信贷工作额小面广，工作量较大，该行于 2016 年增加 83 名信贷人员，作为信贷客户经理队伍的有力补充，具体根据业务量和包片情况确定信贷人员，对已经完成评级授信的扶贫户开展信贷投放。截至 2016 年末，该行已完成全部 2.2 万户贫困户的评级工作，授信达 1.4 万户，授信额达 5.2 亿元，贷款余额为 5231.10 万元，其中用于发展种植业的为 363 户、1510.70 万元，用于发展养殖业的为 338 户、1368.30 万元。

（二）合作发展扶贫模式

针对单个扶贫户经营项目达不到规模，受相关技术、销售渠道与市场制约的实际情况，该行探索出合作发展扶贫模式，即由企业提供技术指导和产成品收购，签订保底价购销协议，充分发挥杠杆和引导作用，确保扶贫户增收脱贫。该模式最早实践于山区乡镇的种养业，又可分为两种子模式。

一是将贫困户的项目与公司的项目相结合，依托公司平台，以“公司＋农户”的方式开展扶贫，公司提供场地、技术指导并负责产成品收购，增加贫困户收入。如在发展食用菌项目上，一品鲜菇业公司无偿提供场棚、工棚、出菇棚，扶贫户仅需自建塑料棚，集中种植。同时，公司负责栽培全程技术指导和产品销售，与帮扶对象签订相关协议。据调查测算，每棒香菇能获利 3 元以上，养殖 3000 棒即可增收万元，脱贫效果明显。香菇单棒成本为 4.6 元，万棒成本为 46000 元，该行为贫困户提供贷款支持；超过万棒的贫困户可自筹资金，如果还有缺口，可由一品鲜菇业公司扶持，事先约定销售款优先归还贷款，其次归还公司垫款，再付给贫困户的顺序。目前，该公司平均每周两次专送鲜菇至合肥周谷堆农产品市场，该行就该香菇项目共投放 37 万元扶贫贷，支持的贫困户达 8 户。

二是通过土地流转，统一规划，以当地特色优势产业为依托，扩规模，提档次，集中力量整合产业项目，打造地区产业品牌。通过改变农户个人自产自销、粗放经营的低竞争力模式，提升产业竞争力，从而提高农户收入。多在茶叶、蚕桑、瓜蒌等需要大面积土地资源的项目上，依靠合作社（企业）的示范带动作用，采取乡镇政府、扶贫办及村委会协助合作社（企业）流转土地，流转土地由合作社（企业）统一管理，经平整后由扶贫户“领养”的模式，合作社（企业）提供技术、培训等服务，负责种苗、肥料采购等，并统一收购产品。资金部分由该行扶贫贷支持。如位于黄柏镇袁桂村、2015 年 11 月成立的潜山县远大农业专业合作社牵头征地250亩，分块种植茶叶和核桃。该行共为11户“领养”种植的贫困户提供44万元扶贫贷。

据调查，茶叶（干毛茶）平均成林茶园亩产量为150公斤，销售均价为每公斤80元，亩产值为12000元，每亩成本一般不超过5000元，纯利能达7000元，种植10亩茶叶可年获利7万元，但茶叶成林一般需3年时间，贫困户3年脱贫是可以实现的。

（三）入股分红扶贫模式

对生产能力较弱，或贫困户本人实施相关项目风险偏高，但又确需通过扶持改善生活状况的贫困户，可采取入股分红扶贫模式，即贫困户将贷款资金入股参与农业产业化龙头企业、农民合作社、家庭农场、专业大户等新型农业经营主体经营，通过获得分红来增收脱贫。具体操作是贫困户与公司签订合作协议，并由村委会在协议上签章鉴证。约定贫困户在该行立据贷款，贷款期限一般为3年，并由公司提供担保，资金转至公司用于生产经营。政府贴息部分由贫困户享有，同时贫困户可获得公司分红，3年共计分红额一般可达贷款本金的10%。

目前，该模式在源潭镇辖区开展得较为成功，镇政府要求将新型农业经营主体扩展至园区实体企业，并及时召开座谈会，该镇有百余户贫困户入股了当地有名气、有效益、有特色的几十家经营主体，全行该模式扶贫贷达900余万元，帮助贫困户200余户。

（四）“1+1+N”扶贫模式

针对部分贫困户发展能力不足的状况，该行在多方考察借鉴的基础上，推出“1+1+N”扶贫模式，即农商银行+经营主体+N个建档立卡贫困户。其中，经营主体可以是家庭农场、专业大户、合作社、农业产业化龙头企业等新型农业经营主体，也可以是自愿吸纳贫困户就业或带动贫困户发展的本地劳动密集型小微企业或个体大户。

具体操作是经乡镇及支行推荐、县扶贫办及总行核定，对经营主体实行名单制管理，“入库”即视为总行授信批复，缩短审批流程；部分要素可比照“金农·扶贫贷”，贷款期限在3年以内，对单个经营主体专项贷款的最高额度一般控制在80万元以内，若全部用信，至少可带动16户贫困户，采取信用方式，将已批准的贫困户授信转由各类经营主体使用，通过信贷资金引导“大户”带动贫困户参与产业发展，实现贫困户脱贫。

该模式实现贫困户脱贫的途径如下：政府3000元封顶的贴息依然由贫困户获得；经营主体优先安排贫困户就业，贫困户可获得工资收入；经营主体每年向贫困户支付一定比例的现金红利；经营主体帮助贫困户销售自产物资，从而使贫困户获得一定的收入来源；通过土地流转，经营主体出资建设产业基地，再返租给贫困户承包，经营主体负责市场、技术、产品回收等，贫困户负责生产经营，从中获取效益。该模式通过就业劳务、经营收益分红、产品合作、反租倒包等多种方式，同时签订多方协议，助力贫困户脱贫增收。该模式集产业、就业与金融于一体，市场化、可持续性都较强，不失为脱贫增收的一种有效途径。该行2016年10月底启动该模式，半年时间已向139个经营主体投放7501万元贷款，带动1692户贫困户增收，平均每个主体帮扶12户贫困户，辐射效应较为明显，另已“入库”授信待用信3000余万元。

（五）支持企业增加就业扶贫模式

通过大力支持劳动密集型企业、支柱产业，实现“就业一人，脱贫一户”。潜山县槎水镇方冲村地处潜山县槎水镇西北部，全村总面积达16.77平方公里，有6个村民组、920户、3508人。其中，贫困户257户、748人。由于地处大山深处，各方面条件较差，村民收入主要依靠传统农业和外出务工。该村凌某某等10人外出到安庆光彩大市场家具城创业，从事家具生产、销售等业务，并先后带动方冲村50户村民到其在安庆创办的家具企业就业，其中有5户为建档立卡贫困户。潜山农商银行槎水支行秉承“立足小微、服务地方经济”的理念，在他们创业初期就开始积极与其合作，陆续向凌某某等人发放了农户小额信用贷款和抵押贷款，保障了其生产经营的持续性，壮大了经营规模，带动了贫困户就业增收，繁荣了区域经济。

此外，潜山县内劳动密集型加工企业较多，这些加工企业解决了不少贫困户的就业问题。潜山农商银行通过信贷扶持加工企业，也间接解决了贫困户的就业困难，帮助贫困户脱贫致富。如潜山县内的汉狮服饰、禾茂纺织、新色彩服饰、舒雅浩缘朋服饰、甬安雨具等规模较大的生产企业，从业人员合计达2000余人，在该行6000余万元贷款的支持下，企业满负荷生产，未发生拖欠工资等问题，工人平均月工资超过3000元，最高的超过5000元，综合收入远远超出外出务工，实现了照顾家庭与务工挣钱两不误。

三、丰富扶贫服务手段

除上述几种模式外，该行在精准扶贫、助农增收、解决贫困户实际困难上，还积极探索一些其他有效举措。

一是实施助学圆梦工程，推出“金农·助学贷”，单个学生每学年贷款额度本专科可达8000元，研究生可达12000元，利率不上浮，在读期间利息由财政补贴，贷款期限最长可达20年，宽限期为3年；通过助学扶贫，帮助贫困大学生圆了大学梦，累计受益学生近1000人。此外，在开展生源地助学贷款的基础上，该行适当扩大扶助范围和支持对象范围，做到政策性助学贷款与商业性教育贷款并举。

二是实施创业就业扶贫，促进大众创业、万众创新，以创业带动就业。如该行与县劳动就业局开展业务合作，通过“保证金”放大倍数方式发放“下岗失业再就业贷款”。自2009年开办此项业务以来，该行累计解决了314名下岗失业人员创业的融资需求。

三是实施民生保障扶贫，结合本县城镇化、美丽乡村建设等工程的实施，为符合条件的搬迁户提供建房、生产、创业等贷款支持。如将住房按揭业务延伸至黄柏、官庄、槎水、水吼、五庙等山区乡镇，目前全行非城区住房按揭贷款余额为0.5亿元，占全行住房按揭贷款余额的69%。

四是践行普惠金融，把银行办在农民的家门口。首先，普设物理网点。在全县16个建制乡镇共设网点40个，平均每个乡镇2.5个，每4个行政村就拥有1家农商银行网点；其次，加强电子化建设。全行累计布放自助机具57台，发放金农卡17万张，基本达到每户一卡；有效POS机具达222台，基本覆盖各乡镇及规模较大的商场；签约网上银行1.1万户、手机银行5.2万户，农户足不出户就可实时结算。再次，严格按照政策规定做好全县逾15万名农户各类涉农补贴的代发工作。最后，做好农户小额信贷的发放工作。全行目前共结欠贷款1.8万笔4.3亿元。

五是对于不符合信贷条件的特困户，该行尽力给予一定的经济帮助。如实施“春蕾计划”，赞助6个孩子自小学至大学的全部就学费用，每年开展对贫困学生家庭的资助活动，2016年共向9户困难大学生家庭捐赠1万元，多频次开展“送温暖”活动和形式多样的“结对帮扶”活动，“助残、扶弱、济困”等好人好事在全行员工中已成为自觉行动。

四、破解当前的扶贫难题

扶贫是奉献爱心、激发爱心、传递爱心的庄严事业。自从金融扶贫号角吹响以来，全省农商银行狠抓工作落实，履行社会职责，如潜山农商银行采取了召开专题会议、加强组织领导、明确目标任务、强力稳步推进、创新金融服务等举措，得到了政府部门、主管部门和上级机构的帮助、指导与认可。与此同时，在金融扶贫工作中，该行也面临一些困难和问题，主要体现在以下几个方面。

第一，对扶贫信贷存在一些不正确的认知。如部分贫困户仍视农商银行扶贫小额信贷为扶贫资金，与民政救济资金混为一谈，甚至极力通过各种手段争取，也缺乏发展观念。又如，镇村部分干部对金融扶贫的期望值过高，认为只要有农商银行的参与，通过贷款扶持就能让贫困户摘帽。

第二，在某些工作的沟通领域仍有一定的阻碍。从已开展的情况来看，仍存在金融扶贫基本是农商银行“一头热”，村级、镇级对扶贫的项目选取、信息共享、人员配合等各个方面都不积极的情形，误认为农商银行是在求政府帮忙联系贷款业务。一旦政策宣传不到位，贫困户不知晓扶贫小额信贷的相关程序和政策，就容易出现“争贷款、随意用、失信用”

现象，2016 年该行就受理过相关投诉事件。

第三，扶贫贷款敞口较大，后期风险难以覆盖。2016 年是脱贫攻坚的首战之年，该行已投放扶贫贷逾 5000 万元。2017 年是脱贫攻坚的深化之年，该行扶贫贷净投放不低于 2 亿元。随着贷款规模的不断增加，按目前贷款额 10% 的风险补偿金，难以覆盖可能逾期的贷款本息。此外，使贫困户“贷得到、用得好、还得上、逐步富”，关键是扶贫产业和项目的选择与落实，但产业项目同质化、市场预期难以预测等风险随着较长的贷款期限而增加。

第四，贴息方式不同步且流程较长。按现行文件规定，贷款到期（通常是 3 年）后，贫困户需拿出资金偿还贷款本息，然后依据还款凭证到扶贫办和财政部门申请贴息资金，这无疑延长了流程，增加了贫困户的负担。此外，按 3 年期贷款基准利率计算，每户 3000 元贴息上限只能使贫困户享受相当于 2. 1 万元零成本的贷款资金支持，当贷款资金无法满足项目发展的需求时，贫困户则需另掏腰包支付贷款利息。

针对上述难题，该行提出以下建议。

一是政府有关部门应当加强引导，通过典型案例进行正能量宣传，通过官方媒体批评误导行为，确保正面宣传。同时，农商银行应积极配合当地政府做好扶贫信贷的正面宣传，利用各种平台和各类形式，广泛开展扶贫信贷的政策宣传。

二是及时优化政府内部关于扶贫工作的政绩考核举措，纠正个别干部的不当认识。同时，进一步通力合作，继续保持前期较有成效的沟通机制，农商银行应积极向当地政府汇报工作开展情况和遇到的难题，不断加强与相关部门的沟通协调，确保做实做优。

三是改变贴息方式，调高贴息额度。建议比照生源地助学贷款模式进行贴息，减少中间环节，财政按季度或按年直接贴息到银行。同时，将每户 3000 元的贴息标准提高到 7000 元，或者变更为根据实际贷款额度全额贴息。此外，县级财政收入体量较小，如潜山县是国家级贫困县，财政收入十分有限，建议将目前扶贫信贷贴息资金由县级承担的情形向上延伸，由省市级贴息或差额追加贴息。

四是建议政府相关部门适当引进和推广新的发展项目，丰富现有扶贫项目，从“瞄准区域”具体到“瞄准个体”，从“千篇一律”转向“量身定做”，结合当地的自然特色、区位优势、文化底蕴、生态环境等特点，联动特色产业和行业，进行差异化发展。如潜山县依托5A级天柱山风景区，发展乡村旅游和全域旅游，把农区变成景区、把民房变成客房、把劳动变成运动、把产品变成商品，形成产业支撑，实现利益共享与和谐发展，从而有效带动贫困户脱贫致富。同时，将金融扶贫与易地扶贫搬迁、劳务输出扶贫、交通扶贫、水利扶贫、科技扶贫、教育扶贫、健康扶贫等政策联合实施，全面扶贫。

五是完善金融扶贫激励政策。如有关部门统筹出台金融扶贫优惠政策，增大扶贫贷款贴息覆盖面，对开展金融扶贫的银行实行税收减免政策，对扶贫贷款实行营业税优惠及奖励政策，调动银行投放和企业扶持的积极性。又如，将财政性资金存放与银行扶贫工作相挂钩，对有突出贡献的当地农商银行有倾斜性地存放，特别是在经济新常态下，农商银行面临诸多经营困难，低成本的财政资金存放可在一定程度上助力排除“农商银行积极投放扶贫贷，财务却几乎零收益”的困惑。

降低银行处置抵债资产成本的对策思考

——以安庆农商银行为例

中国人民银行安庆市中心支行　施　进　储润六

2015 年以来，受经济下行影响，商业银行不良贷款大幅增长，各商业银行在不良信贷资产清收中接收了大量的抵债资产。调查发现，商业银行在处置抵债资产中面临着成本过高的问题，值得有关部门关注。

一、抵债资产的含义和特点

根据《财政部关于印发〈银行抵债资产管理办法〉的通知》（财金〔2005〕53 号），抵债资产是指银行依法行使债权或担保物权而受偿于债务人、担保人或第三人的实物或财产权利。抵债资产具有以下几个特点：一是银行被动获得。抵债资产的获取都是在债务人或担保人无力以货币资金偿还债务的前提下银行被动实施的资产保全行为，因此，银行接收抵债资产属于一种不得已而为之的行为。二是形式多样。当前，商业银行抵债资产种类繁多，有房产、机器设备、交通工具、原材料、产成品等。三是需尽快处置。根据《银行抵债资产管理办法》，抵债的不动产和股权应自取得之日起 2 年内予以处置；除股权外的其他权利应在其有效期内尽快处置，最长不得超过自取得之日起 2 年；动产应自取得之日起 1 年内予以处置。

二、商业银行抵债资产处置中的成本

商业银行抵债资产处置中的成本主要为按照规定需要缴纳的各项税费，具体如下：

1. 营业税及附加。银行取得抵债资产实际上是以抵债资产作价的金额收回对债务人的债权，该债权包含贷款本金和应收未收利息。《金融保险业营业税申报管理办法》规定，贷款利息收入应按金融业税目和5.61%的税率计算缴纳营业税及附加。

2. 契税。《中华人民共和国契税暂行条例》规定，承受土地、房屋权属时，受让方要按成交价的4%缴纳契税。

3. 印花税。抵债资产实质上是债务人或担保人将除土地以外的抵债资产的所有权转移给商业银行。《中华人民共和国印花税暂行条例》规定，发生产权转移时，按产权转移书据所载金额缴纳0.5‰的印花税。

4. 土地增值税。当处置的抵债资产为国有土地使用权、地上的建筑物时，应按《中华人民共和国增值税暂行条例》计算缴纳土地增值税。当前，安庆市土地增值税税率为5%。

5. 其他税费。商业银行在处置抵债资产时还需按实际评估价计算缴纳房屋维修基金、个税、手续费。以上合计约占3%。

商业银行在对房地产等担保物办理过户转入手续时就需缴纳上述税费，而在最终处置抵债资产时，必须办理过户转出手续，又需缴纳同样的税费。

三、商业银行处置抵债资产成本过高

以安庆农商银行为例，截至2015年12月，安庆农商银行已诉讼案件中有抵押物的诉讼标的为3亿元，如全部接收为抵债资产，经该行测算，需要缴纳的相应税费为5305万元（综合费率达17.68%），按规定需在两年内处置抵债资产，则还需支付相同数额的税费。因此，安庆农商银行从接收到处置抵债资产所承担的各项税费共计10610万元，占抵债资产价值的35%。

若安庆农商银行将不良资产转让给资产管理公司（省内仅1家，为安徽国厚资产管理股份有限公司），目前有两种转让方式：一是回购式，资产管理公司收取10%～20%的手续费，后期再由农商银行将不良资产回购，则农商银行又将面临不良资产处置问题；二是卖断式，资产管理公司一般按照转让资产金额30%左右的折价予以买断，按照此种方式，农商银行不良贷款处置损失更大。

因此，与转让给资产管理公司相比，安庆农商银行通过司法途径处置不良资产的成本较低，但依然存在抵债资产处置税费负担过重的问题。

四、处置抵债资产成本过高给商业银行带来的负面影响

一是不利于商业银行快速消化不良资产。由于抵债资产处置成本过高，商业银行对通过以物抵债来盘活信贷资产的积极性不高，大量抵债资产处于待处理状态，商业银行不良资产难以及时快速消化，无法真正实现资金回笼，从而不利于商业银行腾出新的信贷投放空间，削弱了商业银行对实体经济的支持力度。

二是制约了企业抵押贷款的投放。抵债资产处置成本较高，势必导致商业银行对后续企业贷款的抵押物要求更加苛刻，进而使一些企业以自有房产、土地、机器设备作为抵押品从银行获得信贷支持的可能性降低。

五、对降低商业银行处置抵债资产成本的建议

由于商业银行处置抵债资产业务与一般商品销售存在差异，加上抵债资产税负过重的现实，建议政府相关部门对商业银行处置抵债资产给予一定的优惠政策。

一是降低银行处置抵债资产的税费比率。目前，各种资产交易、转让、过户制度针对普通的商业交易行为，而银行处置抵债资产是为了尽量

减少损失，是一种被动的交易行为，不是一般意义上的商品销售，因此建议降低商业银行处置抵债资产的税费比率执行标准。

二是减少银行抵债资产过户环节。商业银行获得抵债不动产后，凭抵押协议和法院的判决书即可在相关部门办理登记备案，在不办理实质权属变更的情况下确认所有人为商业银行。在商业银行处置该抵债资产时，凭相关部门出具的登记备案材料，办理正常的过户手续，从而减少过户次数。